Coleção Dramaturgia

TENNESSEE WILLIAMS

Biblioteca teatral

Impresso no Brasil, outubro de 2011.

Título original: *Mister Paradise and Other One-Act Plays*
Copyright © 2001, 2005 by The University of the South

Os direitos desta edição pertencem a
É Realizações Editora, Livraria e Distribuidora Ltda.
Caixa Postal: 45321 · 04010 970 · São Paulo SP
Telefax: (5511) 5572 5363
e@erealizacoes.com.br · www.erealizacoes.com.br

Editor
Edson Manoel de Oliveira Filho

Gerente editorial
Gabriela Trevisan

Tradução
Grupo Tapa e Luiza Jatobá

Revisão técnica
Maria Sílvia Betti e Eduardo Tolentino

Preparação de texto
Fernanda Marcelino

Revisão
Geisa Mathias de Oliveira e Liliana Cruz

Capa e projeto gráfico
Mauricio Nisi Gonçalves / Estúdio É

Pré-impressão e impressão
Prol Editora Gráfica

Reservados todos os direitos desta obra. Proibida toda e qualquer reprodução desta edição por qualquer meio ou forma, seja ela eletrônica ou mecânica, fotocópia, gravação ou qualquer outro meio de reprodução, sem permissão expressa do editor.

Mister Paradise

◆

E OUTRAS PEÇAS EM UM ATO

TENNESSEE WILLIAMS

Tradução Grupo Tapa

Realizações
Editora

Sumário

Apresentação 7
Tradução na Sala de Ensaio: Atores-Tradutores 33
Prefácio a Duas Mãos 37
Introdução 43
Agradecimentos 67

Estas São as Escadas que Você Tem que Vigiar 69
Mister Paradise 87
O Palooka ou O Panaca 99
Fuga 109
Por Que Você Fuma Tanto, Lily? 117
Verão no Lago 129
O Jogão 149
O Quarto Rosa 177
A Mulher do Gordo 193
Obrigada, Bom Espírito 219
O Matadouro Municipal 235
Adão e Eva em uma Balsa 245
E Contar Tristes Histórias das Mortes das Bonecas 265

Notas sobre o Texto 301
Anexo 337

APRESENTAÇÃO

A Dramaturgia de Tennessee Williams em *Mister Paradise e Outras Peças em Um Ato*[1]

Maria Sílvia Betti[2]

Tennessee Williams foi, acima de tudo, um dramaturgo, embora tenha praticado também, em menores proporções, a poesia e a ficção. Dentro do campo da dramaturgia, as peças em um ato parecem ter constituído a estrutura de sua predileção: entre o final dos anos 1930, quando iniciou sua carreira, até 1983, ano de seu falecimento, Tennessee escreveu várias dezenas delas, revelando-se um dos mais prolíficos e significativos cultores desse subgênero. Algumas das peças longas que viriam a consagrá-lo têm suas raízes em expedientes de criação extraídos do repertório de suas peças

---

[1] Este texto apoia-se em reflexões de análise desenvolvidas no artigo intitulado "*Mr. Paradise and Other Plays*, de Tennessee Williams: Apontamentos para uma Análise Formal", apresentado à revista *Literatura e Sociedade*, do Departamento de Teoria Literária e Literatura Comparada da Faculdade de Filosofia, Letras e Ciências Humanas da Universidade de São Paulo em 2011.

[2] Professora de Literatura Norte-americana da Faculdade de Filosofia, Letras e Ciências Humanas da Universidade de São Paulo.

em um ato, seja no que se refere às personagens, seja no que diz respeito às situações representadas.

Observador atento das rupturas que marcaram o teatro no século XX, Tennessee registrou, de forma sensível e crítica, as transformações e contradições da sociedade à sua volta, e empregou, para representá-las, recursos de criação e de expressão que muitas vezes se revelaram pouco palatáveis para o convencionalismo da crítica teatral e para o próprio *establishment* cinematográfico dos Estados Unidos.

Ao se tornar um autor comercialmente agenciado no campo dos espetáculos e no mundo editorial, e ao ver-se guindado à condição de celebridade, com o sucesso da montagem de *The Glass Menagerie* [*O Zoológico de Vidro*], em 1943, Tennessee passou a ver-se diante da imposição inexorável de uma produção constante, desenvolvida paralelamente ao acompanhamento de centenas de adaptações de textos seus para o cinema e a televisão em todo o mundo. É possível que, diante disso, ele tenha passado a ver no campo das peças em um ato um território até certo ponto indene ao imediatismo e à voragem da demanda produtiva que o envolveu. O fato é que parte considerável das peças em um ato de Tennessee Williams só viria a ser encenada postumamente, por ocasião de festivais e de eventos relacionados a seu trabalho.

O volume aqui apresentado pioneiramente no Brasil compõe-se das peças em um ato reunidas na edição intitulada *Mister Paradise and Other One-Act Plays*,[3] lançada nos Estados Unidos

---

[3] Tennessee Williams, *Mr. Paradise and Other One-Act Plays*. Nova York, New Directions, 2005.

em 2001 e relançada em 2005. Dentre as peças que o integram, o maior número remete à década de 1930, período do qual datam *Por Que Você Fuma Tanto, Lily?* (de 1935), *Verão no Lago, O Matadouro Municipal, O Jogão* e *O Panaca* (de 1937), *Adão e Eva em uma Balsa, Mister Paradise* e *A Mulher do Gordo* (de 1939). *Fuga* data presumivelmente do período entre 1939 e os primeiros anos da década seguinte, ao qual também pertencem *Estas São as Escadas que Você Tem que Vigiar* e *Obrigada, Bom Espírito* (de 1941), e finalmente *O Quarto Rosa* (de 1943). *E Contar Tristes Histórias das Mortes das Bonecas* não teve a data de sua criação definida com segurança pelos pesquisadores, mas remete presumivelmente ao período entre 1958 e 1962.

O lirismo marcante da dramaturgia de Tennessee Williams encontra-se presente em todas essas peças, e apoia-se fortemente na ruptura com os padrões dramáticos convencionais, desenvolvidos a partir de progressões de ações que levam a um clímax, e depois, gradualmente, a um desfecho. Tomadas como conjunto, elas evidenciam de forma inequívoca a opção de Tennessee Williams por um trabalho aberto a experimentações nos diálogos e na estrutura compositiva das personagens, chegando em alguns momentos a tangenciar significativamente o campo do chamado "teatro do absurdo". Quando alguma progressão dramática embrionária poderia começar a insinuar-se, uma densa impregnação de lirismo ou uma sutil corrosão por ironia vem prontamente dissolver qualquer possível resíduo de convencionalidade estrutural. Se em dados momentos alguns germes de conflito, entendido na acepção tradicional do termo, parecem se apresentar, eles rapidamente se desvanecem ou se encapsulam deliberadamente no beco sem saída da irresolução dramática cultivada saborosamente por Tennessee.

Essa opção permite ao autor adensar consideravelmente a função poética dos textos e o uso estrutural da ironia, e assim ampliar de modo significativo a expressividade dramatúrgica e cênica deles. Os diálogos, em geral, compõem-se de trocas verbais repletas de elipses e suspensões de sentido, e estas os afastam provocativamente de uma coloquialidade realista ou psicologizante. Muitas vezes, as próprias rubricas ganham uma dimensão que vai além da função técnica que tradicionalmente lhes cabe, e enveredam por uma esfera de expressão de papel claramente literário.

Por Que Você Fuma Tanto, Lily?, que tem o significativo subtítulo de *Um Conto em Um Ato*, é, dentre as peças reunidas no volume, um dos textos mais representativos da afinidade que a escritura de Tennessee Williams apresenta com a ficção: uma espécie de "voz narrativa" parece apropriar-se do campo técnico e informativo das rubricas, impregnando-as com recursos de caracterização que só poderiam configurar-se plenamente num ato de leitura literária, e que não podem ser de todo apreendidos e figurados pelo trabalho cênico propriamente dito. Grande parte das observações alusivas às personagens, nas rubricas dessa peça, é direcionada para a composição de elementos que só podem ser caracterizados em cena por meio de recursos de caráter simbólico.

Também *Adão e Eva em uma Balsa* remete diretamente ao campo da escritura literária: uma de suas duas personagens centrais é explicitamente composta a partir da apropriação ficcional de traços da personalidade e da temática do escritor britânico D. H. Lawrence, por cuja obra e biografia Tennessee nutria admiração e interesse. No espaço aparentemente realista do retiro do escritor, nos Alpes Marítimos, Tennessee compõe um Lawrence exoticamente vestido e emblematicamente entretido na tessitura de um bordado de significado simbolicamente revelador. Não há e não pode haver qualquer possível dúvida, por parte de quem assiste ou lê a peça, sobre a identidade apenas sugerida da *persona* dramatúrgica do romancista inglês. E é também no âmbito textual da rubrica que a remissão a ele ganhará maior explicitação, projetando-se em cena sob a forma icônica da fênix entre chamas ardentes numa tapeçaria que pende na parede.

Não é apenas a composição deste Lawrence dramaturgizado por Tennessee que se apoia nas características típicas da ficção do romancista inglês, mas todo o liame relacional que se estabelece entre ele e a outra personagem central, Ariadne Peabody, uma visitante norte-americana. Os diálogos ressaltam uma forte impregnação erótica latente e o profundo efeito desumanizador inerente às regras de convívio em sociedade.

Ariadne Peabody procura o romancista à espera de uma revelação: sente-se presa à lembrança obsessiva da atração que a impulsionara para os braços de um desconhecido num percurso de balsa entre Oakland e São Francisco dois anos antes. O nome e o endereço que o homem sussurrara ao seu ouvido, ao final do percurso, apagaram-se misteriosamente de sua memória, e seu corpo agora transforma em dor insuportável a nostalgia do toque das mãos dele.

Refém dessa situação insolúvel, a moça espera que Lawrence a ajude a resgatar as lembranças reprimidas para que possa reencontrar o desconhecido da balsa, e é ouvida pelo escritor de maneira aparentemente displicente e pouco objetiva. O aclaramento final não resulta de uma análise convencionalmente conduzida, mas do fio tortuoso de um diálogo que só entra efetivamente no assunto em foco após encerrar-se uma série de pedidos extravagantes e aparentemente despropositados que o romancista faz à moça. Atarantada no atendimento deles, ela expõe mais de si do que percebe, fornecendo assim ao perspicaz olhar de seu interlocutor elementos que irão colocá-lo no papel de condutor de um curioso jogo dedutivo. Ao demandar do público uma familiaridade prévia com a figura do Lawrence real e de seu trabalho literário, a peça ganha um tom literário de "*divertissement*" intertextual.

Há uma inegável ironia de sabor paródico no fato de Ariadne, ao contrário de sua homônima mitológica, ser ela própria a enclausurada numa espécie de labirinto de sensações, e não a detentora do fio que conduzirá para fora dele. Ao final, a peça parece sutilmente indicar que, diante da fértil sagacidade criadora de Lawrence, Ariadne se apresenta não como mulher de carne e osso, mas como projeção ficcional da mente do escritor corporificada em cena.

Se o gosto pela ficção literária é determinante em *Adão e Eva em uma Balsa*, a afinidade com a poesia será central na forma e na matéria figurada na peça que dá título ao volume: *Mister Paradise*. Veleidades poéticas juvenis haviam levado Jonathan Jones, no passado, a publicar um pequeno livro de versos sob o pseudônimo constrangedoramente simplório de Anthony Paradise. Várias décadas se passaram, e agora, maduro e solitário, vivendo num quarto no decadente bairro boêmio de Nova Orleans, ele é procurado por uma jovem estudante da elite local que, ao acidentalmente encontrar um dos exemplares em um antiquário, arroga-se a missão de revelar ao mundo a suposta grandeza do poeta esquecido, e procura-o com o intuito de convencê-lo a acompanhá-la na jornada rumo à consagração.

A peça desenvolve-se a partir da conversa travada entre Jones e sua inesperada visitante. Os diálogos iniciais são marcados pelo contraste: as falas de Jones são contidas, lacônicas e apresentam um mordente de sarcasmo, enquanto as da jovem derramam-se em um entusiasmo generoso, mas pueril e sem dúvida precipitado. Jones raciocina com base na materialidade da situação em que vive; a jovem, por sua vez, imbuída por um alto grau de idealização da arte e da vida, revela-se inteiramente alheia à realidade social dos meios artísticos e literários no próprio ambiente em que vive, e ao fato de pertencer a uma classe que tem acesso aos bens culturais em função, precisamente, de seu próprio poder de compra.

A base formal é simples e apoia-se numa sucessão de diálogos em que nenhum dos dois interlocutores se revela isento de contradições. A oportunidade de supostamente resgatar Anthony Paradise do esquecimento afigura-se, para a jovem, como circunstância que trará novo significado para sua vida, além de livrá-la do tédio das reuniões sociais a que é arrastada pela mãe, e de ligá-la à aura de reconhecimento literário que, imagina, virá a constituir-se em torno dele.

Essa expectativa contrasta de forma total com a situação de Jones no presente: ele não deu continuidade ao trabalho poético que iniciara como Anthony Paradise na juventude, e nada mais o liga à visão de mundo e às expectativas de vida que o haviam levado a publicar o livro. O grau de afinidade entre os dois interlocutores é mínimo: Jones é amargo e sarcástico, e a jovem não é capaz de entender o teor real das respostas que ele lhe dá. Ao ouvir o longo e caloroso relato que ela lhe faz, Jones procura inutilmente dar-lhe a entender que, no presente, Paradise nada mais é para ele do que um estranho.

A peça apoia-se, assim, não na comunicação entre as duas personagens, mas precisamente na impossibilidade de que um entendimento entre elas chegue efetivamente a se estabelecer. Uma série de insucessos comunicativos se sucede entre as duas personagens, colocadas uma diante da outra com uma total ausência de pontos em comum e um gritante contraste quanto à classe social, à idade, à visão de mundo, à forma de expressão e raciocínio e às expectativas para o futuro.

Da conversa entre a jovem e Jonathan Jones nenhum conflito dramático *stricto sensu* se desenrolará: a glória que a moça almeja para Mister Paradise não condiz com o presente cinzento e decadente de Jones. O Paradise idealizado e idealista do passado não pode coexistir com o cinismo solitário de Jones, e seria preciso que este desaparecesse para que uma improvável consagração de Paradise pudesse ser tentada. O único entendimento estabelecido entre o ex-poeta e a jovem não resultará da anuência dele ante a ideia de ser revelado ao mundo, e sim da hábil estratégia do ex-poeta no sentido de preservar na moça o entusiasmo pela poesia num mundo onde prevalecem o lucro e os artefatos bélicos.

Como em *Adão e Eva em uma Balsa*, a ironia em *Mister Paradise* resulta da defasagem de percepções das duas personagens, e das discrepâncias entre o sentido explícito, enunciado nos diálogos, e o figurado, subjacente e compartilhado pelo espectador/leitor. A principal dificuldade interpretativa e analítica deste tipo de dramaturgia reside na sutil desagregação que apresenta dos sentidos exteriormente sugeridos. Embora a tessitura de diálogos seja a base de que se constitui a peça, o aspecto mais expressivo da matéria neles representada encontra-se nas defasagens de comunicação que produzem, nas elipses de pensamento e nos desencontros de cognição, constituindo assim um material dramatúrgico que demanda a existência de uma apurada "sintonia fina" por parte do leitor que o degusta e dos atores que o interpretam em cena.

A Mulher do Gordo e *O Quarto Rosa* corroboram essa característica, embora a apresentem por outro prisma. Não casualmente, Tennessee Williams envereda, em ambas, pelo terreno da comédia social, em que personagens de classe média lidam com o processo não assumido de desgaste de suas relações afetivas e conjugais.

Em *A Mulher do Gordo*, um casal de meia-idade troca impressões sobre a elegante festa de ano-novo de que acaba de voltar. O bom humor ligeiramente inebriado de Joe, um bem-sucedido produtor teatral nova-iorquino, contrasta com o indisfarçável tédio de sua mulher, Vera. Ambos, durante a festa, flertaram com pessoas jovens e iniciantes na carreira artística: Joe com Esmeralda, uma atriz na qual Vera não reconhece nenhum outro talento além de mostrar as pernas em espetáculos de variedades, e Vera com Dennis Merriwether, um dramaturgo principiante que acaba de conhecer o sucesso e que Joe considera "idiota" por ter recusado uma oferta milionária da "Metro Goldmeyer" e acusado a Broadway de "assassinar" um original seu.

A troca mútua de farpas entre marido e mulher deixa evidente que os ciúmes e a irritação são as únicas reações que ainda conseguem despertar um no outro. Para Vera, o trabalho de Esmeralda no papel da protagonista da peça de Merriwether que Joe produziu "profanou" a montagem. Para Joe, Merriwether não passa de "um menino" e de um "caipirão", desprovido do cosmopolitismo europeizante que suas próprias peças poderiam, em princípio, fazer esperar.

Voltando o foco de atenção sobre as perspectivas e valores por que se pauta o casal, a peça ressalta a inconsistência e a futilidade da classe a que pertencem e de sua visão de mundo. A aparente simplicidade estrutural da estrutura dramatúrgica permite que o foco se volte para as contradições e incoerências que caracterizam essa classe, trabalhando com apuro as ironias e nuances de sentidos nos diálogos.

O *Quarto Rosa* apresenta um processo análogo ao de *A Mulher do Gordo* no que diz respeito aos diálogos e à matéria representada. Tem-se nela novamente um casal, mas inserido, aqui, no delicado campo das ligações extraconjugais: um homem de meia-idade mantém uma amante num aconchegante ninho de amor clandestino, e encontra-se com ela a pretexto de viagens de negócios.

O local de encontros foi inteiramente revestido de materiais na cor rosa a fim de sugerir uma atmosfera estereotípica de sensualidade e *glamour*, propícia ao enlevo amoroso. Os amantes atuam de forma extremamente coerente com os papéis que assumiram entre si: a moça, bela loira de trinta anos, veste-se de maneira provocante; o homem mostra-se apaixonado, e mesmo quando ausente manda-lhe flores e cartões com palavras de amor.

A relação já dura alguns anos e encontra-se, a essa altura, totalmente estabilizada: os arroubos amorosos do início transformaram-se, no presente, num repertório de protocolos cuja observância é rigorosamente cobrada entre os amantes. O homem, ao chegar, contempla com cansaço a saturação cromática do ambiente, mas procura demonstrar efusividade romântica e confere se as flores que enviou foram devidamente recebidas. A amante revela-se fria e visivelmente ressentida, e responde de forma lacônica: o vaso de bicos de papagaio mandado por ele provavelmente lhe parece redundante e vulgar, em plena época de ano-novo, quando a onipresente decoração festiva se mostra repleta de arranjos florais análogos.

O homem recentemente ausentou-se do ninho de amor, na passagem do ano, alegando um evento com clientes em Chicago. A amante cobra-lhe explicações, pois ele teria sido visto por uma conhecida numa orgia de casais num hotel da cidade. As falas da amante são incisivas e marcadas pela ironia. As dele são defensivas e reticentes, e ele chega a admitir que mente com o intuito de não a ver enfurecer-se. O desencontro de expectativas repercute fortemente na estrutura dos diálogos, e resulta em elipses que parecem antecipar, em alguns momentos, algumas estruturas dialógicas do "teatro do absurdo".

O ninho de amor proibido tornou-se, ao longo do tempo, uma espécie de réplica daquilo que um lar conjugal tem de menos desejável, e não é casual, assim, o fato de o tratamento afetivo dispensado pelo homem à amante ser nada mais nada menos do que "mãezinha". O descompasso comunicativo nos diálogos segue um *crescendo* estrutural que culmina com a quase completa desagregação da lógica. Ainda que a natureza da matéria representada pertença ao âmbito tipológico da comédia social em sua acepção mais típica, Tennessee é hábil em impedir que os estereótipos associados a esse gênero dramatúrgico sobrevivam à radical e crescente erosão da coerência dos diálogos na peça, o que ilustra na prática a presença genial de sua verve criadora e crítica.

Dentro da estereotipia formal desmantelada, desmantela-se também a percepção que o bloco inicial de diálogos havia construído no leitor/espectador e o próprio desfecho provavelmente antevisto por eles: o homem evasivo que parecia ter já um pé fora da relação amorosa mostra-se incorformado, no desfecho, ao ver-se sumariamente expulso do nicho de amor pela amante. A cor rosa, destinada a reforçar a atmosfera de sedução, serve ironicamente de pivô ao desenlace, que se dá com o pedido da moça de que o amante lhe devolva a chave, sinalizando, assim, ela própria, o fim da relação. A estrutura da peça reverte, com isso, as impressões que se insinuavam no início: a moça queixosa e enciumada do início tinha já, desde então, um novo amor já devidamente instalado no ninho amoroso; o amante displicente que parecia querer evadir-se do envolvimento vê-se banido e toca inútil e intermitentemente a campainha enquanto a cortina desce. A reversão das expectativas acirra a percepção crítica por parte do leitor/espectador, e desagrega a convencionalidade que a estrutura reverte por completo.

Como em *A Mulher do Gordo*, não é a relação amorosa em si o objeto da representação, mas as erosões, fissuras e idealizações que a esvaziaram, e principalmente a impregnação viciosa dos estereótipos sociais e sexuais que a distorceram de modo fatal.

A natureza do trabalho formal praticado nesse tipo de dramaturgia requer a apreciação minuciosa e atenta de todos esses processos sob o risco de fixar, na leitura e na interpretação, apenas a exterioridade temática tratada no material.

Uma das características da dramaturgia de Tennessee Williams no campo da peça em um ato é a do grande rendimento expressivo que ele consegue extrair da sua concisão estrutural. A condensação inerente a essa forma dramatúrgica abre espaço, em sua produção, a ganhos interessantes no campo da liricização dos diálogos e do uso da ironia estrutural.

Verão no Lago é uma das peças em que uma figuração de base simbólica apresenta-se como processo principal de tratamento da matéria representada. A questão central – a passagem de Donald, um adolescente de dezessete anos, à vida adulta, e a relutância de sua mãe, Mrs. Fenway, em aperceber-se disso – é abordada com estratégias que combinam as elipses e lacunas nos diálogos ao uso de elementos simbólicos em vários níveis de expressão e representação. A técnica do contraste é empregada para caracterizar as personagens e sua inter-relação. Mrs. Fenway fala ininterruptamente dirigindo-se tanto ao filho como à empregada, Anna, com os quais passa a temporada de verão em um chalé junto a um grande lago: faz comentários e pedidos desencontrados, queixa-se do calor sufocante e manifesta sua própria apreensão sobre o que lhe reserva o futuro, pois está recém-separada de seu marido. Donald é lacônico e distante, e responde por monossílabos às solicitações da mãe. Anna, por sua vez, é perspicaz e paciente ao lidar com a patroa, cujos hábitos demonstra conhecer sobejamente.

A verbosidade fátua de Mrs. Fenway dá margem à exposição de inúmeras incongruências características tanto de sua relação com o ex-marido, o filho e a empregada, como com o círculo de amizades que frequenta e à forma como lida com as transformações iminentes que sua vida material deverá sofrer com o recente divórcio.

Se o tratamento dramatúrgico dessa personagem se aproxima bastante do praticado no âmbito da comédia social, bem diferente é o que ocorre no caso de Donald. O contraponto entre o adolescente e a mãe é assinalado, no plano cênico, pela oposição entre a pesada imobilidade matronal dela e a ágil inquietude jovial do rapaz. Mas é no campo dos diálogos que este contraponto ganha um subtexto simbólico fundamental para a peça: as imagens invocadas por Donald (muros, uma escada de incêndio transformando-se em serpente e uma insuportável sensação de sufocamento) perturbam Mrs. Fenway ao extremo por constituírem uma forma figurada de expressão e fugirem, assim, aos seus hábitos perceptivos. O amadurecimento que ela espera do filho está, de fato, em processo, mas longe dos mecanismos de convívio e de inserção social aos quais ela alude: ele se manifesta de forma agônica, tortuosa e estranha à sua percepção materna, como indica o conteúdo simbólico de um sonho relatado pelo menino.

A principal escolha formal da peça consiste, justamente, em figurar de forma poética a entrada de Donald na vida adulta, o que confere ao texto densidade de sentidos e economia de expressão: de um lado tem-se o brilho das águas ao sol e a ideia do lago como local de suspensão do tempo, imagem evocada por Donald; de outro, a perturbação de Mrs. Fenway com o ruído intermitente do relógio e o progressivo e sintomático ofuscamento de sua visão diante do brilho solar da superfície avistada pela janela.

Trata-se de um recurso de escritura que permite tratar de uma questão subjetiva e abstrata – a transição da adolescência à idade adulta – dando-lhe materialidade cênica e tessitura dialógica altamente expressivas.

Sintomaticamente é Anna que irá, no final, em obediência à própria Mrs. Fenway, relatar o afastamento definitivo de Donald, que nada para além do campo de visão, e simbolicamente rompe, assim, com o vínculo familiar. Embora nesse desfecho da peça o leitor e o espectador também "dependam" dos olhos e das respostas de Anna sobre o distanciamento de Donald no lago, são os silêncios e pausas dela que, para eles, carregam-se de sentido e revelam aquilo que Mrs. Fenway, em seu sintomático ofuscamento, não consegue (e inconscientemente não deseja) enxergar.

A peça apoia-se na densidade e na expressividade lírica de suas imagens, e isso lhe permite tratar, de forma dramaturgicamente compacta, de algo que a escritura dramática convencional só poderia abordar por meio de longo e minucioso processo de caracterização psicológica.

A afinidade de Tennessee Williams com esses expedientes de criação e de expressão é, sem dúvida, um dos elementos-chave para a sua grande afinidade com a estrutura da peça em um ato.

Os expedientes líricos empregados em sua escrita dramatúrgica e o importante papel que desempenham em seu teatro podem levar leitores ou espectadores desavisados ou ingênuos a enxergar nele um predomínio de elementos subjetivos e oníricos ligados à representação do indivíduo e da vida privada em detrimento de aspectos de representação social.

Trata-se, na verdade, de uma percepção que parece encontrar eco em parte da própria fortuna crítica do dramaturgo, principalmente por associar-se fortemente à avaliação, também amplamente disseminada, de que a matéria por excelência da dramaturgia de Tennessee provém da projeção de elementos da memória autobiográfica do autor.

A presença de elementos de inspiração autobiográfica pode, de fato, ser detectada residualmente na dramaturgia do autor de modo geral, e em várias das peças reunidas em Mister Paradise e Outras Peças em Um Ato, apresentando-se ligada, por exemplo, à representação de personagens dotadas de sensibilidade artística e intelectual (como em Verão no Lago), da homossexualidade (como em E Contar Tristes Histórias das Mortes das Bonecas) e de um contexto fortemente impregnado da atmosfera social e histórica do sul dos Estados Unidos e mais particularmente de Nova

Orleans (como em *Estas São as Escadas que Você Tem que Vigiar* e *Obrigada, Bom Espírito*). Entretanto, nenhuma dessas formas de figuração se mostra, nas peças, desligada da representação crítica de aspectos como classe, condições de vida e trabalho, representações de gênero e ideologia.

Peças como *A Mulher do Gordo* e *O Quarto Rosa* fornecem uma visão distanciada e nem um pouco complacente da classe média norte-americana das décadas de 1930-1940, e expõem fartamente, nos expedientes dialógicos anteriormente comentados, a incipiência de suas relações afetivas e o convencionalismo estreito e conservador de sua visão de mundo e das instituições e valores em que se apoiam.

Também *Por Que Você Fuma Tanto, Lily?* lança um olhar distanciado e questionador sobre a classe média, objetivando-o no emprego de um tratamento cênico de base expressionista. É interessante a opção formal da peça no que diz respeito à centralidade de uma visão crítica desta classe: o descompasso entre as pretensões sociais de Mrs. Yorke e sua situação financeira real fazem-na imaginar que a prosperidade possa ser resgatada por meio de um possível casamento da filha, Lily, que por sua vez rejeita e critica fortemente as expectativas maternas. Embora todo o segmento inicial do texto desenvolva e explore diferentes ângulos desta tensão entre ambas, não é a relação conflitual entre elas que irá ocupar o epicentro da matéria representada, e sim a fantasmagoria internalizada pela moça, na segunda parte da peça, constituída pela exacerbação dos preconceitos e estereótipos de classe que Mrs. Yorke personifica: a imagem da própria Lily, no espelho, falando involuntária e incontrolavelmente com a voz amplificada e onipresente da mãe; a narração, por essa voz, da relação dominadora e destrutiva que manteve com o marido, já morto; e por fim, a correlação que estabelece entre a sensibilidade intelectual dele e a que identifica nos gostos e hábitos da filha. A intrusão da voz e do discurso de Mrs. Yorke, que a princípio se expressa por meio de Lily, prossegue e ecoa também quando esta cerra os lábios ou fecha os olhos. A dissociação entre personagem e voz, a onipresença tonitroante da fala materna, a reprodução indesejada de seu discurso e, por fim, a repetição ouvida de chavões e cobranças característicos do pensamento materno compõem uma sequência cênica de impacto indiscutivelmente crítico.[4]

Sintomaticamente, Lily é tratada na rubrica, a certa altura, como figura andrógina, de traços fortes, corpo anguloso e que "passaria por um rapaz". Ao condensar nela traços que a aproximam da imagem masculina (e paterna), a peça reforça o contraste entre sua própria caracterização e a da mãe, e obviamente coloca em foco o papel convencionalmente imposto à mulher. Mas o faz sem que esses aspectos se dissociem da contundente representação crítica de estereótipos da classe média norte-americana tipificados no pensamento e no discurso de Mrs. Yorke: a aceitação inquestionada e servil do culto às aparências, o atrelamento preconizado das relações familiares às metas de ascensão social, e o desapreço por toda forma de atividade refratária à conquista do sucesso material.

A representação de questões de classe nas peças em um ato de Tennessee Williams apresenta-se em parte considerável de sua produção – não só nos textos reunidos neste livro, mas também nos que integram outras compilações, como *27 Carros de Algodão e Outras Peças em Um Ato*. A disseminação midiática

[4] Ver, adiante, p. 126-27.

de adaptações dos trabalhos do autor, associada à grande veiculação de certos padrões de leitura deles, contribuiu para que se cristalizassem algumas formas de apreciação não fundamentadas na análise das peças, ou pelo menos de um conjunto mais amplo e representativo delas.

No que diz respeito a este volume, a representação crítica de questões de classe e de ideologia apresenta-se com igual contundência e recursos formais diversificados em várias das outras peças. *Fuga*, por exemplo, lança mão de uma estrutura integralmente narrativa para dar voz a um grupo de prisioneiros que acompanham, pela janela da cela que ocupam em um campo de trabalhos forçados na Louisiana, a empreitada temerária de um companheiro fugitivo. *Obrigada, Bom Espírito* põe em foco a demonstração de autoritarismo e preconceito que, invocando os preceitos da fé católica, branca e conservadora, desarticula o centro de atendimento espiritual de Mãe Duclos, uma médium negra e pobre de Nova Orleans.

O Palooka ou *O Panaca* trata da efemeridade, da inconsistência e da fragilidade do mundo esportivo, impregnado da ideologia capitalista do sucesso como meta máxima. "Palooka", apelido da personagem título no original de Tennessee Williams, é um termo inspirado no nome de um personagem de tiras cômicas dos anos 1930 e 1940, e designa um atleta esportivo (principalmente um boxeador) incompetente ou facilmente derrotado. Na peça em questão refere-se ao personagem que será, depois, identificado como Galveston Joe, o campeão de outrora que conquistou glórias esportivas e fama, e que agora, aos 38 anos, é uma figura frágil e combalida a ponto de não ser reconhecido pelo próprio jovem estreante que o havia idolatrado na infância.

A estrutura da peça apoia-se na estratégia da reversão, na parte final, das aparências e sentidos sugeridos no início: o interlocutor ouvido com empolgação pelo rapaz prestes a estrear, e que lhe conta ter tido a honra de conhecer Galveston Joe pessoalmente, não é senão o próprio. Trata-se de uma tardia e desconcertante descoberta para o jovem nos minutos que precedem, ironicamente, a sua própria luta de estreia. Tem inequívoco sentido crítico, na peça, o uso da ironia, construída pelo tom idealizado de que se reveste a fala do veterano ao jovem. No testemunho que dá sobre o campeão do passado, projeta-se sutilmente a sombra da figura presente, decadente e esquecida. Na menção do veterano ao sucesso e riqueza conquistados por Galveston Joe, insinua-se, para o leitor e o espectador, o avesso real de sua situação presente, que presumivelmente será também, um dia, a situação do garoto que agora estreia. Os mecanismos de ascensão ao panteão idealizado do sucesso e da riqueza são representados, na peça, por meio da crítica à ideologia em que se apoiam, e dos efeitos perversos que produzem, resumidos exemplarmente nas palavras do próprio Palooka ao treinador, no início, ao ouvir do vestiário o clamor do público durante a luta de um boxeador em fim de carreira.

O Jogão passa tangencialmente pela questão do sucesso esportivo, ainda que ela não seja central em relação à matéria representada. A peça transcorre no sul dos Estados Unidos, na enfermaria masculina de um hospital municipal em que Tony Elson, uma estrela do futebol universitário norte-americano, recupera-se de uma intervenção que lhe salvou a perna. Os dois pacientes que dividem com ele o espaço são casos de grande gravidade: Dave, de vinte anos, tem grave anomalia cardíaca e é um paciente terminal;

Walton, de 49 anos, veterano da Primeira Guerra Mundial, deve passar por delicada cirurgia neurológica em que há risco de morte.

A representação de classes se apresenta, na peça, por meio do contraste entre a situação social de Tony (atleta bem-sucedido, que tem família e dinheiro) e de Dave (paciente do sistema público que ocupa vaga destinada a não pagantes).

Embora o título, aludindo ao jogo, possa fazer crer que Tony é a personagem central, o que tem centralidade na peça, na verdade, é a contraposição entre a situação do jogador e a de Dave: Tony anseia pela alta para poder assistir da arquibancada o segundo tempo da partida contra o Missouri, da qual não poderá participar; Dave deseja apenas conseguir respirar à noite e dormir. A ideia do jogo ganha, assim, um tratamento simbólico: para Tony a questão é a carreira, e ele reluta em aceitar que estará fora da partida decisiva; para Dave a questão é a vida, e ele sabe, embora não o diga, que também estará, em breve, "fora de campo".

Uma perspectiva simbólica de figuração é alavancada aqui, mais uma vez, pelo emprego da ironia dramática, construída pelo encadeamento de revelações feitas sucessivamente a Tony e a Dave. Tony fica sabendo da condição terminal de Dave enquanto aguarda a confirmação de sua própria alta. Dave é informado da morte de Walton ao perguntar sobre a demora de seu retorno à enfermaria após ser operado. As revelações feitas a um e a outro são presenciadas pelo leitor e pelo espectador, o que lhes dá conhecimento sobre a totalidade das situações e dos desdobramentos implicados. A matéria dramatúrgica tratada é, nesse processo, fortemente alegorizada: a enfermaria é um espaço físico de passagem entre doença e cura ou entre vida e morte. A transitoriedade temporal e circunstancial marca os percursos dos pacientes, que convergem num primeiro momento e depois separam-se. As condições e perspectivas de vida associadas às três personagens centrais (Tony, Dave e Walton) carregam-se de exemplaridade simbólica, figurando dramaturgicamente as perpectivas ligadas ao viver e ao morrer, cujos significados e implicações são tratados como relativos.

Fica patente na peça, mais uma vez, a afinidade de Tennessee Williams com os recursos simbólicos de dramaturgia, compatíveis com a concisão estrutural inerente à peça em um ato e com a contiguidade que ela apresenta em relação ao campo da linguagem poética.

Não se pode ignorar, no material assim constituído, a presença concreta de associações que remetem de forma crítica a questões de ordem social, seja sob o ângulo da já comentada representação de classes, seja no que se refere à função que acaba sendo desempenhada pelos comentários de Walton ao correlacionar a experiência extrema que viveu na guerra e a que enfrenta agora ante a possibilidade da morte.

Camuflar a morte como dado existencial e geracional é uma das facetas do sistema de vida e pensamento inerente à cultura capitalista: a ideia das individualidades "sublimes" ou "heroicas" leva à aceitação tácita de que uma posteridade elevada e supostamente "eterna" pode ser atingida por meio delas, correspondendo a uma grandeza idealizada e situada além e acima da vida comum, da vida dos "*ordinary men*".

A fala de Walton sobre a contemplação do céu, em sua inconclusividade e suspensões de pensamento, descreve a tranquilidade que sentiu ao vislumbrar não uma possível morte heroica no campo de batalha, ou uma presumida transcendência sugerida pelas estrelas, mas a dignidade e grandeza que subjazem na pequenez histórica e coletiva inerente à sua própria condição. Há um sentido épico latente não só no conteúdo exposto, mas também no fato de Walton falar a partir da materialidade de seu *insight* sobre os "milhões (...) nascendo todos os dias", evidenciando a percepção e a valorização de um processo humano e concreto de nascimento e vida que se perpetua para além do indivíduo e para além do fato particular de sua morte. Pode-se detectar aí um substrato épico latente na concepção da personagem, e na própria tessitura dramatúrgica da peça.

Não são poucos os pesquisadores e mesmo encenadores brasileiros que não hesitam em estabelecer associações entre a dramaturgia de Tennessee Williams e os padrões de um assim chamado "realismo psicológico". Embora não caiba aqui discutir as razões e implicações dessa associação, é importante ressaltar que a análise atenta dos padrões formais das peças em um ato do autor indica uma distância considerável de seu trabalho em relação a um "realismo" dramatúrgico ou cênico ou a uma "psicologização" apoiada em personagens individualizadas nos moldes característicos da forma dramática.

O Matadouro Municipal apresenta aspectos relevantes a esse respeito, e o faz por meio de recursos situados entre o expressionismo e o épico. Isso ocorre não apenas porque suas personagens interagem fora do âmbito de uma caracterização particularizante, mas também porque o próprio assunto e seu tratamento formal aproximam-na da estrutura e do tom de certos esquetes de teatro político.

O Matadouro Municipal do título é o local para o qual um funcionário público acaba de ser transferido como forma de punição após ter sido denunciado como perturbador da ordem pública vigente. No início da peça, ele se dirige a um universitário em busca de informação sobre o endereço do Matadouro, que desconhece. O Rapaz é, presumivelmente, um militante político prestes a executar um atentado que implica grande risco, como sugere o diálogo inicial que tivera com uma moça companheira de ativismo político. Tanto a rubrica de abertura como os diálogos que o Rapaz trava inicialmente com a Moça, e a seguir com o Funcionário, contêm pistas implícitas que contextualizam a cena no campo político de uma ditadura: há cartazes de um ditador pelos muros e não há certeza, por parte do Funcionário, sobre a origem e o motivo da denúncia que teriam acarretado a sua transferência.

Embora não saiba ao certo qual foi o motivo de sua punição, o Funcionário acredita ter cometido "um erro" ao se mostrar sensibilizado pela intermitência da corrida de um animalzinho numa engenhoca mecânica que adornava a vitrine de uma tabacaria. A reação violenta do dono do estabelecimento sugere que a pergunta que ouviu estava de tal forma fora do aceitável a ponto de lhe permitir arrancar a carteira e os documentos do bolso do Funcionário e denunciá-lo por perturbação da ordem. Mesmo cogitando a existência de outros possíveis motivos para sua transferência, o Funcionário não recebeu qualquer esclarecimento a respeito, o que reforça a ideia de que a sua punição se deu de modo sumário e que se está em um regime de exceção. E ao contar ao Rapaz sobre a "seleção" de sua filha para trabalhar no "Bordel Municipal", ele deixa clara a natureza autoritária do sistema político vigente, em que a denúncia e a prostituição são usuais e fazem parte do aparato institucional.

O Funcionário é um trabalhador administrativo, e sua transferência para o Matadouro Municipal, localizado em endereço que ele próprio desconhece, lhe havia sido anunciada verbalmente por telefonema e não por notificação escrita, o que a faz soar sinistra, já que se está no contexto de uma ditadura militar. Mesmo assim, isso nem de longe abala sua determinação em cumprir a ordem e apresentar-se no local.

Os expedientes dramatúrgicos empregados na peça têm clara base expressionista e o Funcionário e as circunstâncias relacionadas à sua condenação fazem lembrar vagamente características de *A Máquina de Somar*, de Elmer Rice, escrita em 1923. O foco central e as questões relacionadas apresentam traços de afinidades com o épico: a natureza tipificada das personagens, o emprego da narrativa na fala inicial do Funcionário, o fato de a peça fazer uso de um contexto político que possui função estrutural e não apenas incidental, e, por fim, de explorar o contraponto entre duas perspectivas ideológicas antagônicas, associadas respectivamente ao Rapaz militante e ao Funcionário administrativo.

Apesar das diferenças marcantes, o Rapaz e o Funcionário compartilham uma característica comum: a disposição em servir integralmente as entidades a que se ligam – o Rapaz na esfera do ativismo revolucionário, e o Funcionário na área burocrático-administrativa.

O que a peça coloca em foco, na sequência, é uma questão politicamente controvertida: pode o cego cumprimento da ordem, que caracteriza o sentido de vida, convívio e trabalho do Funcionário, ser posto a serviço de uma causa revolucionária? Pode tão inabalável disposição em obedecer cegamente ser instrumentalizada em prol de uma ação politicamente transformadora?

O Rapaz esgotou inutilmente todos os argumentos que lhe ocorreram para convencer o Funcionário a fugir e a tentar salvar-se.

Em vista disso, assumindo voz de comando, transfere ao homem as instruções para a execução do atentado, que deve acontecer nos minutos que se seguem. A peça encerra-se, como outras do livro, com reversão total de expectativas: o atentado não se realiza, pois o Funcionário, presumivelmente pela primeira vez, executa apenas parte das ordens recebidas e detém-se antes de disparar os tiros destinados a matar o ditador durante o cortejo militar. Ao desobedecer ao Rapaz, o homem obedece ao sistema com resignação sacrificial. A culminação esperada e desejada pelo leitor e pelo espectador não se efetiva, e o desfecho, em sua perturbadora inconclusividade, cria uma tensão crítica à qual nenhum dos elementos da peça escapa.

O que se encontra em foco na peça não são as motivações que teriam levado o Rapaz a transferir a um estranho a responsabilidade do ato pelo qual estava disposto a empenhar a própria vida, ou que teriam levado o Funcionário a desistir da ideia de tentar salvar-se e a tão passivamente retomar o caminho rumo ao que será provavelmente a sua morte.

O sentido político a ser extraído não tem caráter referencial mas estrutural: o Funcionário age com base no princípio da obediência, internalizado durante a vida inteira; o Rapaz preserva-se ao procurar instrumentalizar essa obediência inelutável em prol da causa, mas acaba determinando, involuntariamente, o fracasso da ação programada. A morte heroica como redenção de uma vida sem sentido é um argumento politicamente equivocado. Ao final, nada se transforma: o ditador não é executado, sejá lá quais forem as consequências e implicações disso. Vendo-se na situação de optar entre duas formas presumíveis de morte, o Funcionário escolhe aquela que, apesar de tudo, o preserva naquilo que sempre foi, ou seja, um obediente serviçal que não questiona.

Como se pode constatar, o repertório amplo e diversificado de expedientes de criação e expressão empregados em *Mister Paradise e Outras Peças em Um Ato* situam-se indiscutivelmente fora do âmbito dos padrões realistas e psicologizantes aos quais muitos associam o trabalho de Tennessee Williams. Frutos do exercício dirigido de uma constante experimentação, os textos se mostram impregnados de um fôlego crítico indiscutível com relação à ideologia do *american way of life*, e distendem a forma do drama moderno convencional para muito além dos limites da representação de reminiscências autobiográficas.

A estrutura concisa da peça em um ato, tal como praticada por Tennessee em *Mister Paradise e Outras Peças em Um Ato*, potencializa a representação de inúmeros aspectos simbólicos, alegóricos e épico-líricos que conferem materialidade ao tratamento dramatúrgico de contradições cruciais da sociedade à sua volta.

Tradução na Sala de Ensaio: Atores-Tradutores

Um Processo de Trabalho

Maria Sílvia Betti[1]

Ao contrário da tradução de textos ficcionais e poéticos, que se realiza integralmente no plano da expressão literária, a tradução de textos dramatúrgicos pressupõe a adequação entre o conjunto de sentidos expressos na obra e as condições fonéticas, sintáticas e prosódicas da sua enunciação em cena. Mesmo se pensado em termos de "literatura dramática", o texto teatral diferencia-se do literário pelo fato de não prescindir de uma dimensão cênica (ainda que esta seja apenas a que é imaginada por um potencial leitor no ato da leitura silenciosa e individual). Ao contrário do texto literário, presume-se que o texto dramatúrgico deverá ou poderá, em algum momento, ganhar voz em cena, e esta, portanto, apresenta-se como um foco importante de atenção para o trabalho tradutório.

No decorrer de 2009, atores inscritos para uma das oficinas de interpretação do Grupo Tapa (Teatro Amador Produções

---

[1] Professora de Literatura Norte-americana da Faculdade de Filosofia, Letras e Ciências Humanas da Universidade de São Paulo.

Artísticas), de São Paulo, escolheram trabalhar com peças em um ato do dramaturgo norte-americano Tennessee Williams (1911-1983).[2] Dadas as imprecisões constatadas em traduções (muitas das quais apócrifas) disponíveis em arquivos de escolas de teatro, atores familiarizados com a língua inglesa passaram a retraduzir os originais que haviam escolhido para o estudo de cena.

Uma vez apresentadas e discutidas em sala de ensaio, essas traduções foram sendo testadas e retrabalhadas, e com isso foram ganhando naturalidade e fluência na expressão oral, o que resultou em ganho considerável no que se refere ao rendimento expressivo dos textos em cena. Esse foi o processo de trabalho que, um ano e meio depois, viria a ser sistematicamente aplicado à tradução dos textos que compõem o volume de *Mister Paradise e Outras Peças em Um Ato*, cujo lançamento assinala o centenário de nascimento de Tennessee Williams.

Ao mobilizar atores-tradutores, o Grupo Tapa deu à percepção interpretativa deles uma função importante não apenas para o resultado das traduções em si, mas também para a própria recepção da dramaturgia de Tennessee Williams em contexto brasileiro: ressalte-se, a esse respeito, o fato de que a grande maioria das peças que integra o volume é inédita no campo editorial e apresenta elementos compositivos e temáticos imprescindíveis a um estudo aprofundado do trabalho do autor.

O diferencial desse processo de trabalho resultou não apenas do fato de as peças terem sido traduzidas por atores envolvidos em seu estudo, mas também da própria metodologia adotada,

---

[2] Tratava-se da oficina coordenada pelos diretores Brian Penido Ross e Guilherme Sant'Anna.

que envolveu três etapas de trabalho tradutório de cada texto. Primeiro, as traduções realizadas pelos atores individualmente ou em colaboração com outros foram submetidas a um processo minucioso de revisão técnica com base no cotejamento "linha a linha" com os originais. Essa etapa teve como objetivo observar a forma como os textos traduzidos lidavam não só com expressões idiomáticas e peculiaridades léxicas das peças, mas também, e de forma particularmente detalhada, de analisar as soluções dadas à expressão de questões contextuais, regionais, sociais e históricas de importância para o entendimento de leitura, para o estudo analítico e para o rendimento interpretativo.

Em muitos casos, gírias de época, expressões arraigadas em circunstâncias regionais ou históricas e jogos de palavras precisaram ser contornados mediante a pesquisa de aproximações de sentido, e estas, examinadas caso a caso, constituíram um foco de particular atenção.

A essa etapa sucedeu-se uma segunda, em que as passagens indicadas na primeira revisão foram revistas caso a caso, retrabalhadas e novamente submetidas dentro de uma segunda versão de cada texto traduzido.

A terceira etapa, por fim, consistiu na realização da leitura dramática de cada uma das peças, procurando-se aferir *in loco*, na sala de ensaios, a adequação fonética, a fluência enunciativa, a expressividade na transmissão dos sentidos e a clareza de entendimento.

O Grupo Tapa caracteriza-se, desde sua fundação, em 1974, pela realização de um trabalho sistemático e aprofundado de pesquisa interpretativa sobre a dramaturgia e suas perspectivas de interpretação. A realização de estudos internos de tradução de originais de diferentes procedências e épocas tem ocorrido de forma regular e sistemática ao longo de seus quase quarenta anos de existência, e os resultados têm se mostrado fundamentalmente importantes para a qualidade que tem distinguido suas montagens.

A publicação de *Mister Paradise e Outras Peças em Um Ato*, assinalando o centenário de nascimento de Tennessee Williams, representa uma iniciativa importante no sentido da socialização desse trabalho, além de abrir grandes perspectivas para uma etapa de aprofundamento no debate analítico da dramaturgia de Tennessee Williams no Brasil.

PREFÁCIO A DUAS MÃOS

Anne Jackson e Eli Wallach
(Tradução Luiza Jatobá)

ANNE: Maureen Stapleton, uma das atrizes preferidas de Tennessee Williams, foi questionada por um entrevistador sobre sua escolha de atuar em suas peças que lidavam com homossexualidade, incesto e canibalismo. Ela respondeu: "Bem, citando Tennessee, 'eles são apenas gente'!".

ELI: Mas não concordamos com a pergunta feita pelo entrevistador por tentar banalizar os personagens de Williams com apelo ao sensacionalismo. Porque os tais "apenas gente" de Tennessee eram tipos de pouca sorte, almas perdidas tentando se virar num mundo cruel. Como atores, temos a sorte de simular os problemas dos personagens e dar-lhes vida no palco. Tennessee insuflou-lhes não só dor, mas também humor, além de infundir-lhes nobreza de espírito.

ANNE: A primeira vez que nos encontramos foi em *Esta Propriedade Está Condenada*, peça de um ato de Tennessee para a Biblioteca de Teatro para a Justiça. Eram duas personagens. Achei que Eli era muito velho para o papel...

ELI: ... porque no ensaio apareci de uniforme de capitão, depois de ter sido exonerado do Exército e de ter recebido uma licença final como oficial administrativo da área médica.

ANNE: Chamei de lado a diretora, Terry Hayden, e perguntei baixinho se ela não o achava muito velho para representar um garoto de quinze anos de idade. Ela respondeu: "Já o vi em cena e estaremos com sorte se ele aceitar".

ELI: Claro que aceitei porque vim para o primeiro ensaio com bermudas e um chapéu fedora cortado e coberto de broches de beisebol...

ANNE: ... Nunca duvidei da habilidade de Eli de representar qualquer idade ou personagem. Encontrei Tennessee pela primeira vez quando fiz uma audição e fui selecionada para sua peça *Summer and Smoke*. O diretor veio para a ribalta e disse: "Quero que você conheça o autor". Imaginei um autor como Eugene O'Neill, aquela figura poética de rosto encovado e olhos profundos. Na realidade era um homem gorducho, bem arrumado de terno branco, com cigarreira de ouro, veio rindo pelo corredor e disse: "Estou contente de ter você como Nelly Ewell na minha nova peça".

ELI: Meu primeiro encontro com Williams foi quando ele veio para o Actors Studio para observar a cena de *Ten Blocks on the Camino Real*, sua fantasmagórica fantasia em um ato. O diretor, Elia Kazan, tinha convidado Tennessee para ver uma cena da peça em que eu representava Kilroy, um ex-boxeador que acabava de ser exonerado da Marinha. Williams quase pulou da cadeira no final da cena – "Vou desenvolver essa peça e vai ser montada na Broadway! Posso contar com você para a direção?", perguntou a Kazan. "Vamos atravessar essa ponte quando chegarmos lá", Kazan respondeu. Três anos depois eu fiz Kilroy na peça completa, *Camino Real*, na Broadway, dirigida por Kazan. Ao deixar a sala, depois de ver a cena no Studio, Tennessee parou na porta, coçou o queixo e me disse: "Acho que você é ótimo para o papel do caminhoneiro Mangiacavallo na minha nova peça, *The Rose Tattoo*. Cheryl Crawford é a produtora, telefone para ela". Riu e saiu pela porta.

ANNE: Enquanto *The Rose Tattoo* estava sendo preparada, continuamos a trabalhar com as peças de um ato. Karl Malden me dirigiu em *O Filho de Moony Num Chora*, com Kevin McCarthy, no Actors Studio.

ELI: Fui convidado por Joshua Logan do Actors Studio para dirigir *Lembranças de Bertha*, uma peça sobre uma prostituta cuja vida está virada de pernas para o ar, por estar sendo despejada de seu apartamento. Fiquei impactado pela empatia e sensibilidade pela condição da mulher.

Como militares americanos no Norte da África, tínhamos ordens de bombardear os bordéis para proteger a saúde de nossos soldados...

ANNE: Depois de *Camino Real*, Eli teve a sorte de ser selecionado no primeiro filme original de Williams e de ser dirigido por Elia Kazan. Williams fez a fusão de duas peças de um ato, *The Unsatisfactory Supper* e *27 Carros de Algodão*, para criar o roteiro do filme chamado *Baby Doll*, que também era estrelado por Karl Malden e Carroll Baker.

ELI: Anne e eu ficamos amigos de Williams por décadas, e no final dos anos 1980 organizamos um espetáculo costurando cenas de suas peças, *Relembrando Tennessee Williams*. Entre as cenas inserimos várias anedotas e histórias de muitas noites memoráveis passadas com Tennessee.

ANNE: Então, vocês vieram para uma pequena viagem pelo passado e por nossa relação com Tennessee. E agora, cinquenta anos depois que tudo começou, um tesouro escondido das peças em um ato de Williams foi desenterrado pelos competentes pesquisadores Nicholas Moschovakis e David Roessel. *Mister Paradise* é o título da coletânea. É tanto irônico quanto verdadeiro que o tema da peça seja a voz de um poeta que foi esquecido e derrotado. Uma jovem, poeta também, procura-o. Ela encontrara uma cópia de seu livro de poesia sendo usado como calço para arrumar a perna de uma mesa velha numa loja de antiguidades. Ela visita Mister Paradise com a esperança de aumentar a visibilidade de seu trabalho para o público.

ELI: *Mister Paradise* é um raio X da alma de Williams – é ácida, triste e muito comovente. Sim. Tennessee era um poeta e é a poesia em suas peças que lhes dá sua assinatura inconfundível. Suas primeiras peças eram ricas em experimentações de diferentes estilos teatrais. Assim como jovens pintores fazem suas tentativas à maneira do impressionismo e/ou do cubismo, nas peças em um ato Williams experimentou sátira política, expressionismo, realismo social e até comédia de costumes, influenciado por dramaturgos como Phillip Barry e S. N. Behrman – a esposa de *A Mulher do Gordo* é descrita por Williams como o "tipo de Lynne Fontaine". Mas a notável sofisticação da argúcia e humor de Tennessee sempre transparece através de sua voz característica...

ANNE: Este livro é um achado para o qual os atores sempre voltarão muitas vezes – profissionais, amadores, universitários, e até mesmo estudantes do ensino médio... Estas treze "novas" peças, juntamente com dúzias de outras peças em um ato que Williams escreveu, serviram de inspiração e espaço de experimentação para suas peças completas e bem mais conhecidas.

ELI: Em cada uma destas peças em um ato encontramos os traços característicos de Williams: a coragem, a sensibilidade para com os marginais, o senso de humor mordaz e sobretudo sua compaixão. É uma alegria rememorar o talento de Tennessee.

ANNE: O personagem de Anthony Paradise assim se exprime:

> O movimento da vida é ascendente, o movimento da morte é para baixo. Apenas o mais cego de todos os cegos tolos não é capaz de enxergar aquilo que finalmente estará no topo! Não a morte, mas a vida, minha querida. Vida – *vida*. Eu os desafio a interrompê-la para sempre! Não com todas as suas armas, não com toda a sua destruição! Vamos continuar cantando. Um dia, o ar por toda a terra estará repleto do nosso canto.

ELI: Desejamos a vocês uma feliz leitura.

Nova York,
Novembro de 2004

Introdução

"UMA DAQUELAS COISAS ELÉTRICAS ENTRE AS PESSOAS"

Nicholas Moschovakis e David Roessel
(Tradução Luiza Jatobá)

Paraíso, na cabeça de Tennessee Williams, poderia ser praticamente um número infinito de coisas. Poderia ser o mundo da bela Laura Wingfield, animais transparentes de *The Glass Menagerie* [*O Zoológico de Vidro*] – ou o dos "pretendentes", aquelas criaturas humanas que se amontoavam nas salas de estar de sua mãe, Amanda, quando era jovem. Paraíso podia ser uma recompensa, no sentido espiritual, pela pureza espiritual de Alma Winemiller durante boa parte de *Summer and Smoke* de Williams. Ou então o paraíso seria o que espera Alma no abraço do estrangeiro que ela encontra no parque no final da peça?

Resgatar o paraíso, retomar o caminho do prazer num mundo de dor e perda, é o sonho comum de muitos personagens de Williams. Duas vezes na presente coletânea aparecem mulheres jovens que, tendo esbarrado em fragmentos extraviados de céu, em sua busca enveredam por atalhos que vão dar em portas de homens que elas nunca tinham visto antes. Nas duas peças, os homens são escritores – um deles, um desconhecido, inventado por Williams, e o outro, uma pessoa real que ele admira tanto a ponto de adular, o excêntrico profeta D. H. Lawrence. Aquilo que as duas mulheres querem e necessitam difere e os autores também recebem suas convidadas de maneira marcadamente oposta. Cada uma, entretanto, é movida pelo desejo de ver mais do que ela já contemplou através das janelas de seu mundo comum, fora e acima e além dele – levando a um encontro singular do tipo que Lawrence define, na frase brilhante de Williams, "uma daquelas coisas elétricas entre as pessoas".

Em *Mister Paradise e Outras Peças em Um Ato*, o público pode ler as versões editadas das treze peças que Williams terminou, mas nunca publicou. Doze delas estão aqui disponíveis pela primeira vez, enquanto a décima terceira – a provocativa *E Contar Tristes Histórias das Mortes das Bonecas...* – recebe aqui uma versão revisada e corrigida. Entre as situações e personagens apresentadas de maneira nova aqui, os leitores podem descobrir momentos insuspeitos de beleza poética e compreensão. No mínimo, serão recompensados por sua curiosidade em conhecer algumas novas veredas no exuberante universo da imaginação de Williams.

***

Na peça-título da coletânea, Paradise é um homem que escreve poesia. Mais precisamente, "Anthony Paradise" é seu nome de artista. O fato de o protagonista, Mister Paradise, ser na verdade um homem obscuro chamado Jonathan Jones, vivendo uma vida de "intensa desordem" em algum lugar no *French Quarter* (bairro francês) de Nova Orleans, é irrelevante para sua existência de autor; existência essa que só começará depois de Jones ter parado de respirar. No sentido mais verdadeiro, então, "Paradise" representa o depois da vida de Jones. Com a fama tardia ganha pelo seu *nom de plume*, ele espera encontrar a redenção, uma recompensa por tudo que passou como escritor, sofrendo como outro Santo Antônio no deserto para criar o que sua jovem admiradora chama de "maravilha infinita" de seu poema.

A construção de uma *persona* literária era quase tão importante para Tennessee Williams quanto é para Jonathan Jones. Até o fim de 1938, ainda um escritor bastante desconhecido, Williams publicou poemas e histórias com seu nome próprio Thomas Lanier (ou "Tom" ou "T. L.") Williams. Foi então que ele assumiu o nome com o qual ficaria famoso. Para o público perplexo dos anos 1940, Tennessee Williams, quando começou a ser reconhecido, soava como um nome caipira, mas para a posteridade transformou-se num dos nomes mais significativos da literatura do século XX. Tal como a estudante vai atrás de Jones em *Mister Paradise*, pesquisadores começaram a pesquisar nos arquivos de Williams em busca de manuscritos e páginas datilografadas não publicadas. Encontraram muito material interessante, mas existem também outros que, para estudantes e artistas, jogam luz sobre seus trabalhos mais conhecidos.

Esperamos que a publicação de *Mister Paradise e Outras Peças em Um Ato* possa somar à "maravilha infinita" que audiências e leitores ao redor do mundo sentiram, e continuam a sentir, ao deparar com o trabalho de Williams. Pelo que se sabe, nenhuma das peças deste volume foi publicada e montada em vida. No entanto, nas décadas após seu desaparecimento em 1983, tanto os trabalhos tardios negligenciados quanto produções pouco conhecidas de sua juventude atraíram atenção para o palco e para a publicação.

Os textos das treze peças neste livro são versões editadas fiéis aos rascunhos de trabalho de Williams. Para o pesquisador que prepara uma edição póstuma, o verdadeiro paraíso seria a oportunidade de perguntar a opinião do próprio autor sobre cada decisão que afeta o conteúdo ou a forma do trabalho. Infelizmente, ou talvez felizmente, ainda não encontramos uma maneira de acessar aquele "depois da vida" onde Williams nos espera para contar o que pensa de nossos esforços. Os leitores interessados podem ler uma breve história das primeiras peças em um ato de Williams assim como um detalhado relato de nossas políticas editoriais e de nossa visada no que diz respeito às escolhas mais cruciais, nas "Notas sobre o Texto".

Pode-se dizer com certeza que Williams escreveu a maioria dessas peças (isto é, todas menos duas, provavelmente) no período de 1930 até o final de 1940, antes de atingir reconhecimento nacional com *O Zoológico de Vidro*. Em muitos casos, é difícil datar mais precisamente seu trabalho em vários rascunhos de uma dada peça em um ato. As pistas ajudam a propor datas para a maioria das peças, embora estejam quase sempre sujeitas a interpretação. *Mister Paradise*, por exemplo, foi provavelmente, é quase certo, concluída em algum momento depois da primeira viagem de Williams a Nova Orleans, no final de 1938, embora não se possa saber ao certo quanto tempo depois. Um rascunho muito diferente que sobrevive nos arquivos é ambientado no Greenwich Village, um lugar onde Williams esteve pela primeira vez em 1940, mas esse lugar era tão conhecido no meio boêmio que Williams não precisava nem tê-lo visitado para escrever sua peça. A versão de

Nova Orleans para *Mister Paradise* que preferimos tem um discurso que parece antecipar ou ecoar algumas linhas de *O Zoológico de Vidro* (1944). *Mister Paradise* diz "Hoje o mundo está interessado em pólvora. A poesia não consegue competir com o som de balas explodindo". Tanto a sonoridade quanto a mensagem nos recordam de imediato as palavras de Tom Wingfield, "Todo mundo estava esperando bombardeios!" e "Hoje o mundo está iluminado por raios!". Ainda assim, sabemos que já em 1937, Williams tinha concluído *Me, Vashya!*, uma peça sobre um magnata das munições. Tudo o que queremos certamente concluir desses ecos recorrentes é que, ao longo dos turbulentos anos 1930 e os anos de guerra que seguiram, o talento de Williams muitas vezes volta a pensar o lugar do artista num mundo tão violento.

Já quando era jovem, escrevendo em meio às incertezas da Depressão e dos tempos de guerra na América, Williams começou a ascender às alturas da realização de artistas transcendentes. Enquanto isso, no entanto, na vida cotidiana, talvez a coisa mais próxima do Paraíso que ele e outros americanos podiam geralmente esperar era uma ida ao cinema. Certamente essas escapadas ao cinema eram um alívio para a atmosfera opressora em casa, devido à vigilância que levava à culpa e à suspeita da mãe do escritor, Edwina Estelle Dakin Williams. Em *O Zoológico de Vidro*, Amanda Wingfield, tal como Edwina, se queixa ao filho Tom: "Não acredito que você vá toda noite ao cinema... Ninguém em sã consciência vai ao cinema com tanta frequência como você diz ir". Então, não é surpresa para ninguém descobrir que Williams eventualmente ambientou uma peça curta – *Estas São as Escadas que Você Tem que Vigiar* – no *hall* de um cinema, onde noite após noite acontecem coisas que fariam sua mãe ter um ataque de nervos.

Estas São as Escadas que Você Tem que Vigiar é sobre o primeiro dia de trabalho de um jovem ingênuo de dezesseis anos como lanterninha no cinema Joy Rio. Situada "em uma cidade grande de um dos estados que costeia o Golfo do México", essa comédia escandalosa, como *Mister Paradise,* foi iniciada algum tempo depois que Williams visitou Nova Orleans pela primeira vez, em 1938. Evidências internas mostram que, na presente forma, entretanto, não foi concluída até 1948 ou depois. Numa carta de 1943, Williams tinha falado de seu próprio emprego como "lanterninha no Teatro Strand, na Broadway, um suntuoso palácio do cinema", vestindo "um uniforme noturno, azul-noite, com lapelas de cetim". Quanto ao caos que irrompe em *Estas São as Escadas que Você Tem que Vigiar,* o comentário de Williams numa carta de 1943 a um amigo, que "os lanterninhas do Strand deveriam usar uniformes de futebol americano com as máscaras do receptor", vem bem a calhar.

Os leitores da ficção de Williams notam que essa pequena peça tem elementos comuns com o conto "Os Mistérios de Joy Rio", que focaliza o comportamento das galerias superiores do cinema. O protagonista desse conto, um homossexual de meia-idade chamado Pablo Gonzales, encontra seu "paraíso na terra" através de sua realização sexual anônima no escurinho do cinema e nas proibidas galerias superiores. De modo semelhante, *Estas São as Escadas que Você Tem que Vigiar* alude à sexualidade de Mr. Kroger, que é o diretor atual do teatro (não o antigo diretor, papel atribuído ao tardio "Emiel Kroger" em "Os Mistérios de Joy Rio"). Em *Estas São as Escadas que Você Tem que Vigiar,* pelo menos segundo Carl, o colega de trabalho mais velho do menino, Mr. Kroger inicia novos contratos com uma voltinha (figurativa) nas escadas. À medida que a ação se intensifica caoticamente, Carl faz essa alegação essencialmente como uma denúncia de abuso sexual. Essa insinuação levanta questões éticas e psicológicas que fazem com que essa peça se diferencie bastante de "Os Mistérios de Joy Rio", onde Gonzales sofre meramente por viver como um "morfodita" e procurando seus momentos de paraíso consensualmente na companhia de homens estranhos.

O foco principal de Williams em *Estas São as Escadas que Você Tem que Vigiar*, no entanto, é no adolescente tímido em suas primeiras horas de trabalho. O garoto é um jovem com pouca experiência de sexo ou do mundo, mas que tem dois poemas publicados. No poema do próprio Williams, "The Dangerous Painters", as obras de arte mais pesadas e perturbadoras encontram-se no alto de uma escadaria:

> Eu lhe falei sobre as galerias superiores
> O isolamento dourado e aveludado e pintores
> perigosos.

Sentimos intuitivamente que os poemas do jovem lanterninha de *Estas São as Escadas que Você Tem que Vigiar* melhoram no momento que toma a decisão de subir as escadas para encontrar Gladys, a ninfeta lasciva. Lances de escadas – levando a um refúgio celestial do mundo da competição desvairada – são um tema recorrente nos primeiros trabalhos de Williams, principalmente na peça *Stairs to the Roof*. Entretanto, no cinema Joy Rio, as escadas representam não uma escapada romântica para um novo Éden, mas o conhecimento de uma sexualidade decididamente terrena; o que o jovem lanterninha encontra é um gozo corporal transgressivo e intermitente, tão central à imaginação de Williams.

Há outras peças aqui que falam de adolescência e de idade, mas em termos diferentes dos da experiência erótica. *O Palooka* (ou *O Panaca*) tem o mesmo título de um filme que Williams pode ter visto em sua primeira exibição em 1934. Em todo caso, é certo que sua intenção era fazer uma alusão ao campeão de boxe do *comics* muito conhecido de Ham Fisher, "Joe Palooka" [Zé Sopapo], que foi a inspiração para o filme e que era um sucesso de audiência nos anos 1930. Também, se Williams escreveu *O Palooka* depois de 1937, pode também ter sido influenciado pela peça de Clifford Odets. Fora esses pontos de referência, Galveston Joe, o boxeador que está envelhecendo em *O Palooka*, é um típico personagem de Williams: deixa-se levar por devaneios de glória perdida e pela fabricação de finais felizes para uma vida tristemente acanhada.

O jovem interlocutor de Galveston Joe, um aspirante à fama no ringue, conhecido somente como o "Garoto", é, a seu modo, tão romântico quanto a garota universitária de *Mister Paradise*. O Garoto fica todo feliz com seus devaneios de glórias futuras que ele imagina que vão durar para sempre.

A história em quadrinhos de Joe Palooka retrata um verdadeiro herói americano, que se alista no exército durante a Segunda Grande Guerra. Curiosamente, Williams se inspira nos quadrinhos de Fisher em *Camino Real*, mas esta é uma alegoria dramática mais desenvolvida da política e da sociedade americanas. Williams escreveu e publicou uma primeira versão de um ato, *Ten Blocks on the Camino Real*, logo depois que a guerra foi ganha. O nome patriótico do protagonista, Kilroy, é um leve campeão de peso pesado como Galveston Joe. Parece, então, que em

O *Palooka* teríamos um dos primeiros vislumbres do mito americano do "já-era", um lutador com um coração de ouro que luta pelos dezesseis "blocos" surrealistas – ou "*rounds*" – do *Camino Real*. (Um fragmento biográfico, tentador, mas sem provas, seria que no final dos anos 1940, Williams, tendo escrito *O Palooka* e lido ou visto uma *performance* de *Golden Boy*, teria retrabalhado suas memórias revividas de Galveston Joe – com algumas características de um personagem agressivo, Oliver Winemiller, da sua história do pós-guerra "One Arm" – no picaresco Kilroy: um *palooka* do pós-guerra com luvas douradas.)

Outra peça, aparentemente de começo de carreira, que é curta, mas construída com muita confiança, e que é bastante fascinante em relação a outros trabalhos de Williams, é a cena intitulada *Fuga*. De maneira mais abrangente que os leitores em geral e os frequentadores de teatro se davam conta, Williams tinha uma preocupação pela condição de vida dos afro-americanos, especialmente os do sul. Em 1947, por exemplo, Williams publicou uma apologia pessoal no *New York Times* por ser incapaz de impedir a estreia de *O Zoológico de Vidro* no Teatro Nacional de Washington D.C., onde só brancos podiam entrar. Vários escritos de Williams condenam o racismo em maneiras que refletem especificamente a difícil situação dos *Scottsboro boys*, os nove jovens negros que, em 1931, foram falsamente acusados de estuprar duas mulheres brancas num trem perto de Decatur, Alabama. Williams reconheceu que para homens afro-americanos vivendo em tais circunstâncias, o paraíso seria o trem que os levaria para o norte, se apenas eles pudessem entrar. *Fuga* coloca tal tentativa em cena: três condenados em um beliche escutam enquanto seus colegas de cela correm pelos trilhos para pegar o *Cannonball*, sendo duramente perseguidos por cães e guardas. Muito mais tarde, Williams continuou preocupado com medidas tão desesperadas e com as circunstâncias sócio-históricas que as fizeram necessárias. Em sua peça brilhante de 1957, *Descida de Orfeu*, os personagens Val e Vee falam sobre como tinham testemunhado "coisas horríveis", tais como "linchamentos!" e "presos em fuga sendo destroçados por cães!".

A data concreta que aparece com a letra de Williams, num texto aqui publicado, é fevereiro de 1935; a peça é *Por Que Você Fuma Tanto, Lily?*. Nela, o dramaturgo de 23 anos apresenta o conflito que reapareceria em muitos de seus outros trabalhos: a luta entre um(a) adolescente psicologicamente frustrado(a) e seus pais. Um bom exemplo é a peça em um ato *Auto-da-Fé*, na qual a sexualidade de um jovem é reprimida por uma mãe rigidamente moralista, que faz lembrar, como sempre, Edwina. *Por Que Você Fuma Tanto, Lily?*, entretanto, fala de uma mulher solitária perturbada por uma instabilidade ou doença mental, uma figura recorrente nas últimas peças curtas de Williams. Depois de criar a personagem de Lily, passou a escrever várias outras peças curtas com diversos avatares da Ofélia de Shakespeare: *A Dama da Loção Antipiolho, Retrato de uma Madonna* e a última peça curta de Williams, publicada e montada postumamente, *The One Exception*.

Por Que Você Fuma Tanto, Lily? tem o subtítulo de "Um conto em um ato". De fato, Williams adaptou sua peça de uma história não publicada, que está arquivada com a versão dramática nos arquivos do Centro Ransom. A cena é ambientada em um "apartamento moderno no West End de Saint Louis", onde a própria família de Williams morava naquela altura. Não restam dúvidas de que a personagem da traumatizada e nervosa Lily tinha como modelo a irmã mais velha de Williams, Rose, que também fumava e sofria dos "nervos" e de frustração sexual – e a personagem de Mrs. Yorke tinha como modelo a sua mãe. Entretanto, paralelos assim tão óbvios são sempre apenas uma parte da história. Lily, assim como seu último pai, mas contrariamente ao pai de Williams, Cornelius, é "do tipo intelectual". Ainda mais curiosamente, Lily "era bem grandinha... Ela passaria por um rapaz muito atraente". Será que Lily não vem também, em parte, de uma visão de autopiedade de Williams quanto à sua própria situação aos 23 anos? No começo de 1935, morando em casa, Williams deve ter se sentido só um pouco menos confinado e frustrado do que sua irmã, ou a Lily da peça. Sem dúvida, Williams também fantasiava sobre fugir por meio do que Mrs. Yorke chama de "ficção imunda" escrita por "boêmios, bolcheviques" e publicada em "revistas moderninhas". Quando não estava lendo tais coisas, ele estava tentando, com afinco, escrever suas coisas.

O escape é o tema central de outra peça comparável, *Verão no Lago*, sobre um adolescente de dezesseis anos, Donald Fenway, e sua mãe; de fato um rascunho dessa peça tem o título de *Fuga* (ver "Notas sobre o Texto"). A peça poderia ter sido inspirada por *A Gaivota* do adorado Tchekhov, cuja personagem Madame Arcadia se queixa: "Me diga, o que há de errado com meu filho? Por que está tão deprimido e mal-humorado? Passa dias inteiros no lago e eu quase nunca o vejo". Em *Verão no Lago*, Donald procura desesperadamente um refúgio da sensibilidade atormentada de Mrs. Fenway e de suas perpétuas reclamações sobre tópicos que parecem alternadamente triviais e dolorosamente pertinentes demais a seu futuro. Como Tom Wingfield em *O Zoológico de Vidro*, Donald é denunciado pela sua mãe como um "sonhador" sem futuro e (em seu julgamento) justifica a decepção dela com ele, fugindo de casa o mais possível para ir atrás de seu único prazer que é nadar no lago, onde o tempo é suspenso, e o sonhador pode ir "flutuando para o espaço" sem restrição.

O próprio Williams nadava regularmente, mas essa não era a única característica que tinha de Donald Fenway. Num certo ponto em *Verão no Lago*, Mrs. Fenway pergunta a seu filho se ele se "apaixonou", e ele responde "não". Ela replica: "Preferia que tivesse. Seria uma desculpa para seu comportamento tão estranho". Depois, Mrs. Fenway pela segunda vez exprime o medo de que Donald tenha começado a parecer "diferente ou estranho ou algo" e que outros começarão a chamar Donald "não como os outros meninos". Aqui, apresentado nos únicos termos que Williams provavelmente considerava aceitável ao público do tempo em que escreveu essa peça, temos um vislumbre de um entre muitos motivos da necessidade de Donald escapar de sua identidade prescrita por sua família e do mundo que ele conhecia. Ao mesmo tempo, é significativo que o jovem Donald pareça consideravelmente pior do que Tom Wingfield, Lily Yorke ou Tom Williams, já que Donald não encontra abrigo nem na atividade intelectual nem na criativa.

Quando Williams era da idade de Donald (muitos anos antes de criar a personagem), ele poderia pelo menos ter certeza de que sua mãe tinha uma opinião muito boa de seu "talento", já que Edwina adorava seu filho ao mesmo tempo em que o oprimia. No entanto, a apreensão impaciente de futilidade sentida pelo adolescente que não tem aspirações convencionais para sua vida adulta, ou mesmo nenhuma ideia do que uma vida adulta feliz pode ser, não era muito distante dos próprios sentimentos de Williams durante os anos 1930, quando escreveu a peça.

A casa de campo dos Fenways relembra uma visita que Williams fez em 1933 ao lago Taneycomo, nas montanhas Ozark, junto com sua mãe e seu irmão menor. No verão de 1933, Williams já tinha 22 anos, mas ainda estava longe de ter uma graduação de faculdade ou ter encontrado uma vocação que o fizesse independente financeiramente. Em vez disso, estava muito entediado por seu trabalho na Companhia Internacional de Sapato, onde seu pai tinha conhecidos, e se aborrecia bastante com a rotina da vida familiar na casa de Saint Louis. No final de *Verão no Lago*, Williams permite que o público decida se e como Donald finalmente vai conseguir se livrar de seu tormento.

Williams gastou mais tempo reescrevendo e retomando *Verão no Lago* do que a maioria das outras peças aqui publicadas, a julgar pelo material guardado nos arquivos. Deve ter escrito os últimos rascunhos completos, incluindo nossa cópia, durante o final dos anos 1930 (mas antes de 1939). Alguns anos atrás, provavelmente entre 1935 e 1937, nosso autor tinha escrito O *Jogão*, outro drama sobre a chegada à maturidade na América. Ambientado num quarto de hospital, numa cidade que pode ser identificada como Saint Louis, a peça focaliza o sofrimento de um jovem doente terminal, Dave, e o terrível câncer de cérebro de um homem mais velho, Walton, em contraste com a vitalidade de um famoso jogador meio-campista da faculdade, chamado Tony Elson. A lesão que levou Tony para fora do campo e para um quarto de hospital é, para ele, algo trivial. Ele tem muito mais vida, fisicamente, do que os outros dois homens juntos. Além disso, atrai constantemente interesse sexual, que, no caso de Dave, passou a ser nada mais do que um sonho sem esperança de paraíso. Ainda assim, é só depois da liberação de Tony do hospital e de seu desaparecimento da cena que Dave e Walton começam seu diálogo eletrizante sobre a morte e a eternidade, que imprime singularidade a essa peça. Walton, um veterano das trincheiras da Primeira Grande Guerra, apresenta a Dave a contemplação da eternidade: "Sabe o que eu fiz ontem à noite? Levantei da cama e abri a persiana! Eu levantei até o máximo! Levantei até abrir tudo, até o topo da janela! (...) Para poder ver as estrelas!". No final da peça, vemos Dave repetir esse gesto.

Em suas *Memórias* de 1975, Williams relata como foi sua ida a Nova York no outono de 1939 para encontrar sua agente Audrey Wood. "Eu não tinha descansado ou feito a barba e tinha uma aparência muito pouco confiável quando me apresentei nos imponentes escritórios de Liebling-Wood. Ela disse: 'Bem, bem, finalmente você conseguiu' – ao que eu respondi 'Ainda não'. Não estava tentando ser espirituoso, pois era a pura verdade." Provavelmente, mais ou menos uns anos antes desse episódio (como bem lembrava em suas *Memórias*), Williams escrevera *A Mulher do Gordo,* na qual um influente produtor, Joe Cartwright, diz à sua mulher Vera: "Fiquei de queixo caído quando aquele caipirão do Merriwether entrou no meu escritório pela primeira vez. E eu aqui esperando um tipo de pessoa extremamente polida, intelectualizada, cosmopolita (...) e entra um caipira que parece que acabou de sair do mato!".

A inserção de um dramaturgo com jeito de caipira nos círculos nova-iorquinos não era somente uma concepção presciente em *A Mulher do Gordo*. Cartwright também andou se queixando do escritor Dennis Merriwether por resistir às alterações comerciais de seu trabalho dramático, gritando que "o artista nele" seria crucificado. Um clichê local, sem dúvida, mas que estranhamente prevê a experiência do próprio Williams em 1944 com Louis Singer, a produtora original de *O Zoológico de Vidro*, que pediu a Williams que desse à peça um final feliz.

Em *A Mulher do Gordo*, Dennis prefere ir embora de Nova York para Acapulco para não fazer concessões quanto à sua arte. Ele não está exatamente por cima, tentando refazer sua própria história alegremente. Mas quando ele tenta induzir Vera Cartwright a fugir com ele, ela não aceita. A trama parece espelhar pelo menos um pouco a *Candida*, de Bernard Shaw, na qual outra mulher casada rejeita o convite de um jovem poeta apaixonado. Em 1940, quando Williams viajou de Nova York a Acapulco, foi para fugir da memória da rejeição de seu primeiro grande amor, Kip Kiernan, que se sentiu incapaz de aceitar o pedido de Williams que ficasse com ele para – como Dennis coloca – "se guiar pelas estrelas" ao lado dele.

Dez anos depois, um Williams mais satisfeito escreveria para Elia Kazan: "Não escrevo com a efervescência de antes. É mais difícil. O ápice do meu virtuosismo foi nas peças de um ato, algumas das quais são como uma rajada de rojões. Um pouco era repressão sexual e solidão, que não existem mais por ótimas boas razões, um pouco era vitalidade da juventude". Williams não estava julgando com justeza a qualidade da escrita madura de suas peças completas, mas certamente poderia sentir falta da espontaneidade da forma curta que já não existia em 1950. Uma das mais lúdicas e únicas que resultaram daquele período impregnado de uma excêntrica sensação de liberdade foi *O Quarto Rosa*, que adapta elementos de um conto de Williams que concorreu no concurso universitário de ficção com o mesmo título em 1931.

Embora alguns elementos da concepção de *O Quarto Rosa* tivessem origem lá no início de sua trajetória, é interessante notar que Williams listou o título entre outras peças concluídas para publicação doze anos antes, na primavera de 1943. Essa lista indica que ele provavelmente tenha escrito a versão atual naquela altura ou um pouco antes (ver "Notas sobre o Texto"). Em *O Quarto Rosa*, o apego sentimental de uma mulher a um amante totalmente negligente e entediante – que, aliás, ela já tinha substituído – é farsesco e constitui uma tática fácil para um dramaturgo iniciante. O efeito da peça, apesar do leve absurdo em sua resolução, traz também a experimentação de Williams com diálogos disjuntos. Mesmo que as mútuas interrupções e brados explosivos do casal em crise possam parecer emulação de Otelo ou protagonistas de opereta, apontam, ao mesmo tempo, para o futuro desenvolvimento dentro da longa trajetória da carreira de Williams, no impulso que finalmente quebra o diálogo em fragmentos (em textos como *In the Bar of a Tokyo Hotel*). Como empregado aqui, entretanto, meramente com intuito cômico, não se configura uma característica do estilo de Williams em qualquer momento de sua trajetória.

De todas as peças neste livro, *Obrigada, Bom Espírito* é a que podemos datar com a maior precisão. Williams escreveu-a em Nova Orleans numa terça-feira, 21 de outubro de 1941, ou antes, mas muito provavelmente naquela manhã, ou no dia anterior ou no máximo nas duas semanas precedentes (ver "Notas sobre o Texto"). A figura central da peça é uma velha mulata que conversa com espíritos. Como Billy em *Fuga*, essa personagem afro-americana também sofre agressão, nesse caso incitada por uma mulher e um padre católico. A multidão finalmente destrói o local de negócio da mulher, mas a linguagem sugere que esse é outro tipo de linchamento. "É, preta, preta! Você diz que é *creole*, né? É só mais uma das mentiras dela! Olha esse pixaim e esse beição de negona!

É só uma preta e velha, vodu, fingindo receber espíritos e em nome de Jesus!". Numa outra visão, a velha espiritualista é outra encarnação do artista, que, tal como Tom em *O Zoológico de Vidro*, diz: "Sim, tenho truques na cartola, trago alguns na manga". Seu esforço para "falar... a verdade no confortável disfarce de ilusão" (como Tom também diz) é rejeitado por uma voz zangada lá de trás. Mas tem uma consolação no final, pois a verdadeira redenção começa com a audiência que acredita – mesmo que seja apenas uma única mendinha.

Williams sempre exaltou a voz individual, em contraposição às vozes da multidão ou de um cidadão típico. Numa época de socialismo ou de fascismo, comunismo e anticomunismo, tal comprometimento com a singularidade da alma não deveria passar despercebido. Um dos poemas de Williams mais bizarros, evocativos e perturbadores, "The Death Embrace", descreve um grupo de homens totalmente iguais "mecânicos, bonecos dementes" que operam máquinas que são designadas para destruí-los:

> O contramestre avança, a máscara de gás em seu
> rosto,
> Para ler uma declaração,
> *Esses homens*, disse ele, *aniquilaram a si mesmos*
> *Para o bem do Estado!*
> Oh, então, quanto aplauso, um carrilhão de sinos
> para comemorar!

Em *O Matadouro Municipal*, Williams trata do mesmo pesadelo do século XX. A peça, por ser ambientada numa ditadura de fala espanhola, pode sugerir associações históricas particulares, se não uma data específica de composição. Williams escreveu "The Death Embrace" em Acapulco, em setembro de 1940; e numa carta escrita na mesma época, perguntou a um amigo: "então o mundo agora está virando fascista – O que se pode fazer sobre isso?". Mais tarde, quando Williams escreveu *A Noite do Iguana*, colocaria sua ação no México do mesmo período, assinalando a importância dessa escolha ao apresentar um grotesco grupo de turistas alemães nacionalistas. Por outro lado, *O Matadouro Municipal* também nos coloca a questão de Cuba, que Williams visitara durante os anos 1950, tanto antes quanto depois da ascensão de Fidel Castro. Como em *Camino Real*, em *O Matadouro Municipal*, Williams expressou seu ceticismo quanto aos vários tipos de autoridade política através do véu tênue da localização em um país de língua espanhola.

É interessante considerar o local de *O Matadouro Municipal* em contraste com outras obras de Williams nessa coletânea e em outras publicações. Sempre se pensa nos "personagens de Williams" emblemáticos como não conformistas tentando se livrar das amarras de sua situação. Nessa peça curta, entretanto, o personagem central sente uma compulsão inexorável de permanecer uma peça da engrenagem. Que Williams tinha um interesse constante nesse lado da equação psicológica é sugerido numa carta de abril de 1947, na qual afirma ter desenvolvido "uma paixão por Kafka".

D. H. Lawrence, um dos grandes individualistas modernos, foi uma das primeiras e mais profundas influências no pensamento e na arte de Williams. Em julho de 1939, Williams viajou de carona do sul da Califórnia até São Francisco. Na época lia as cartas de Lawrence num livro que havia emprestado de uma Biblioteca

Pública – como sempre, buscando uma maior compreensão da vida dos autores cujo trabalho considerava mais convincente. Sentia ter encontrado uma afinidade de espírito em Lawrence como ele mesmo colocou: "sinto tanta compreensão e simpatia por ele – embora seu brilho me faça sentir humilde e desajustado". Inadequado quanto à tarefa de escrever uma peça sobre Lawrence, Williams tentou por várias ocasiões fazê-lo. Durante os anos 1940 trabalhou em vários projetos relacionados à vida do escritor, incluindo a dramatização da história "You Touched Me", coautoria de Donald Windham; uma peça curta intitulada *The Case of the Crushed Petunias* que retoma em parte a história "The Fox"; e uma admirada peça completa baseada na vida de Lawrence, mais tarde reduzida à forma de um ato e publicada como *I Rise in Flame, Cried the Phoenix*. Mais uma expressão contrastante da reverência de Williams pela potência literária de Lawrence aparece aqui, na peça *Adão e Eva em uma Balsa*.

Com referências à viagem pela Baía de São Francisco, *Adão e Eva em uma Balsa* foi inspirada, muito provavelmente, pelo mergulho de Williams nas cartas de Lawrence durante a mencionada estadia na Califórnia. Portanto, pode muito bem ter escrito as peças em um ato no final de 1939 e no começo de 1940, embora uma data um pouco posterior ainda seja plausível. Em maio de 1942, depois de completar um rascunho de *You Touched Me!*, Williams datilografou um prefácio a essa comédia completa. Seus comentários enfatizam "a mensagem de Lawrence: o elogio da vida e seu repúdio ao negativo... sua insistência no contato vital, direto, rápido e quente entre pessoas em oposição às empedernidas relações sociais de polidez. Sua crença na quase mística importância da comunhão física. Seu ódio a pessoas e lugares fechados e sua fé na aceitação dinâmica da vida – num movimento para fora, não para dentro. Sua oposição ao intelectualismo estéril. Seu amor pela honestidade, sua atitude diante da realidade: pura, leve e destemida. O poder do inconsciente lutando à sua maneira pelas restrições, pelos tabus. A força da vida". Ao mesmo tempo, quanto à peça que ele e Windham tinham acabado de escrever, Williams declara: "Nos efeitos cômicos da peça, há um perigoso distanciamento do que é Lawrence, pois Lawrence não tinha humor, no sentido comum do termo. Francamente, foi para torná-la, de um modo geral, mais palatável". Em outro lugar, entretanto, Williams descreve sua sensação em relação a Lawrence como "um homenzinho engraçado".

Esses comentários nos proporcionam uma moldura interessante para a visão de Williams, em *Adão e Eva em uma Balsa*, de um Lawrence fundamentalmente cômico: aquele que funciona como um analista de mulheres reprimidas. Essa personagem xamanista e benignamente sarcástica é uma figura bastante divertida no palco. Mesmo assim, o sentido de absurdo não deve nos afastar do que Williams parece estar tentando dizer sobre o papel mais seriamente terapêutico e sobre a visão de Lawrence do artista como aquele que possui um poder misterioso sobre a vida física e psíquica dos outros.

O Paraíso no mundo de Williams é inapreensível, mas o impulso para realizá-lo é criativo e as pessoas inventam seus jeitos – especialmente no que diz respeito ao amor e ao sexo. Fora da cena, em *O Zoológico de Vidro*, fica o Salão de Dança Paraíso: um lugar onde casais se encontram de noite antes de desaparecer discretamente por uma sombria viela ao lado. Na última e mais longa peça da presente coletânea, Williams vale-se de sua própria experiência de um mundo de sombras de uma sexualidade proibida. De algum modo, aquela experiência se inscreve em sua obra mais literal e explicitamente aqui do que em qualquer outro trabalho dramático.

E Contar Tristes Histórias das Mortes das Bonecas... se refere à vida privada de Candy Delaney, um bem-sucedido decorador de interiores e proprietário de imóveis que também é travesti. Uma peça em duas cenas que começou provavelmente em 1957; esteve aparentemente perdida até ser concluída, em algum momento no final dos anos 1960. Numa carta de 1946, Williams se referia à homossexualidade na América como um tema "que você não pode colocar no teatro tal como ele é hoje". Durante os anos 1950, a vida dos travestis e homossexuais era um assunto visto como ainda mais difícil de ser tratado com empatia numa mídia pública do que antes de o país cair na intolerância paranoica da cultura da Guerra Fria. Ainda assim, em 1953, Williams conseguiu incluir uma personagem secundária gay numa peça de teatro, o Barão Charlus, em sua fantasia não naturalista *Camino Real* (que teve uma recepção crítica bem negativa). No final dos anos 1960, uma década conhecida por sua crescente franqueza sobre sexo, o público teatral havia começado a desenvolver uma atitude mais aberta. No começo dos anos 1970, Williams até se tornou alvo de crítica por sua presumida falha em promover a libertação gay. Em 1975, ele responderia a esses ataques, de maneira insolente e controversa, com as revelações escandalosas e extravagantes de suas *Memórias*.

Numa entrevista de 1971, na televisão, Williams falou orgulhosamente da personagem que ele tinha criado em Candy Delaney: "Se quero escrever sobre um travesti, escreverei e na verdade já escrevi [uma peça sobre] um, que *será* produzida algum dia". O que fez Candy sair do armário e vir para Nova Orleans quando "ela" ainda era uma adolescente foi uma relação de dezessete anos com um homem mais velho, uma união que Williams claramente nos convidou a olhar – legalidades à parte – como um casamento. Agora, com quase 35 anos e recentemente abandonada por um rival mais jovem, Candy está devastada. Uma fotografia de seu "marido" ainda atrai a atenção no seu apartamento, aliás, maravilhosamente decorado. Apesar da insistente presença emocional do ex, a mulher que vive no guarda-roupa de Candy está prestes a arriscar mais uma exposição, "travestida", para o mais improvável dos amantes, mesmo vulnerável pela paixão que sente intensamente. Karl é um marinheiro que encontrou num bar. "Eu não ando com viados", dizia, até que o dinheiro de Candy abrandou sua resistência. Para Candy, que, até o fim da peça, ainda não tinha vivido os perigos de uma relação selvagem, a peça não pode ser chamada de tragédia. Para Williams era "bem engraçada".

A partir dos diários e *Memórias* do autor, sabemos que ele próprio sofreu violência corporal em pelo menos duas ocasiões, em 1943, na mão de homens que conhecera casualmente quando paquerava. Na primeira vez ele disse com raiva, mas filosoficamente: "Por que batem na gente? Qual é a nossa ofensa? Desvelamos uma verdade que eles não podem suportar confessar, exceto na privacidade e no escuro – uma verdade que é tão luminosa quanto o sol que brilha". A segunda vez, Williams documentou um incidente de ataque físico em sua juventude, sendo que os agressores, como Karl, eram marinheiros. Entretanto, seria um erro olhar a amarga lição de Candy como autobiográfica. Mais do que qualquer tipo de confissão pessoal, *E Contar Tristes Histórias das Mortes das Bonecas*... deveria ser visto como uma resposta de Williams às opressoras convenções que regiam as ideias sobre homossexualismo no pós-guerra, no teatro, cinema e ficção popular, regras que ditavam que os personagens gays deveriam ser "tratados" por sua sexualidade, ou então sofrer uma punição terrível, geralmente a morte, por sua transgressão.

Em parte por causa de sua própria homossexualidade, embora não totalmente por causa disso, Williams tinha uma sensibilidade especial para o modo como a atitude de homens violentos como Karl envolvia a hipocrisia e a brutalidade dos poderes vigentes na América dos anos 1950. E ainda assim, Williams visionava Karl com a mesma empatia que dedicava aos muitos outros jovens agressores e pequenos criminosos que aparecem por toda sua obra, seja teatro, ficção ou verso. O próprio Karl é uma personagem desfavorecida social e economicamente cuja miséria fundamental o cega para a obscuridade de suas ações e talvez até para as recônditas causas que, em última instância, o movem.

Os manuscritos de Williams mostram que quando começou a escrever *E Contar Tristes Histórias das Mortes das Bonecas*... ele também experimentava com outras variantes dramáticas e ficcionais. Em vez de um travesti homem, alguns desses rascunhos mostram uma viúva mais velha ou uma divorciada no papel da *inamorata*, enquanto o jovem objeto de seu desejo, como aqui, um homem. Seria difícil dizer se essas tramas alternativas e heterossexuais apareceram antes ou depois da ideia para a presente versão, com seu ambiente na subcultura gay do *French Quarter* (bairro francês).

O que é certo é que se Williams tivesse completado *E Contar Tristes Histórias das Mortes das Bonecas*... em 1957, como existe agora, ou até numa forma bem mais acabada, os produtores não lhe teriam dado a chance de vê-la montada para um público comum. Além do mais, sua apresentação teria sido uma confissão quase impensável do pertencimento de Williams a um mundo de relações e intimidade sexual encobertas.

Reais ou irreais, visíveis ou invisíveis, físicos ou intangíveis – assim são os paraísos de Williams, sempre paradoxais. O Paraíso existe para nós e não pode existir para nós; ele pode e não pode ser encontrado aqui na terra. O título *E Contar Tristes Histórias das Mortes das Bonecas...* é uma reverência a Shakespeare: em *Ricardo II*, o jovem rei cai de um paraíso de fantasias de irresponsabilidade e comodismo para uma consciência adulta de erros, loucura e mortalidade. Decepcionado consigo mesmo e com esse mundo que não perdoa, ele grita:

> Por Deus do Céu, deixe-nos sentar no chão
> E contar histórias tristes de morte de reis.

A peça de Williams parodia a descida de Ricardo para a terra enquanto Candy descobre os limites da capacidade do amor de reconstruir o mundo num paraíso imaginário ou rememorado. Ainda assim, a peça deixa Candy com seus amigos, com seu conforto material e com consolos estéticos, e até com sua dignidade. Diferentemente do rei de Shakespeare, a "rainha" de Williams se mostra capaz de rir de suas humilhações.

Janeiro de 2005

AGRADECIMENTOS

Este livro não existiria se os editores não tivessem recebido uma bolsa de estudos conjunta do Centro de Pesquisa em Humanidades Harry Ransom da Universidade de Austin, no verão de 2000. Agradecemos à equipe do Centro Ransom, especialmente Pat Fox, Tara Wenger e Rich Oram pela amizade e colaboração na pesquisa, assim como pelas cópias da Coleção Williams. Agradecemos também ao Departamento de Coleções Especiais da Biblioteca de Pesquisa da Universidade da Califórnia, em Los Angeles, e a Michael Khan por nos ceder os manuscritos.

Também devemos muito à New Directions, particularmente à presidente Peggy Fox, por nos confiar inicialmente o volume de *Poemas Reunidos* e agora este livro. Se não fosse por nosso editor da New Directions, Thomas Keit, não teríamos concluído esta edição: a ele devemos muitas correções e sugestões muito úteis, assim como inúmeras conversas animadas, amigáveis e com muita informação. Jack Barbera, Robert Bray, George Crandell, Al Devlin, Philip Kolin, Colby Kullman, Brenda Murphy, Michael Paller, Barton Palmer,

Brian Parker, Annette Saddik, Nancy Tischler e outros desse grupo maravilhoso e colaborativo partilharam, formal e informalmente, seu profundo conhecimento conosco, durante vários anos. Michael Paller nos cedeu generosamente o manuscrito de sua monografia sobre Williams e sexualidade, que ainda não foi publicada, e juntamente com Annette Saddik levou a evitar certos constrangimentos devido às suas oportunas correções. Somos especialmente gratos a Nancy Tischler e Al Devlin pela organização do livro *Selected Letters* [Cartas Selecionadas], cujo trabalho foi quase tão importante para nós quanto o de Lyle Leverich, biografia do jovem Williams, *Tom: The Unknown Tennessee Williams* [Tom: O Desconhecido Tennessee Williams], que, com toda certeza, permanecerá indispensável a futuros estudiosos e críticos do autor.

Por sua assistência a questões relacionadas com Williams, fossem elas pequenas ou grandes, nossos agradecimentos a Michael Kahn, Lee Hoiby e Jeremy Lawrence; Michael Wilson e Chris Baker da Hartford Stage Company; Steven Mazzola, PJ Papparelli, Jef Hall-Falvain e Liza Holtmeyer do Shakespeare Theatre; Elizabeth Barron, Paul J. Willis e Arin Black do Tennessee Williams/Festival Literário de Nova Orleans; Michael Bush e Lisa Dozier do Clube de Teatro de Manhattan; e numa nota mais pessoal, David e Lu Ann Landon, Arnold Rampersad, Mike Keekey, Christine P. Horn e Francesca McCaffery. A Pamela Beatrice, Joan e Yannis Moschovakis, e Anna Moschovakis, muito amor e gratidão.

Sobretudo, quase tudo que fizemos como devíamos nesta antologia se deve a Allean Hale – a sua cultura, a seu olhar lúcido e sua memória, a seu insuperável conhecimento sobre Williams e a sua generosa disponibilidade de tempo. Desnecessário dizer que todas as incorreções são de nossa inteira responsabilidade.

Estas São as Escadas que Você Tem que Vigiar

Tradução
Gisele Freire
Kadi Moreno
Isabella Lemos
Rita Giovanna

✳ ✳

Estas São as Escadas que Você Tem que Vigiar estreou no Shakespeare Theatre em 22 de abril de 2004, no Kennedy Center em Washington D. C. Foi dirigida por Michael Kahn, teve cenário de Andrew Jackness, figurinos de Catherine Zuber, iluminação de Howell Binkley, sonografia de Martin Desjardins e trilha sonora original de Adam Wernick. O elenco, em ordem de aparição, foi o seguinte:[*]

CARL, *o lanterninha do cinema*	Thomas Jay Ryan
GAROTO, *um lanterninha recém-contratado*	Hunter Gilmore
GLADYS, *uma garota*	Carrie Specksgoor
HOMEM, *um antigo cliente*	Brian McMonagle
MULHER, *uma amiga de Gladys*	Janet Patton
MR. KROGER, *o gerente do cinema*	John Joseph Gallagher
BILHETEIRA	Joan van Ark
UM POLICIAL	Myk Watford

[*] A peça pode ser feita com até três policiais.

✳ ✳

CENÁRIO

A entrada do Joy Rio, um cinema de terceira categoria que já foi um suntuoso teatro de ópera em uma cidade grande de um dos estados que costeia o Golfo do México.[1] *Em um ou dois anos, as autoridades condenarão o prédio e ele será demolido ou talvez restaurado como um marco histórico; neste momento, esquecido e malcuidado, suas glórias históricas são vagamente sugeridas por um vermelho adamascado encardido, descascado e enegrecido, e também pela ninfa lasciva em barroco dourado ao pé da suntuosa escada de mármore. Esse cenário é meramente sugerido, pois a área iluminada é muito pequena. Essa área inclui a ninfa, os degraus de baixo da escada de mármore e uma porta escrita "damas" – e, claro, uma porta para a área externa onde fica a bilheteria.*

De vez em quando, ouvimos ao fundo a trilha sonora do filme que está sendo exibido. Quando um espectador entra, sua sombra, grotescamente alongada, é projetada à sua frente sobre o velho carpete, pois lá fora a luz diurna está brilhando intensamente.

Quando a cortina sobe, um estudante de dezesseis anos, que foi contratado para o período de férias de verão, está sendo instruído por um funcionário antigo do estabelecimento, um homem de trinta anos chamado Carl. O novato veste uma jaqueta branca encardida e uma calça azul-celeste justa, e transpira mais pelo nervosismo do que pelo calor sufocante da tarde de agosto.

* * *

---

[1] *American gulf-coast* (estados da costa do Golfo dos Estados Unidos): Os estados cujas costas são no Golfo do México: Alabama, Flórida, Louisiana, Mississipi e Texas. (N. T.)

CARL (*indolentemente aponta sua lanterna para a escada separada por uma corda de isolamento*): Estas são as escadas que você tem que vigiar.

GAROTO: Pra quê?

CARL: Aqui é um velho teatro de ópera. Você sabe disso, não sabe?! As escadas dão pra três galerias. Não sei, talvez quatro. Nunca contei. Uma brisa derrubaria as galerias e os camarotes superiores, filas de camarotes por toda volta, da direita à esquerda do palco. Eu subi elas[2] uma vez, só uma vez, o dia em que comecei a trabalhar aqui. O cara de antes me mostrou, assim como eu estou te mostrando, só que naquela época não era proibido subir esses degraus, e agora é, você tem que se lembrar disso. Se alguém se esgueirar por você, subir lá e o Kroger descobrir, você não só perde o seu emprego aqui, mas, se alguma coisa acontecer lá em cima, naquele chiqueiro caindo aos pedaços, eles vão te responsabilizar por isso e... O que foi, Gladys?!

(*Essa pergunta abrupta é direcionada a uma mocinha, Gladys, que entrou no teatro e está perambulando ao pé da escada.*)

GLADYS (*com frieza*): Estou esperando minha amiga, mas isso não é da sua conta.

CARL: É da minha conta sim, se continuar circulando por aqui.

---

[2] O erro gramatical foi mantido propositalmente para fazer uma correspondência com o texto de partida que também propõe um erro na fala do personagem. A utilização desse recurso foi mantida em outros momentos do texto. (N. T.)

GLADYS: Olha quem fala. Por que você não arruma um emprego de gente grande, meu bem?

CARL (*apontando a lanterna na sua figura precoce*): Olha. Você veio aqui para ver o filme? Se foi, volta pro seu lugar. Se não, vai pra casa, ou vai ver se eu estou na esquina.

GLADYS: Eu te odeio.

CARL: Ah, como eu sofro.

GLADYS: Aposto, aposto que você sofre. Você sofre como um peixe, um linguado, seu linguarudo, seu cara de linguado linguarudo! Se a minha amiga chegar, moleque, vou estar sentada nas primeiras fileiras, ela vai me achar...

(*Essa última é dirigida com altivez ao novo lanterninha enquanto Gladys caminha pela área iluminada e adentra o corredor da plateia. A porta vaivém abre e algumas frases do diálogo do filme vazam com clareza.*)

DIÁLOGO DO FILME: – *Levanta da cama.*
– *Estou doente!*
– *Eu disse levanta.*

(*Um tapa e um grito são ouvidos. O novo lanterninha tem um sobressalto. Carl ri com enfado e puxa o cós das calças. A porta fecha de novo e a trilha sonora desvanece em murmúrios indistintos.*)

CARL: Aquela Joan Bennett é uma atrizinha danada, e você sabia que ela é avó? Eu queria ter uma avó assim. Todo mundo devia ter uma avó assim. Você já viu esse filme?

(O *novo rapaz balança a cabeça olhando fixamente para a tela através do vidro oval da porta.*)

CARL: Quero que você veja uma cena nesse filme que a Joan Bennet está comendo um pedaço de aipo e me diga o que achou. (*De repente.*) Ei! (*Aponta sua lanterninha para o vulto de um homem que está passando por baixo da corda de veludo da escada.*) Aonde você pensa que vai?

HOMEM: Estou procurando o banheiro dos homens.

CARL: Você sabe que não é lá em cima.

HOMEM: Por que eles não deixam este lugar iluminado para que a gente possa ver aonde está indo? (*Afasta-se.*)

CARL: Vê o que eu digo sobre esta escada velha? Você precisa vigiar esta escada como um falcão, "principalmente a esta hora do dia".

GAROTO: É?

CARL (*levanta-se na frente dele*): Quantos anos você tem?

GAROTO: De... dezessete!

CARL: Você não tem dezessete. Você ainda nem faz a barba.

(*Toca o queixo dele.*)

GAROTO: O anúncio dizia "garoto de dezessete, ou mais, que pudesse trabalhar à tarde".

CARL: Você tem uns quinze, não tem? Com quem você conversou? Kroger? Foi o velho Kroger que te contratou? É. Aposto que foi ele, aquele velho sujo, ele é uma "fruta".[3] Sabe o que quer dizer fruta?

GAROTO: Fruta?

CARL: Não falo de maçãs e pêssegos. Olha. Olha. Você não precisa tanto de um emprego pra ter que trabalhar aqui. Aqui é um lugar sujo chefiado por um homem sujo, nem gostaria de te contar as coisas que acontecem nesse lugar e que vou ter que te contar se vier trabalhar aqui. Não trabalhe aqui. Arranja um emprego ao ar livre ou numa farmácia. Eu diria isso à sua mãe, se conhecesse ela, ou ao seu velho, porque eu também sou pai. É por isso que me demiti. Criei raízes aqui, e para um homem adulto é uma desgraça ficar preso trabalhando como lanterninha de cinema. Tenho 28 anos, trabalho aqui há dez e ganho dez dólares a mais do que quando comecei. Agora tenho mulher e um bebê de três meses e o padre diz pra minha mulher que evitar filhos é pecado. (*Tudo isso é dito com uma voz extremamente cansada, as palavras mal têm forças para sair dos lábios flácidos.*) Essa é a cena do restaurante de que eu falei. Olha. (*Ele adianta-se e abre parcialmente a porta vaivém que dá para a plateia.*)

DIÁLOGO DO FILME: – *Um canapé, querida?*
– *Não, obrigada.*
– *Pega um pedaço de aipo. Tem vitamina B, faz bem aos nervos.*

---

[3] Termo pejorativo usado nos anos 1950 para designar um homem afeminado. (N. T.)

CARL: Aí! Olha este *close*!

GAROTO: Não estou vendo...

CARL: Olha, olha. Olha isso.

(*Uma adolescente entra com um saco gorduroso de pipoca. Ela encara por um momento as duas figuras na porta vaivém. Então logo tira os chinelos e, rápido como a sombra, sobe as escadas de mármore com os sapatos em uma das mãos. Carl vira-se com indolência.*)

CARL: Era alguém?

GAROTO: O quê?

CARL: Alguém entrou, não entrou?

GAROTO: Eu n-não vi.

CARL: Como esta pipoca veio parar aqui?

(*Aponta a lanterna sobre as pipocas caídas no chão junto à escada.*)

CARL: Não tinha pipoca aqui antes. Alguém entrou. Olha. Tem pipoca na escada! (*Chama.*) Ei, Ei, aí em cima!

(*O gerente Kroger entra da rua. Ele é um homem corpulento e com uma decadência tão evidente como a do próprio prédio velho.*)

KROGER: Qual é o problema? Alguém subiu as escadas?

CARL: Não, senhor.

KROGER: Então por que está gritando lá pra cima? Acham que eu pago vocês pra quê, pra ficar vendo a fita?[4] Acham que foram empregados pra isso? Os dois aqui, desfrutando o filme, enquanto quem quiser se esgueira por baixo da corda e deixa o lugar malfalado? Você aí menino, ô novato. O que foi que eu disse sobre estas escadas? Eu não disse que você tem que vigiar estas escadas?

CARL (*mal-humorado*): Ninguém subiu essas escadas, Mr. Kroger, enquanto eu estava aqui.

KROGER (*para o garoto*): Você viu alguém se esgueirar debaixo dessa corda?

GAROTO: N-não, senhor...

CARL: O que eu vi foram umas pipocas nos degraus.

KROGER: Sherlock Holmes, hã? Tem certeza, Mr. Sherlock Holmes? Se há pipoca nos degraus, não brotaram ali, não é?

CARL: Não sou responsável pelo que tem nos degraus de um lugar sujo e velho como este. Se a gerência não tem decência suficiente pra manter a casa limpa, não dou a mínima pro que tem nesses degraus sujos, sorvete ou banana, pra mim tanto faz. Vi pipoca nos degraus. Foi só o que vi.

KROGER: E você estava gritando com as pipocas? Você acha que pipocas vão contestar? Menino, como é que isso veio parar aqui?

[4] O termo usado no original é "*pitcher*" e representa a forma como o personagem pronuncia a palavra "*picture*", que é "filme". Optou-se por usar a palavra "fita", denominação popular antiga para "filme". (N. T.)

CARL: Ele sabe tanto quanto eu como isso foi parar aí. Escuta aqui, Mr. Kroger.

KROGER: "Escuta aqui", não. Seu moleque! Jamais diga isso pra mim.

CARL: Eu falo "Escuta aqui" pro senhor e pra quem eu quiser.

KROGER: Quem você pensa que é pra falar assim comigo no meu próprio cinema?

CARL: Seu próprio cinema, seu velho saco de banha, pois faça bom proveito. Eu me demiti, me demiti de manhã, já esqueceu? Depois de dez anos nesta pocilga fedorenta e sebosa, eu entrego minha demissão porque eu chego aqui limpo e saio sujo. A sujeira não é minha, mas deste lugar imundo, e se eu abrisse a boca – se abrisse a boca, Mr. Kroger! – Sabe o que poderia fazer com este lugar? Eu poderia fechar este lugar num piscar de olhos. Fácil, fácil, bastava eu abrir a boca sobre a metade do que eu sei sobre o que este...

KROGER (*para o garoto*): Menino! Menino, vá lá fora e chama um policial!

CARL: É, é, isso mesmo, faça isso, eu adoraria que você fizesse isso!

KROGER: Não vou tolerar uma impertinência dessas de um retardado!

CARL: Ah, sua tia velha e baiaca! (*Ele arranca sua jaqueta engalanada e encardida e joga com violência na cara de Mr. Kroger.*) Ouviu o que eu disse? Tia velha, sua tia velha, gorda e fedida. (*Um ou dois espectadores são atraídos pela confusão na área iluminada. Uma mulher franzina com uns cinquenta anos, a bilheteira, entra pela porta muito exaltada.)*

BILHETEIRA: Mr. Kroger, Mr. Kroger, o que foi? Você estava desacatando Mr. Kroger?

(Isto é dito para o garoto, que sacode a cabeça em pânico.)

CARL: Fui eu que desacatei Mr. Kroger, fui eu, eu, *eu*! Desperdicei dez anos da minha juventude dando meu suor neste antro horroroso de sujeira e corrupção! E agora vou pra casa lavar essa sujeira! Ouviu? Lavar essa sujeira, e também não vou esquecer o que aconteceu aqui dez anos atrás quando arranjei este emprego sujo! Já esqueceu o que aconteceu há dez anos quando arranjei este emprego sujo, Kroger?

(Kroger recua sem palavras, para a porta de saída.)

BILHETEIRA: Carl, como se atreve a falar assim com o Mr. Kroger! Não entendo como você se atreve a falar assim com o Mr. Kroger, depois de tudo que ele aturou de você! Você chegava bêbado, e durante o seu turno deixava as meninas subirem com homens atrás delas feito bodes velhos. Juro por Deus, não sei como teve o descaro de levantar a voz para um pobre velho como Mr. Kroger, e fazer um escarcéu desses. Meninos, voltem para os lugares, não tem nada pra ver aqui, voltem pro filme, vocês aí, meninos.

(Os meninos voltam pelo corredor da plateia. Mr. Kroger sai para a rua, mas sua voz forte e desaforada pode ser ouvida convocando a polícia.)

CARL: Espero que ele chame a polícia, espero mesmo que ele chame a polícia aqui nesta pocilga fedorenta. Se tivesse um guarda lá fora ele não ia gritar. Pode ter certeza, se tivesse um guarda naquela esquina ele não ia dar nem um peido. (*Arranca a faixa da cintura, a parte da frente falsa da camisa e a gravata-borboleta de elástico, joga tudo no chão, empilha e chuta.*)

BILHETEIRA (*soluçando*): Nunca vi alguém agir assim antes na minha vida, Carl Meagre, e nunca ouvi um linguajar assim em lugar algum antes na minha vida. E se você se atrever a abrir a boca pra falar do Mr. Kroger, que está doente, com câncer, e você sabe muito bem disso, eu vou abrir o bico sobre o que eu sei de você e da sua conduta com certas meninas que vêm aqui.

CARL: Fala, seu maracujá de gaveta. Pega esses trapos e taca fogo. Taca fogo em tudo. Cheguei aqui limpo e saio sujo, depois de dez anos!

(*Carl abaixa a calça azul-celeste suja, chuta pra longe e fica de cueca diante da mulher. A bilheteira grita e corre para fora ao encontro da claridade ofuscante. Ele chuta a calça azul-celeste, derruba a corda de veludo e sobe para o vestiário dos funcionários. Depois de um tempo, o menino coloca a corda de veludo no lugar. Um pouco depois, um carro de polícia é ouvido do lado de fora subindo no meio-fio. Ao mesmo tempo, Gladys sai da plateia e, curiosa e provocante, encara o menino, que enrubesce e se desvia do seu olhar.*)

GLADYS: Você viu minha amiga. (*Sem ponto de interrogação. As palavras são ditas como se não tivessem sentido.*)

GAROTO: Não.

GLADYS: Ela não entrou. Ela está com uma blusa branca de seda e uns brincões dourados. Ela saiu para comprar pipoca e não voltou.

GAROTO: Não.

GLADYS: Minha amiga é louca por rapazes.

(*O menino balança a cabeça espasmodicamente. Suas mãos entram e saem dos bolsos espasmodicamente.*)

GLADYS: Ela tem quatorze anos. Não acho bom ser louca por rapazes tão nova assim. Qual sua idade?

GAROTO: De-dezesseis!

GLADYS: A gente é da mesma idade, mas você é louro e eu sou morena. Tipos opostos! – Estou cheia desse filme. Joan Bennet. Você vê os filmes?

GAROTO: Não. Não, eu trabalho aqui.

(*Gladys ri com enfado. Uma mulher entra correndo, animada.*)

BILHETEIRA: Mr. Kroger, Mr. Kroger, Mr. Kroger!

GLADYS: O quê?

BILHETEIRA (*para o menino*): Cadê Mr. Kroger, no escritório?

GAROTO: Eu, eu não sei!

BILHETEIRA: Olha lá! Tem fumaça saindo da janela de cima!

(*Ela volta correndo e gritando pelo Mr. Kroger.*)

GLADYS: Sei uma coisa dessa mulher, que é melhor não falar, mas ela teve a coragem de dizer que eu não devia ver este filme porque sou muito nova. Você conhece este lugar? A garotada pode se divertir muito aqui, mas tem que tomar cuidado. Tem que tomar cuidado. Mas se você for rápido – e cuidadoso – você pode se divertir muito aqui. Você pode se divertir aqui, basta saber como.

(*As portas vaivém abrem. Ouve-se a trilha sonora e a voz da atriz.*)

DIÁLOGO DO FILME: – *Você ficou muito, muito tempo fora, eu fiquei muito sozinha, e eu não queria isso. Mas eu estava desamparada. Foi mais forte do que eu. Foi mais forte do que ele. Nenhum de nós dois queria que acontecesse, mas aconteceu. Às vezes as coisas simplesmente acontecem. Entende o que eu quero dizer?*

GLADYS: Essa é Joan Bennett.[5] Ela está explicando uma coisa para o marido. Ele não acredita nela. Fingida! (*Ela sorri com uma fadiga indescritível.*)

(*Alguns policiais com ar resoluto entram acompanhados pela bilheteira, que fala baixinho num tom histérico.*)

BILHETEIRA: Se alguém falar "fogo" vai causar pânico!

(*A corda de veludo é levantada e eles sobem com lanternas. Gladys joga a cabeça para trás. Ela ri consigo própria, baixinho a princípio, depois em voz alta e tom grosseiro.*)

---

[5] Joan Bennett (1910-1990), atriz do cinema norte-americano, que teve seu auge na década de 1940. Famosa por papéis de mulheres fatais em filmes *noir*. (N. T.)

GAROTO: Está ri-rindo de quê?

GLADYS: Ela sempre entra em pânico com o que acontece aqui, e sabe por quê? Os meninos fazem tanta bagunça que tiram ela do sério! (*Anda até a ninfa dourada.*) Olha aquela moça nua! Gosta das curvas? Aposto que as minhas são melhores. Quadris largos saíram de moda como andar de charrete! Haa-ha-ha-ha-haa-... Com licença. Eu vou tomar um gole d'água. (*Ela entra pela porta escrita "Damas".*)

(*Os policiais descem com pedaços do uniforme do lanterninha meio queimados.*)

BILHETEIRA (*seguindo-os*): Ele deve ser louco, é tudo que tenho a dizer, ele deve ser louco! Rasgou tudo bem aqui onde estou! E tacou fogo lá em cima. Estou preocupada com o Mr. Kroger. Ele teve hemorragia no intestino há apenas duas semanas por causa de uma doença maligna, e isso o deixou tão perturbado que é possível que ele tenha uma recaída...

(*Os policiais saem com metade dos panos queimados.*)

BILHETEIRA: Menino! Mr. Kroger veio aqui enquanto eu estava lá em cima?

GAROTO: Não, dona.

BILHETEIRA (*saindo*): Ah, Mr. Kroger! Está tudo bem, Mr. Kroger! Agora está tudo bem, Mr. Kroger. Na verdade não foi um incêndio, foi só...

(*A porta vaivém fecha. Gladys volta do banheiro feminino. Ela está ao lado da porta e encara o novo lanterninha,* olhando-o detalhadamente de cima a baixo. Ele se desvia do ângulo de visão direto e constrangedor dela.)

GAROTO: Q-que horas são? Parece que estou em pé aqui há uma eternidade.

(A garota ri com uma enorme indolência.)

GAROTO: Não gosto deste lugar. Vou me demitir deste emprego antes de ser despedido. Não gosto. Não gosto de lugar assim. Não suporto isso aqui. Não suportaria ficar aqui todas as tardes. Ficaria louco. As coisas acontecendo desse jeito. Meu pai me disse para aceitar este emprego, mas minha mãe me disse para não aceitar. Eu devia ter escutado ela, e não ele, mas ele está sempre reclamando que sou preguiçoso. Ele acha que sou preguiçoso porque nunca trabalhei durante as férias de verão antes. Mas eu trabalhei. Eu escrevi, e-eu escrevi poemas! E dois foram pu-publicados!

GLADYS: Conhece a música que diz "You're so Different from the Rest"?[6] É o meu número, é número oito na *jukebox* daquele lugar na esquina que a nossa turma vai à noite... Você vai acabar indo lá à noite se ficar aqui... (*A voz dela está quase inaudível de tão indolente.*)

(*Passos e vozes são ouvidos acima. Um policial desce as escadas segurando Carl firmemente pelo braço.*)

CARL (*grosseiro*): Nada melhor, nada melhor do que encontrar ele no tribunal! Deixa ele falar! Deixa ele dizer o que quer!

---

[6] Você é tão diferente dos outros. (N. T.)

E depois deixa eu falar também. Veremos quem tem a melhor versão sobre que tipo de lugar é este e o que acontece aqui dentro! (*Enquanto é conduzido para fora.*) Este lugar é do mal! Este lugar é cheio de coisa ruim!

(*O segundo policial aponta a lanterna momentaneamente para a ninfa dourada na base da escada de mármore. Todos saem, a não ser Gladys e o novo lanterninha.*)

GLADYS: Você já jogou verdade ou consequência?

GAROTO: Nã-não!

GLADYS: Eu joguei ontem à noite. Alguém diz "Peso, peso, pesando na sua cabeça. O que o dono vai fazer para recuperar?".[7] Era o meu melhor par de meias de náilon. E eu tive que responder à pergunta. Não posso repetir para você. Você ficaria chocado só de pensar que alguém pudesse me perguntar aquilo! Vê aquela pipoca? Significa que ela subiu! Vou achá-la! Quer

---

[7] No original este trecho contém passagens intraduzíveis, pois se refere a um jogo de adivinhações do tipo dos que são utilizados em festas infantis, por exemplo. O jogo, normalmente chamado de "*Forfeits*" (penhores, ao pé da letra), está sendo designado na peça pelo nome de "*Truth or consequences*", ao que tudo indica. As regras são as seguintes: cada pessoa coloca um pertence seu numa pilha. Uma pessoa é escolhida para ser o juiz, e outra para segurar um dos pertences acima da cabeça do juiz, sem que ele veja o que é. Enquanto o pertence é segurado acima da cabeça do juiz, a pessoa encarregada de segurar o pertence canta ou diz o refrão: "*heavy, heavy, hangs over your head, what shall the owner do to redeem it?*", ou seja, "pesado, pesado, está pendurado acima da sua cabeça, o que é que o dono vai fazer para resgatá-lo?". O juiz, sem olhar para cima a fim de ver de que pertence se trata, pede que a dona do pertence se disponha a fazer algum tipo de adivinhação (ou de acrobacia, em outras variantes desse jogo) a fim de reaver o seu objeto ou peça de roupa. (N. T.)

me seguir? Suba quando o filme recomeçar! (*Passa por baixo da corda de veludo, sobe correndo os degraus e desaparece de vista. Fora do campo de visão ela o chama num sussurro estridente.*) Suba quando o filme recomeçar!

(*O garoto concorda com a cabeça num espasmo. Depois de um momento ele vai rapidamente até os degraus e recoloca a corda de veludo no lugar. Então se recoloca rápido em sua posição formal. Ele permanece muito ereto e rígido, e a música do final do filme vai crescendo para um clímax espiritual. Com seus olhos azuis e brilhantes o rapaz olha para frente encantado. Com um movimento brusco ele limpa o suor da testa.*)

ALGUÉM ACIMA: Sssssssss! Sssssss!

(*Ele morde os lábios.*)

ALGUÉM ACIMA: Sssssssss! Sssssss!

(*Ele fecha os olhos por um momento. A luz começa a diminuir. Mas permanece mais tempo na ninfa dourada.*)

CORTINA

Mister Paradise

Tradução
Kadi Moreno

* *

Mister Paradise foi encenada pela primeira vez no Festival Literário Tennessee Williams de Nova Orleans em 17 de março de 2005. Foi dirigida por Perry Martin; cenário de Chad Talkington; figurinos de Trish McLain; iluminação de David Guidry. O elenco, em ordem de aparição, foi:

GAROTA	Leah Loftin
MR. PARADISE	Dane Rhodes

* *

CENÁRIO

Uma residência degradada no Bairro Francês (French Quarter) de Nova Orleans.

* * *

GAROTA: Mr. Paradise?

(*Pausa. Ele a encara e permanece calado.*)

GAROTA: Mr. Anthony Paradise?

(*Mr. Paradise afirma com a cabeça lentamente como se confirmasse alguma verdade terrível. O sorriso dela vai desaparecendo gradualmente. Ela parece estar com medo e bastante insegura: abre então sua pasta e apresenta um pequeno livro de versos.*)

GAROTA: Este livro é seu?

MR. PARADISE: Você o comprou?

GAROTA: Comprei.

MR. PARADISE: Então pertence a você.

GAROTA: Não. (*Com uma convicção jovial.*) Uma obra de arte não é uma mercadoria, Mr. Paradise. Nunca é comprada ou vendida. Ela permanece sempre em posse da pessoa que a produziu. Posso entrar?

MR. PARADISE: Pode.

(*Ele, devagar, dá um passo para o lado para que ela entre. Ela finge que não percebe a desordem dos aposentos de Mr. Paradise.*)

GAROTA: O senhor recebeu minhas cartas?

MR. PARADISE: Recebi.

GAROTA: As três cartas?

MR. PARADISE: As três.

GAROTA: Por que não respondeu minhas cartas, Mr. Paradise?

(*Ele se vira devagar, anda até a janela e abre as persianas.*)

MR. PARADISE: Eu ainda não ouvi a trombeta do anjo Gabriel.

GAROTA: Como assim?

MR. PARADISE: Ainda não é a hora certa para minha ressurreição. Como achou esse livrinho?

GAROTA: Mamãe e eu estávamos garimpando antiguidades no Bairro Francês. Fomos a uma lojinha na Rua Bourbon. Havia uma mesinha de chá chinesa com uma perna um pouco mais curta que as outras. O vendedor do antiquário tinha colocado o livro para calçar a mesa. Mamãe comprou a mesa. O chofer a levou para o carro. O livrinho ficou lá, jogado no chão, e o vendedor deu um pontapé para tirá-lo do caminho sem ao menos olhar. Eu acho absurdo descartar um livro. Sabe, eu também escrevo. Principalmente poemas. Eu sei o que é colocar a alma no papel. E esse papel ser perdido, ou esquecido, ou... usado como calço de mesa. Me abaixei para ver o livro. O título estava apagado e as letras douradas tinham se esvaído. Mas seu nome ainda estava lá: Anthony Paradise. Isso me fascinou, então peguei o livro para folheá-lo. "Nossa, é um livro de poemas!", eu disse ao vendedor. "É?", ele disse. "Como você o conseguiu? De onde veio? Desde quando estava jogado ali? Quem é Anthony Paradise?" O vendedor riu: "Só Deus sabe! Provavelmente veio num lote que comprei há muito, muito tempo. É possível que tenha ficado numa papeleira comprada de alguém. Não é vendável. Eu costumo usar pra acender a lareira". "Eu queria comprá-lo", eu disse. "Quanto quer pelo livro?". Ele abriu bem os braços e com a mais profunda generosidade respondeu: "Pode levar, é seu, de graça". O chofer voltou para me lembrar que mamãe estava esperando no carro, então saí com pressa colocando o livrinho de versos na bolsa. E zarpamos para mais um coquetel. Estou em casa por conta das férias da faculdade e vivo ocupada com essas coisas. Esta tarde estava mais entediante do que nunca. Não acredito em tédio. Acredito em animação, surpresa, paixão. Acredito em quem tem a alma atormentada por uma tormenta tão forte que varre todas as banalidades como se fossem farrapos de fitas ou folhas secas! Pela vigésima vez me perguntaram se eu gostava da Bryn Mawr, dá para acreditar?[1] De repente, eu me lembrei do livro e subi para dar uma folheada. Para minha grande surpresa encontrei aquilo que andava procurando. Uma enorme e

---

[1] Bryn Mawr é uma renomada faculdade para moças localizada dez milhas a oeste de Filadélfia, na Pensilvânia. (N. T.)

feroz tormenta que varreu todas as banalidades como farrapos de fitas e folhas secas! O que acha disso?

MR. PARADISE (*lentamente*): Está se referindo a esse livro de versos?

GAROTA: É, é, é!

MR. PARADISE: Hum. Mocinha, esse livro foi publicado há quinze ou vinte anos. Ninguém mais se lembra dele. Está completamente esquecido.

GAROTA: *EU* lembro. Fiquei lá em cima no toucador do toalete, Deus sabe por quanto tempo. Li o livro todo uma vez, outra, e mais outra. Foi como se sinos tocassem dentro de mim. Sinos enormes e solenes de uma catedral que me abalavam completamente. Mamãe subiu. "Nossa", ela disse, "todos pensam que você fugiu da festa! Que diabo aconteceu?". "Mãe", eu disse: "Quem é Mr. Anthony Paradise? Você já ouviu falar num homem chamado Paradise?". Não, nem ela nem ninguém mais. Saí por aí enlouquecida perguntando em livrarias e bibliotecas, e a todos os escritores que conheço. Nada. Completamente desconhecido. Então, por fim, escrevi uma carta para a editora e logo me mandaram uma resposta dizendo que a última vez que se ouviu falar de Mr. Anthony Paradise, ele estava morando no velho Bairro Francês de Nova Orleans, mas que isso tinha sido há uns quinze ou vinte anos, e talvez ele estivesse desaparecido. Por falar em milagres, o que acha disso? O senhor sempre esteve aqui, bem debaixo do meu nariz, cada um de nós de um lado da cidade e a quinze minutos de distância. Primeiro, eu quis vir aqui correndo sem avisar nada. O tempo era tão curto, as férias estavam quase no fim. Vim até aqui, ao endereço que a editora me passou, e descobri que ainda era a sua residência, como tem sido nesses vinte anos, me disseram. O senhor não estava. Foi aí que escrevi a primeira carta. Não obtive resposta. Estava na hora de voltar para a universidade. Fingi que estava doente. Inventei uma gripe forte para atrasar minha volta e escrevi mais duas cartas, que também foram ignoradas. Não vou perguntar por que, não importa. Então eu decidi que não seria desprezada. Não deixaria que se recusasse a ser... descoberto! Pois então... então... então! Aqui estou eu! Aqui estou eu, Mr. Paradise, e aqui está o senhor!

MR. PARADISE: Aqui está você, aqui estou eu, sim, de fato. E o que você pretende fazer a esse respeito?

GAROTA: Ah, o senhor não sabe? Não consegue adivinhar? Mr. Paradise, eu vou devolvê-lo ao mundo!

MR. PARADISE: Vai me devolver ao mundo?

GAROTA: É, o mundo idiota, cego e negligente que o deixou escapulir.

MR. PARADISE: Imagine que eu não queira voltar. Imagine que eu prefira ficar no esquecimento, mocinha.

GAROTA: Não, o senhor não pode, eu não vou deixar! É inútil resistir! Nem tente Mr. Paradise, nem tente! Já pus o processo em andamento.

MR. PARADISE: Então pare depressa, por favor.

GAROTA: Não. Eu já escrevi para pessoas influentes, editores e escritores que conheço na Costa Leste. Já despertei um grande interesse a seu respeito. Quando eu for embora, vou levá-lo comigo.

MR. PARADISE: Não.

GAROTA: Ah, vou sim. O senhor vai viver no meio de pessoas que apreciam genialidade. Vai fazer leituras e conferências.

MR. PARADISE: Leituras para quem?

GAROTA: Clubes! Faculdades! Sociedades de poetas!

MR. PARADISE: Conferências? Sobre o quê?

GAROTA: Beleza! Arte! Poesia!

MR. PARADISE: Pelo amor de Deus! Você não tem lido os jornais ultimamente?

GAROTA: Por quê?

MR. PARADISE: Hoje o mundo está interessado em pólvora. A poesia não consegue competir com o som de balas explodindo. Hoje o negócio é descobrir novas armas de destruição, e não ressuscitar poetas esquecidos. Mesmo que eu quisesse ser ressuscitado, Gabriel ainda não tocou a trombeta. A forma mais certa e cruel de destruir Anthony Paradise, o poeta, é mostrar Jonathan Jones, o homem – ou o que sobrou do homem. Você não percebe? Imagine que espetáculo terrível eu daria em cima de um tablado de conferências acadêmicas! Olhe para mim! Você não é cega. O que vê?

GAROTA: Não importa sua aparência.

MR. PARADISE: Ah, importa sim. Talvez não para você, porque é jovem e generosa. Não, ainda não chegou a hora. Fique com o livro, lembre-se do meu nome e observe as páginas de obituários. Um dia você verá o nome de Jonathan Jones. Então volte e procure Mr. Anthony Paradise. Este será o momento – quando Jones estiver morto. Jones é uma contradição viva a Paradise. Paradise não terá chance de respirar até que Jones tenha parado de respirar. Acredite em mim – e se dê por satisfeita.

GAROTA: O senhor não pode ser Anthony Paradise agora? De novo?

MR. PARADISE: Não. Não, está tarde demais. Estou velho demais. A morte é a única coisa que talvez possa salvar minha reputação. Volte à escola, mocinha. Tudo tem um fim, até o suprimento de pólvora. Quando estiverem exaustas, as pessoas vão começar a procurar outra vez, debaixo de pernas de mesas quebradas, por livrinhos de versos esquecidos. Até lá, Jonathan Jones já estará resguardado e fora do caminho. O sol brilhará num céu claro e azul. O vento soprará as folhas do alto das montanhas. Crianças brincarão na areia em praias ensolaradas. O mundo será caloroso, sereno e tão jovem quanto o amanhã. Então, todas as velhas, doces e gentis vozes serão percebidas outra vez. Você escutará o vento nas árvores, a chuva no telhado e as canções dos poetas há muito esquecidos. Armas explodem e destroem e são destruídas. Mas isto – estas pequenas canções, por mais que sejam menores e sem importância, continuam cantando para sempre. Elas têm seus períodos de eclipse. Mas elas ressurgem. O movimento da vida é ascendente, o movimento da morte é para baixo. Apenas o mais cego de todos os cegos tolos não é capaz de enxergar aquilo que finalmente estará no topo! Não a morte, mas a vida, minha querida. Vida – *vida*. Eu os desafio a interrompê-la para sempre! Não com todas as suas armas, não com toda a sua destruição! Vamos continuar cantando. Um dia, o ar por toda a terra estará repleto do nosso canto.

(*Uma buzina toca.*)

MR. PARADISE: É o seu chofer?

GAROTA: É.

MR. PARADISE: É melhor você ir.

GAROTA: Mr. Paradise...

MR. PARADISE: O que é?

GAROTA: Talvez o senhor esteja certo. Vou fazer o que o senhor falou, guardar o livro e lembrar seu nome...

MR. PARADISE: E olhar o obituário nos jornais!

GAROTA: É. E quando chegar a hora, pode contar comigo, Mr. Paradise.

MR. PARADISE: Obrigado, minha querida. Eu vou contar com você.

GAROTA: Eu prometo, não vou decepcioná-lo. Seu futuro está a salvo em minhas mãos. E agora, Mr. Paradise – pode me dar um beijo de despedida?

MR. PARADISE: Não.

GAROTA: Por que não?

MR. PARADISE: Não. Pela mesma razão que eu não tocaria uma toalha de mesa branca e limpa com os dedos sujos de lama.

GAROTA: Oh. (*Estende a mão com gravidade.*) Adeus, Mr. Paradise.

CORTINA

O Palooka ou O Panaca[1]

Tradução
Kadi Moreno
Augusto Cesar

---

[1] Palooka: um atleta esportivo incompetente ou facilmente derrotado, em especial um lutador. Gíria: uma pessoa estúpida ou desajeitada. O termo remete a Joe Palooka, personagem de uma tira de quadrinhos sobre um campeão de boxe peso-pesado, criado pelo cartunista norte-americano Ham Fisher. A tira estreou em 1930. Palooka exemplificou o herói esportivo íntegro de uma era que valorizava o caráter moral decente. Em 1948, Joe Palooka era uma das cinco tiras cômicas mais populares dos Estados Unidos. No título optou-se por manter o termo original acrescido da expressão "panaca", que em português tem sentido próximo. (N. T.)

* *

    A peça O *Palooka* ou O *Panaca* foi apresentada pela primeira vez no dia 2 de outubro de 2003 pela Hartford Stage Company em Hartford, Connecticut. Foi dirigida por Michael Wilson, com cenário de Jeff Cowie, figurinos de David Woolard, luz de John Ambrosone e sonoplastia e trilha original de Fitz Paton. O elenco, por ordem de aparição, foi o seguinte:[*]

PALOOKA	Kevin Geer
TREINADOR	Remo Airaldi
GAROTO	Curtis Billings

[*]Na montagem da Hartford Stage, as personagens PROMOTOR DE LUTAS e OUTRO PUGILISTA VETERANO foram representadas com vozes em *off*.

* *

CENÁRIO

Vestiário de um ginásio de boxe. Uma pequena sala com uma mesa de massagem sobre a qual está pendurada uma lâmpada esverdeada. O ar está nublado de fumaça de cigarros.

Na mesa está sentado Palooka, um lutador fatigado usando um velho robe roxo de seda. Ele tem um ar sombrio e cínico. Ao lado dele, sentado num banco, está um garoto prestes a participar de sua primeira luta profissional. Ele está tenso e impaciente. Outro pugilista veterano anda irrequieto de um lado para o outro junto à porta.

* * *

PROMOTOR DE LUTAS (*entrando com um cigarro*): Muito bem, Jojo, sua vez!

OUTRO PUGILISTA VETERANO: Tá bom, estou indo. (*Sai confiante.*)

PALOOKA: Ele não vai aguentar mais de dois *rounds*.

TREINADOR (*enfaixando as mãos do garoto*): Não. Ele está muito velho. (*Levanta.*) Com licença, rapazes, vou dar uma espiada nessa luta.

PALOOKA (*enquanto o treinador sai*): Claro. Eles gostam de ver um velho Palooka apanhar muito. Ouve o povo gritando: estão berrando por uma morte. E provavelmente vão ter. O coitado está muito velho. Não aguenta nada. É só acertar um no olho que ele desaba. Você deve achar engraçado eu chamar outro cara de velho. Não estou mais na flor da idade. Tenho 38. No mercado de contratos de seguros extorsivos ou de venda de ações, ou em qualquer outro ramo, exceto o boxe, diriam que você ainda é jovem aos 38. Mas um lutador com essa idade é apenas um *palooka* acabado. Ele começa falando de um jeito estranho, se esquiva de movimentos que não existem. E a multidão grita desse jeito pra ele, pois querem ver o cara cair duro. Talvez cinco ou dez anos atrás, ele fosse o herói deles, o lutador favorito da torcida. E com que merda eles se importam, agora? (*Pausa.*) Por que você não diz nada, garoto? Está nervoso?

GAROTO: Estou.

PALOOKA: Fica não. Que motivo você tem para ficar nervoso?

GAROTO: Este é o meu primeiro desafio profissional.

PALOOKA: E daí? Você tem tudo pra se dar bem. É novo.

GAROTO: Eu não tenho experiência, tenho?

PALOOKA: Não, você não tem queixo de vidro ainda.

GAROTO: Se eu não me der bem, eles nunca mais vão me chamar para outra luta.

PALOOKA: Essa é a postura, garoto. Agora ou nunca. Contra quem vai lutar?

GAROTO: Blackie Shaw.

PALOOKA: Blackie Shaw? Aquele panaca saco de pancadas? (*Simula um golpe "bird".*) Você acaba com ele com um murro!

GAROTO: Conhece ele, é?

PALOOKA: Já vi ele lutando.

GAROTO: Ele é enorme, não é?

PALOOKA: Ele é só músculo, mas num tá em forma e não tem técnica. É moleza, um presente para você, é só dá um empurrão!

GAROTO: É mesmo?

PALOOKA: Ele adora um direto de esquerda no queixo, se abre todo. Acerte um bem ali e dá um gancho no queixo bem aqui ou um na barriga. Ele vai entregar o patrimônio fácil e desabar.

GAROTO: Acho que você entende mesmo de boxe.

PALOOKA: Eu assisti muitas lutas durante minha vida. Dentro e fora do ringue. Já vi muitas feras.

(*O garoto levanta e começa a andar de um lado para o outro.*)

PALOOKA (*acendendo um cigarro*): Fique calmo. Pra que queimar o couro da sapatilha? Senta aí. Já ouviu falar de um panaca chamado Galveston Joe?

GAROTO: Claro! Ele não era um panaca, ele foi o campeão dos meio-pesados.

PALOOKA (*com um leve sorriso*): É. Ele não era um panaca.

GAROTO: Você sabe que não.

PALOOKA: Sabe o que foi feito dele?

GAROTO: Galveston Joe? Não sei, acho que deve ter parado de lutar a esta altura.

PALOOKA: Aposentado? É. E encheu os bolsos de bufunfa. Ganhou muita grana.

GAROTO: Claro. Ele era um cara influente. E uma excelente pessoa também! Todo mundo gostava dele.

PALOOKA: Quando foi a última vez que você ouviu falar dele?

GAROTO: Ah, não sei. Quando era criança eu vendia jornais. Nessa época ele era meu herói. Galveston Joe, eu tinha a foto dele colada na parede do meu quarto.

PALOOKA: É mesmo?

GAROTO: E costumava ficar bem na frente dela e ficar em posição e me imaginar que nem o Galveston Joe: o campeão dos pesos meio-pesados.

PALOOKA: Por que não? Você vai longe.

GAROTO: Me lembro quando ele veio pra cidade lutar contra o Puma mexicano.

PALOOKA: É, o Puma. Aquela foi moleza para ele.

GAROTO: Meu Deus, como os garotos lotaram a estação! Devia ter milhares deles gritando pelo Galveston Joe. E as mulheres também.

PALOOKA (*sonhador*): É. As mulheres.

GAROTO: Lutando pra chegar perto dele.

PALOOKA: Beijando ele e implorando um autógrafo. Arrancando botões do casaco dele. Tentando roubar o cravo verde dele.

GAROTO: Verde?

PALOOKA: Ele era irlandês, você sabe.

GAROTO: Você viu isso?

PALOOKA: Não, mas eu posso imaginar. Olha só, eu conheci ele.

GAROTO (*com ansiedade*): Conheceu?

PALOOKA: Claro que conheci, eu era *corner* dele. Eu que jogava a toalha pra ele.

GAROTO: Nossa! Seria uma honra jogar a toalha pra ele.

PALOOKA: Honra? Porra! Era um privilégio, garoto!

GAROTO: Pode crer! Sem dúvida eu gostaria de ter sido amigo do Galveston. Com certeza ele tinha uma coisa de...

PALOOKA: É, muito *glamour*. É assim que se fala em Hollywood.

GAROTO: Isso mesmo. *Glamour*.

PALOOKA: Ele vivia como o Rei do Sião. Se hospedava nos melhores hotéis e sempre viajava de cabine. Gastava dinheiro que nem água. Os melhores hotéis nunca foram bons o bastante pro velho Joe. E generoso também: se alguém pedia uns dez mangos, pronto, ele já dava quinhentos!

GAROTO: Fico me perguntando onde ele foi parar. Você sabe?

PALOOKA: Claro. América do Sul.

GAROTO: Ah é?

PALOOKA: É. Ele fez fortuna por lá. Empresa de petróleo. Por isso que não se ouve mais falar tanto dele. Ele está aposentado do boxe e se deu bem em *Wall Street*. Quer dizer, na Câmara de Comércio da Argentina. Ele tem um monopólio do gás natural ou algo parecido naquela região.

GAROTO: Jesus! Imagina só! Mas não é uma surpresa!

PALOOKA: Não. Nada que Galveston Joe fizesse seria uma grande surpresa. Ele era um cara assim.

GAROTO: Ele ainda é, né?

PALOOKA: Claro, por que não? Você devia ver as estações de trem hoje em dia quando ele vem pra cidade!

GAROTO: Muita gente?

PALOOKA: Muita! Eles botam o lugar abaixo, é preciso construir uma estação nova sempre que ele viaja. Garotos gritando seu nome. *Galveston! Galveston!* (*Ele se levanta pela metade.*) E as mulheres – brigando que nem gatas no cio pra conseguir um botão do seu colete ou roubar o cravo verde preso na camisa ou – Deus todo-poderoso, o que eu digo é que os fãs ficam loucos!

GAROTO (*sonhador*): Jesus! Isso é uma espécie de... inspiração – é isso. A palavra é essa. Pensar que um cara fica famoso assim. Uma celebridade!

PALOOKA: Com certeza, pode apostar.

GAROTO: Eu acho que no começo ele era um moleque inexperiente como eu.

PALOOKA: Ahãm, igualzinho a você.

GAROTO: E agora, veja onde ele está!

PALOOKA: É, veja aonde ele chegou!

GAROTO: Escute!

PALOOKA: É. A luta acabou! Eles devem ter matado o cara. Seus açougueiros! Sou o próximo. E depois, você...

GAROTO: Eu?

PALOOKA: O seu grande momento, garoto. Como se sente?

GAROTO: Tinindo!

PALOOKA: Mostra pra eles. Faz o que eu te falei. Ataca logo no primeiro *round* e acerta um no queixo ou na barriga. Acaba com aquele panaca com um murro só.

TREINADOR (*entrando com pressa*): Muito bem, sua vez! Vamos, vamos, temos que fazer o *show* continuar.

PALOOKA: Está bem, estou indo. (*Ele anda devagar, inerte, até a porta.*)

TREINADOR (*com uma intensa risada*): Ele está indo... pro matadouro! Ouve as pessoas gritando lá fora.

GAROTO (*impressionado*): Gritando por quê?

TREINADOR: Esse novo pseudônimo não engana os veteranos. Eles o conhecem.

GAROTO: O *conhecem*?

TREINADOR: Claro. *Eles* reconhecem Galveston Joe.

GAROTO: Galveston... Joe!

TREINADOR: É, o antigo e aclamado grande lutador. Ouve a multidão gritando! Eles adoram isso! É como jogar os cristãos na cova dos leões. Isso não vai demorar nada. O panaca tem um queixo de vidro! Como você está, garotinho? Tudo bem?

GAROTO (*devagar*): Sim, tudo bem.

(*Os rugidos continuam. Blecaute.*)

CORTINA

FUGA

Tradução
Augusto César
Kadi Moreno
Gisele Freire
Isabella Lemos
Rita Giovanna
Sabrina Lavelle

* *

Fuga foi encenada pela primeira vez no Festival Literário Tennessee Williams de Nova Orleans em 17 de março de 2005. Foi dirigida por Perry Martin; cenário de Chad Talkington; figurinos de Trish McLain; iluminação de David Guidry. O elenco, por ordem de entrada, foi:

BIG	Fred Plunkett
STEVE	Jamal Dennis
TEXAS	Tony Molina

* *

CENÁRIO

O galpão de um grupo de prisioneiros do sul dos Estados Unidos, acorrentados uns aos outros[1] ao escurecer de uma noite de verão. O lugar está iluminado por um lampião que balança no teto e que está rodeado por um enxame de insetos noturnos. Do lado de fora ouvimos a música dos gafanhotos abafada e monótona e a distância o latido de cães de caça. O grupo dá a impressão de estar na expectativa de algo, pois todos estão debruçados sobre a mesa de madeira nua em torno da qual estão sentados. Há um baralho de cartas bastante desgastadas que eles manuseiam nervosamente no decorrer da peça.

* * *

BIG: Cê acha que ele chegou no vale?

STEVE: Não, inda não.

TEXAS: Pra mim ele num vai muito longe.

BIG: E pra mim, o que cê acha num vale nada.

STEVE: Ouve os cachorro.

TEXAS: Deus, eu ia odiá ouvi eles latindo no meu rabo.

---

[1] No original o termo usado é *"chain-gang"*, que designa o sistema de manter um grupo de prisioneiros acorrentados uns aos outros para a execução de trabalho servil como parte da pena. Esse sistema foi adotado nos Estados Unidos logo após a Guerra Civil (1861-1865), principalmente no sul, e posteriormente veio a ser reimplantando e novamente banido inúmeras vezes. (N. T.)

BIG: Aposto que o Billy num tá com medo.

TEXAS: Aquele criôlo num tem cabeça pra tê medo.

BIG: Cala a boca.

STEVE: Texas, tu num consegue esquecer uma bronca?

TEXAS: Num tô cum bronca. Torço pra ele que nem vocês.

BIG: Diz isso na igreja.

STEVE: Texas num esquece a porrada que levô do Billy quando abriu o bico naquela história do bolão.

BIG: Preferia que o Billy não tivesse tentado fugi daqui. Arriscô muito. Só faltava sete meses.

TEXAS: É que nem eu disse. Ele tem cabeça de poronga.

BIG: Cala a boca. Aquilo era o trem?[2]

STEVE: Não.

BIG: Então o que era?

STEVE: Trovão. Inda num tá na hora do trem.

BIG: Quanto falta?

STEVE: Deve passá daqui vinte minuto, meia hora.

BIG: É muito tempo.

---

[2] No original, a pergunta é "*Was that the Cannonball?*" e refere-se especificamente ao trem Cannonball Express, que fazia a linha Chicago-Nova Orleans. O Cannonball Express era, em torno de 1900, o trem mais veloz da Illinois Central. (N. T.)

TEXAS: Tempo demais.

BIG: Cala a boca.

STEVE: Cala a boca, mau agôro.

TEXAS: Só tava repetindo o que cê disse.

BIG: Cala o bico.

STEVE: Bom, a cachorrada parô. Ele dispistô eles.

BIG: Parece que eles ainda tão na bifurcação, embaxo do braço esquerdo do rio.

STEVE: É lá que eles tão.

BIG: E vai vê que o velho Billy nadô de volta pro braço direito. Ele nada que nem peixe.

TEXAS: Eles devem tê se separado e uns foram pra direita e outros pra esquerda. O Capitão num é besta.

BIG: Vai virá defunto se num calá a boca.

STEVE: Pega uma carta, Big.

(*Big pega uma carta.*)

STEVE: O que cê pegô?

BIG: Trinca de paus.

STEVE: Mmm.

BIG: O que é isso?

STEVE: Dois cavalo e uma carroça, tudo preto.

TEXAS: Tem que tê quatro ponto preto, tem o Billy!

BIG: Se eu te enfiá uma faca, neguinho, cê num vai vê nada. Vou enterrá no fundo dessa tua carcaça fedida.

TEXAS: Num tô lendo as carta!

BIG: Carta num qué dizê nada. Conheci uma zinha que lia o passado e o futuro só de olhá na tua cara, que nem livro. Ela viu que eu ia em cana seis semana antes – ouve só!

STEVE: Parece que os cachorro começaram de novo.

BIG: Tão indo pra direita que nem Judas malhado!

STEVE (*indo para a janela com grades*): Tô vendo uma luz lá no vale.

BIG (*aproximando-se dele*): É. Quase embaxo da ponte.

(*O trem apita.*)

BIG: O trem tá apitando! Vai, Billy!

TEXAS: Num dá mais. Agora vão pegá ele.

BIG: Vira essa boca pra lá!

(*Ele o empurra para longe da janela.*)

STEVE: Ouve – tá reduzindo pra cruzá a cancela.

BIG: Agora é a chance do Billy!

(*Um tiro é ouvido.*)

BIG: O que é isso?

STEVE: Cê sabe o quê que foi, Big boy!

TEXAS: O Billy já era.

BIG: Mais. Três, quatro tiros!

STEVE: Tá fazendo valê o salário deles.

TEXAS: Tá levando chumbo no bucho.

BIG (*ameaçando-o com uma navalha*): Vai vê que tu tá querendo levá também!

TEXAS: Fica longe de mim com essa navalha ou eu vô...

BIG (*avançando*): Tu vai o quê?

TEXAS: Fica longe de mim cum isso!

STEVE: Deixa ele em paz, Big.

BIG: Vou gravá minha assinatura na sua barriga! Se um dia te encontrá lá fora.

STEVE: Agora acabô. O trem passô. Na hora que eu vi aquela trinca de paus eu saquei o que ia acontecê com o Billy.

BIG: Vai devagar com o caixão. Ele ainda não virô defunto.

STEVE: O caminhão tá vindo prá cá. – Parô na administração.

BIG: Consegue vê alguma coisa?

STEVE: Ahãm.

BIG: O quê?

STEVE: Tão tirando alguma coisa da carroceria.

BIG (*depois de uma pausa*): Apaga a luz. Melhó a gente í pra cama.

STEVE: Ele tá livre, pra mim é isso. Ele tá livre.

BIG: É. Ele tá livre.

CORTINA

Por Que Você Fuma Tanto, Lily?
(Um conto em um ato)

Tradução
Rita Giovanna
Carolina Manica

* *

A peça *Por Que Você Fuma Tanto, Lily?* foi apresentada pela primeira vez em Chicago, em 19 de janeiro de 2007, pela The Dream Engine Theatre Company. Foi dirigida por John Zajac, com cenário, figurinos e iluminação de Doug Valenta. O elenco, em ordem de aparição, foi o seguinte:

MRS. YORKE   Mary Mikva
LILY   Leslie Frame
VOZ   Troy Slavens

* *

CENÁRIO

Um apartamento moderno no extremo oeste da cidade de Saint Louis. Mrs. Yorke em pé diante de um grande espelho oval na sala de estar. Cada movimento seu é pleno de vaidade um tanto insuportável de uma matrona corpulenta. Ela ajeita o cabelo ondulado artificialmente mostrando uma satisfação pretensiosa. Seu busto caído arfa. Suas mãos se agitam como pombos brancos esbaforidos. Os braceletes pesados e os brincos enormes fazem o barulho do trote de um pônei.

* * *

MRS. YORKE: Eles exageraram no permanente da última vez, não acha?

(*Lily não diz nada. Continua fumando no* solarium. *Ela parece ligeiramente entorpecida. Seus olhos fixam vagamente um aquário turvo onde peixinhos, como pedaços vivos de coral e madrepérola, circulam interminavelmente através do seu castelo de pedra e florestas de algas flutuantes.*)

MRS. YORKE (*vira e fala alto*): Eu disse que eles exageraram no permanente da última vez, você não acha?

(*Lily mexe-se levemente no canapé de vime e expele outro anel transparente cinzento de seus lábios franzidos. Ela parece não ouvir a mãe.*)

MRS. YORKE (*encarando*): Por que você fuma tanto, Lily? Isso te deixa apática.

LILY (*seus olhos ganham cor, um brilhante verde atormentado*): Puxa vida, mãe. O que mais eu posso fazer?

MRS. YORKE (*empeteca-se nervosamente*): Há muitas coisas úteis para uma moça fazer. Você poderia começar pelo tricô. É o que há de mais chique. Todas as debutantes deste ano faziam tricô no chá de Susan Holt. Sentavam no chão em roda com suas bolsas e agulhas de tricô; é impossível descrever tanta destreza.

LILY (*rindo rispidamente*): Não sou uma dessas debutantes. Com um par de agulhas de tricô e uma bolsa de lã no colo eu seria a imagem perfeita da solteirona resignada.

MRS. YORKE (*defensivamente*): Escute aqui, mocinha, você tem que se livrar desse seu complexo de velha solteirona! Você só ficou fora cinco anos. Não é uma eternidade. É claro que eu sempre desejei...

LILY (*fechando os olhos atormentados e tragando profundamente o cigarro*): Eu sei, mãe! Você desejava que eu tivesse me casado no meu primeiro ano fora. Você desejava que eu tivesse me casado no meu segundo ano fora. No terceiro e no quarto ano fora você desejava que eu tivesse me casado.

MRS. YORKE (*passando ruge*): É claro que eu desejava que você tivesse se casado! Qual mãe não deseja que sua filha se case? O que mais você pode fazer? Do jeito que as coisas andam hoje em dia...

LILY (*amarga*): Eu sei! Eu sei! Todo nosso dinheiro acabou!

MRS. YORKE (*empoando-se com raiva*): Acabou mesmo. Estamos no fim da linha!!!

LILY (*rindo acidamente e acendendo outro cigarro*): Mas eu não vou me casar, mãe! Ninguém me pediu em casamento! O que você espera que eu faça? Dê o golpe em algum homem inocente e o arraste até meu quarto? Isso é ilegal, mamãe. Existe uma lei contra estupro no Missouri!

MRS. YORKE: Pare com essa linguagem vulgar.

LILY: Estou apenas relatando os fatos! Ninguém me pediu em casamento!

(*A risada de Lily produz espasmos dolorosos entre as bafuradas do seu cigarro trêmulo. Ela parece estar tentando parar de rir com a fumaça, como água jogada inutilmente sobre fogo crepitando. O riso continua e agita seu corpo delgado.*)

MRS. YORKE (*passando batom*): A culpada é você! Deus sabe que fiz tudo que uma mãe poderia fazer. Devotei minha vida a prepará-la para a sociedade. Nunca cometi um erro sequer. Você foi para a melhor escola particular da cidade. Você frequentou o melhor curso de etiqueta do leste. Você fez a viagem mais cara pela Europa. Você conheceu todas as pessoas certas. Todos os bons partidos disponíveis...

LILY: Todos os bons partidos disponíveis? Quer dizer aqueles *galãzinhos* cor-de-rosa! Deus, como eu os odiava! Eu pisava nos dedos deles só para ouvi-los guinchar.

MRS. YORKE (*em frente ao espelho reclamando furiosa para a porta do* solarium): Não duvido disso. Você e suas bobagens intelectuais! Suficientes para espantar qualquer homem sensato. Eles não querem uma resenha de livro ambulante, Lily! Eles querem carne e sangue. Por que não se faz de boba pra variar? Apenas fique sentada sem dizer nada. Dê uma chance para que eles tomem a iniciativa...

LILY: Fico surpresa que não me sugira o velho hábito de dividir a cama com alguém completamente vestida.[1]

MRS. YORKE: Você sabe muito bem o que eu quero dizer.

LILY (*contorcendo-se*): Claro, eu sei o que você quer dizer! Só que me dá ânsia de vômito. Prostituição de luxo da alta sociedade. Aqui está o meu corpo! Tire minhas roupas e monte em mim! Só peço um contrato legal e muito dinheiro.

MRS. YORKE (*com rispidez*): Cale a boca! Cale a boca! Você devia lavar sua boca com sabão por falar desse jeito. (*Arranca a revista do colo de Lily e atira-a no chão.*) Você anda lendo obscenidades demais! Vou pegar todo esse lixo, essas suas revistas moderninhas e atirar pela janela dos fundos. Quem lê esse tipo de coisa? Ciganos, bolcheviques, eslavos, russos cabeludos e gente assim.

---

[1] No original: "I'm surprised you don't suggest that I try a little old-fashioned bundling". Lily faz referência a um velho hábito da América Colonial segundo o qual um rapaz e uma moça, ainda não casados, podiam compartilhar a mesma cama desde que não se despissem e que utilizassem uma tábua de madeira para separá-los na cama, ou que a moça dormisse dentro de um tipo de saco de dormir. Era comum, também, que os pais dormissem no mesmo cômodo que o casal nesse caso específico. (N. T.)

(*Lily ri até perder o ar. O cigarro ainda pende dos seus lábios. Mrs. Yorke inclina-se e joga-o longe. Ela o arremessa dentro do aquário.*)

MRS. YORKE: Pare com esse cigarro desgraçado! Aonde eu vou tem um pintinho murcho. Por toda a casa! Ontem eu me vi sentada em cima de um...

LILY (*cobrindo o rosto com as duas mãos*): Que trocadilho vulgar, mãe.

MRS. YORKE (*sem captar a piada*): Vulgar? Vulgar? Você que é vulgar, Lily! Francamente, se você...

(*O telefone toca nos fundos do apartamento, Mrs. Yorke sai falando com voz estridente, deixando somente um forte aroma de jacinto como se quisesse adulterar o alívio de sua ausência. Lily acende outro cigarro. Ela exala a fumaça com um forte suspiro. Pressiona sua testa com a palma de uma das suas mãos, chacoalhando a cabeça rapidamente, retorcendo os lábios para baixo numa expressão de dor.*)

MRS. YORKE (*conversando com o cabeleireiro ao telefone*): Você pode me atender agora? Ah, querido, já estou indo.

LILY (*rindo baixinho*): Graças a Deus, ela está de saída!

(*Mrs. Yorke volta em casaco de pele de foca, gorro de veludo e luvas pretas de pelica. O casaco é novo. Ela se contempla outra vez diante do espelho grande, faz biquinho com os lábios vincados e arqueia as sobrancelhas depiladas.*)

MRS. YORKE (*arrebatadamente*): O que acha?

LILY (*de olhos fechados*): Acho que vai chover.

MRS. YORKE (*puxando o gorro raivosamente*): Eu gostaria que você fosse um pouco mais inteligente quando falo com você, Lily!

LILY (*sacudindo-se ligeiramente com um riso cáustico*): Se eu fosse, tapava meus ouvidos com algodão!

(*O táxi buzina lá fora. Mrs. Yorke sai apressada pela porta.*)

MRS. YORKE (*voltando-se para Lily enquanto sai*): Gostaria tanto que você parasse de fumar! Está acabando com a sua pele, simplesmente acabando com sua...

(*A porta bate encobrindo sua voz. Lily balança-se levemente no sofá como se estivesse bêbada. Ela se levanta com firmeza sobre os pés e começa a perambular pelo apartamento de cinco cômodos. Espalha cinzas por onde anda. Quando o cigarro está semiconsumido, ela o apaga no painel da parede da sala de estar e deixa a ponta do cigarro sobre uma bandeja. A seguir acende outro. Retira-se para seu quarto. O mobiliário é cor de marfim e a colcha e as cortinas são cor-de-rosa. Lily tem um ar sombrio e está pálida. Seus traços são pronunciados. Seu corpo é longo e anguloso. Ela passaria por um rapaz muito atraente. Em pé, no meio do quarto rosa e cor de marfim, ela traga seu cigarro. Seus dedos começam a tremer novamente. Ela pressiona a mão sobre a testa e respira com dificuldade. O cigarro escorrega de seus dedos e cai. Ela o esmaga sob seu salto e acende outro. Tragando com voracidade, ela se atira sobre a cama. A maciez a deixa mais inquieta. Ela se levanta, ainda fumando, e anda um pouco mais pelo quarto. Para diante da cômoda e olha os enormes espelhos polidos. Sorri com afetação diante de seu próprio reflexo. Automaticamente, seus lábios balbuciam certas frases mais familiares aos lábios de sua mãe nas reuniões sociais que elas frequentam juntas. Primeiro ela fala alto. Depois parece ficar assustada. Ela se afasta do espelho. Leva as duas mãos sobre a boca e depois sobre as orelhas. Mas a voz que ela criou não pode ser interrompida mesmo que seus lábios estejam imóveis. Seu sussurro fantasmagórico prossegue no tom de falsete afetado que sua mãe emprega nos eventos sociais.)*

VOZ: Lily é uma criança incomum. Ela é muito parecida com seu pobre pai. Ele também era do tipo intelectual, você sabe. Muito interessado em escrever. Querido Stephen! É claro que ele teve que desistir quando nos casamos. Mas ele guardou todos os seus velhos textos. Mantinha-os trancados na sua mesa. Nunca vou esquecer o escândalo que fez quando os queimei. Chorou como um bebê. Pobre Stephen! Um homem brilhante. Ele tinha uma natureza sonhadora antes do nosso casamento. Eu o curei disso. Ele passou por uma bela mudança depois dos primeiros anos. Eu cuidava de quase todos os negócios dele. A Lily é igual a ele, pobre criança! É só uma fase pela qual ela terá que passar, essa bobagem intelectual. É claro que cedo ou tarde ela vai querer ter uma casa com filhos, como todas as outras moças, e eu tenho certeza, certeza absoluta, que ela vai ser uma esposa excelente para seu marido.

(*Lily apaga o cigarro no ponto do espelho que reflete um de seus olhos. Abre a gaveta da cômoda, pega um estojo de prata, tira outro cigarro e acende com o isqueiro.*)

LILY (*choramingando como uma criança*): Pai, papai, por que você teve que me deixar desse jeito?

(*Subitamente ela ergue-se da cadeira. Bate as duas portas e as tranca. Joga-se de bruços e afunda o rosto na cama.*)

LILY (*apaixonadamente*): Papai, ela está fazendo comigo o que fez com você. Ela está me matando, papai! Você a escutou noite passada? Eu vou contar pra você...

(*O cobertor pega fogo. Ela o estapeia e levanta-se.*)

LILY (*rindo descontroladamente*): Ah, meu Deus. Eu fiquei louca!

(*Ela suspira e olha para as portas trancadas. Por todos os cômodos do apartamento silencioso ela parece ouvir o fantasma irado da voz da mãe investindo sobre ela outra vez: baixinho a princípio e depois com estridência ensurdecedora.*)

VOZ (*lenta e queixosa*): Por que você fuma tanto, Lily? Está acabando com sua pele! Lily, você está ficando pálida! (*A voz fica mais penetrante.*) Olhe para os seus dedos, Lily! Estão amarelos como os de um chinês. E os seus dentes! Meu Deus! Manchas de tabaco em todos eles. (*A voz soa como um punho esmurrando a porta.*) Lily, Lily! Por que você fuma tanto? Está destruindo seus nervos! É por isso que está sempre irritada! Você não consegue dormir! Você age como se estivesse enlouquecendo! São aqueles malditos cigarros que fazem isso! Aqueles malditos cigarros! É por isso que não consegue dormir à noite! Está destruindo seus nervos! Ah, não adianta gastar dinheiro com especialistas para os nervos se você continua fumando eternamente! Fumando, fumando, fumando! O tempo todo, Lily! (*Ela leva as mãos aos olhos e fecha-os apertando-os com força.*)

LILY: Ah, mãe, eu queria que você parasse!

(*O cigarro queima as pontas dos seus dedos. Apaga e sofregamente, quase freneticamente, acende outro. Ela tenta se concentrar na quietude dos cômodos vazios do lado de fora. Não há nenhuma voz. Sua mãe foi embora. Os aposentos do lado de fora estão vazios. Mas através desse vazio a lembrança da voz ainda pulsa como os nervos dos dedos queimados pelo cigarro.*)

VOZ: O que eu não fiz para você, Lily? Eu mandei você para as melhores escolas. Você fez a viagem mais cara pela Europa. Milhares de dólares gastos para você debutar. Eu fiz você conhecer as pessoas certas. Todos os bons partidos da cidade. Vivemos além das nossas posses. Contraímos dívidas. Só para te dar uma educação apropriada, Lily. As melhores oportunidades. Mas isso não pode durar pra sempre. Você sabe que já não é mais jovem. Você tem que se erguer. Você não precisa ser bonita. Apenas sorria. Represente para eles, Lily. Deixe-os perceber que você tem alegria de viver. É o que eles querem. Represente para eles, represente para eles, Lily! Deus sabe que eu fiz tudo o que pude!

(*Agora Lily está realmente apavorada. Afunda o rosto nas mãos e agarra a testa. O cigarro cai despercebido sobre o tampo de marfim da penteadeira e deixa uma marca marrom. Ela ouve passos no* hall, *do lado de fora. A chave gira na porta e a matrona corpulenta adentra o apartamento com respiração ofegante. É a sua mãe voltando do salão de beleza. É a sua mãe, cheirando a jacinto, com os cabelos recém-ondulados. Imediatamente ela começa a cheirar o ar azulado.*)

MRS. YORKE (*gritando o mais alto que pode*): Lily! Lily! A casa está completamente infestada de fumaça e cinzas!

CORTINA

Verão no Lago

Tradução
Rita Giovanna
Kadi Moreno

* *

A peça *Verão no Lago* foi apresentada pela primeira vez sob o título de *Fuga* pelo Shakespeare Theatre, em 22 de abril de 2004, no Kennedy Center em Washington D. C. A direção foi de Michael Kahn, cenários de Andrew Jackness, figurinos de Catherine Zuber, iluminação de Howell Binkley, sonoplastia de Martin Desjardins e música original composta por Adam Wernick. O elenco, em ordem de aparição, foi o seguinte:

DONALD FENWAY, *um garoto de aproximadamente 17 anos*	Cameron Folmar
MRS. FENWAY, *mulher de meia-idade*	Joan van Ark
ANNA, *governanta idosa*	Kathleen Chalfant

* *

CENÁRIO

Sala de estar de uma casa de veraneio. As paredes são brancas envernizadas e brilham com o sol da tarde. A mobília é de vime. Mrs. Fenway está reclinada no sofá (ou canapé). Ela é uma mulher corpulenta e está vestida em trajes de linho, cor lavanda, com manchas escuras de transpiração nas axilas e vários colares espalhafatosos estão pendurados na altura da garganta. Ela enxuga a testa sem parar com seu lenço amassado. Seu cabelo desarrumado está caído sobre a testa. No chão há revistas de cinema e uma jarra de água gelada.

Donald não se parece com a mãe. Ele é um jovem esguio e sensível que anda pela sala como se estivesse em busca de algo.

* * *

MRS. FENWAY (*irritada*): Qual o motivo da agitação, Donald?

DONALD: Nenhum.

MRS. FENWAY: Então pare! Não suporto vê-lo andando de um lado para o outro sem objetivo. Pegue um livro e leia.

DONALD: Estou cansado de livros.

MRS. FENWAY: Nunca pensei que você fosse se cansar dos livros!

DONALD: Não há nada neles, só palavras.

MRS. FENWAY: E o que você esperava encontrar?

DONALD: Bem, estou cansado deles.

MRS. FENWAY: Você está sendo arrogante. Devo dizer que você não está agindo como homem, sabendo do meu estado. Estou simplesmente prostrada. Qual o sentido de sair da cidade quando faz este calor no lago?

DONALD: Você já vai voltar.

MRS. FENWAY: Ai, Deus! O que foi que seu pai disse na carta?

DONALD: Disse que esperava que você estivesse melhor dos nervos.

MRS. FENWAY: Não estou falando disso, você sabe muito bem. É sobre dinheiro.

DONALD: Já esqueceu?

MRS. FENWAY: Me dê isso aqui. (*Ela pega a carta.*) Eu não consigo. Está tudo embaralhado e minha cabeça está girando como um pião.

DONALD: Ele disse que a temporada foi reduzida e que teremos que voltar pra casa dia dezesseis. Ele está planejando vender o chalé. E alguma coisa sobre eu arrumar um emprego no comércio atacadista.

MRS. FENWAY: Absurdo! Mas acho que teremos que voltar para casa. Que tédio!

DONALD: É.

MRS. FENWAY (*arrogante*): Eu não quero ir para casa. Aqui é quente, mas Deus sabe que é melhor do que aquele apartamento abafado. E ele está querendo que eu me mude para um lugar mais barato. É muita coragem. Aposto com você que ele sustenta uma amante. O que eu fiz com a minha aspirina? Não aguento essa dor de cabeça, mais um minuto e vou gritar, e tenho que jogar *bridge* com os Vincents às quatro e meia. Onde estão as aspirinas? Donald!

DONALD: Quê?

MRS. FENWAY: Por que está parado, olhando assim?

DONALD: Assim como?

MRS. FENWAY: Como se estivesse perdido.

DONALD: É o que parece?

MRS. FENWAY: É. Está apaixonado?

DONALD: Não.

MRS. FENWAY: Preferia que estivesse. Seria uma desculpa para seu comportamento tão estranho. Não é de se estranhar que não faça amigos. As pessoas acham que você é bobo quando você anda por aí desse jeito. Você deveria ser mais sociável. – Donald! Aonde você vai?

DONALD: Vou ao lago um instante.

MRS. FENWAY: Não vá.

DONALD: Por que não?

MRS. FENWAY: Você fica muito lá. Você me deixa sozinha o tempo todo e eu não sei onde você está.

DONALD: No lago.

MRS. FENWAY: É, mas você fica muito tempo, e está quente e eu fico tonta. Você não precisa sair correndo toda vez que eu abro a boca para dizer alguma coisa.

DONALD (*sentando-se novamente*): Desculpe.

MRS. FENWAY: Não, você não quer se desculpar por nada. Você é indiferente, só isso. Você só se importa em ficar divagando lá fora no lago. E você já está bem grandinho. Logo você terá que acordar e levar as coisas mais a sério. Você não pode passar a vida toda sonhando. Você sabe que agora que eu e seu pai nos separamos as coisas não vão ser fáceis. Eu provavelmente terei que voltar a dar aulas ou algo parecido, mas só Deus sabe se eu dou conta, com essa minha tontura crônica e a minha coluna fora do lugar e... Diga a Anna para passar meu corpete de linho. São quase quatro horas. Você está ouvindo?

DONALD: Estou.

MRS. FENWAY: É só isso que você sempre tem para me dizer? "Estou." (*Imitando.*)

DONALD (*levantando-se e indo até a janela*): O que você quer que eu diga? Fala e eu digo!

MRS. FENWAY (*encostando-se no sofá*): Nossa! O calor aqui está terrível! Estou vendo pontos pretos diante dos meus olhos outra vez esta tarde. Acho que vou ter que retomar meu tratamento quiroprático assim que voltar à cidade. Fico tonta só de pensar em voltar para aquele apartamento horroroso no meio de agosto. Acho que devíamos ter ficado em McPherson onde pelo menos teríamos um pouco do clima sulista. E agora ele tem a ousadia de sugerir que eu encontre um lugar com aluguel mais barato! Ele diz que como somos só nós dois, eu poderia dispensar a empregada. Ele quer me tirar a Anna, não foi o que ele disse?

DONALD: Foi.

MRS. FENWAY: Ele sabe que eu não posso viver sem a Anna. Ele disse isso só para me provocar. Onde eu coloquei minha aspirina? Anna sempre enfia as coisas em lugares estranhos. Está ficando velha e distraída. Veja se ela colocou atrás do jogo de chá. *Você está me ouvindo, Donald?*

DONALD: Estou. O que você disse?

MRS. FENWAY: Eu aqui deitada com minha cabeça partida e você viajando no espaço! (*Ela chama.*) Anna!

(*Depois de um tempo, a mulher velha entra lentamente.*)

ANNA: O quê?

MRS. FENWAY: Onde está minha aspirina?

ANNA: Na sua bolsa. A senhora quer uma?

MRS. FENWAY: Quero.

(*Anna sai e volta com um comprimido.*)

MRS. FENWAY: Não sei como fazer para ficar apresentável pra esse jogo de *bridge*. Se não soubesse o quanto necessito de alguma distração, eu simplesmente cancelaria. Mrs. Vincent anda muito chata desde que aderiu ao misticismo. Agora ela recebe mensagens de primos de cinco ou seis gerações passadas. Eu não acredito em uma palavra! Anna. Você não vai se esquecer de passar meu corpete de linho?

ANNA (*saindo*): Não, senhora.

MRS. FENWAY: Ela está ficando tão chata. Sim, senhora; não, senhora: sempre com o mesmo tom de voz. (*Pegando a carta.*) Seu pai diz aqui que é melhor você não fazer planos para entrar na faculdade este semestre já que...

DONALD: Não!

MRS. FENWAY: O quê?

DONALD: Não leia mais nada!

MRS. FENWAY: É, você é assim. Você não consegue encarar nada desagradável. Você quer ser uma criança o resto da vida. Bem, logo vai descobrir que é impossível. Agora você vai ter que assumir algumas responsabilidades já que seu pai bateu asas e provavelmente se envolveu com uma vagabunda!

DONALD: Eu não tenho que fazer nada que eu não queira! (*Ele se levanta e vai até a janela novamente.*) Não tenho que ser nada além do que eu sou! (*Olhando-a desesperadamente.*) Meu Deus, mãe, eu não quero ir para casa! Eu odeio aquele lugar! Odeio! É como estar preso numa armadilha terrível! (*Cobre o rosto e senta-se no peitoril.*) Paredes de tijolos, e o concreto e as... as escadas de emergência pretas! É o que eu mais odeio – escadas de emergência! Será que eles acham que as pessoas que moram em apartamentos só precisam escapar de incêndios?

MRS. FENWAY: Donald! Eu queria que você parasse de falar essas esquisitices!

DONALD: Sonhei que estava numa delas noite passada.

MRS. FENWAY: Numa o quê?

DONALD: Escada de emergência. Numa interminável escada de emergência preta. Eu corria e corria, subia e descia e nunca chegava a lugar algum! Enfim parei de correr, não conseguia correr mais e todo aquele ferro preto começou a me envolver como uma serpente! Eu não conseguia respirar.

MRS. FENWAY: Pare! No meu estado de nervos é um crime me fazer ouvir essas coisas! O que você comeu antes de dormir ontem?

DONALD (*rindo cinicamente*): Isso, ponha a culpa na minha digestão! – Estou saindo!

MRS. FENWAY: Para onde?

DONALD: Já falei! Pro lago.

MRS. FENWAY: Sempre o lago! E sempre sozinho – isso não é normal! Antes de ir lembre a Anna mais uma vez do meu corpete de linho. Ela provavelmente esqueceu e – Ah, Donald! Antes de sair eu queria que você limpasse meus chinelos brancos.

DONALD (*displicente*): Seus chinelos brancos?

MRS. FENWAY: Você faz isso para a sua mãe? (*Levanta-se.*) Eu mesma faria, mas estou exausta. Este calor faz minha cabeça rodar como um pião. Nossa! Estou com uma bolha na sola do pé. A gente não recebe mais o *Saturday Evening Post*?

(*Tira o cabelo desalinhado da testa.*) Eu tenho mesmo que ficar dentro de casa, o lago está brilhando tanto, com certeza teria tonturas andando lá fora. Eu não entendo porque compramos um chalé tão fora de mão. Onde está aquela revista, *True Story*?[1] Eu prometi a Mrs. Vincent que eu emprestaria a ela. Donald! Feche aquela persiana, o lago está tão brilhante que fere meus olhos.

DONALD (*obedecendo*): Precisa de mais alguma coisa?

MRS. FENWAY: Não, mas você vai se esquecer dos meus chinelos.

DONALD: Vou arrumá-los depois.

MRS. FENWAY: Sempre depois. Você é igual ao seu pai nesse ponto. Posterga tudo. O tempo não espera as pessoas. (*Serve-se um copo de água e deita-se novamente no divã.*) Ele continua correndo. Você vai descobrir isso um dia.

DONALD: Tempo? Eu não me importo com o tempo. O tempo não é nada.

MRS. FENWAY: O tempo é uma coisa da qual ninguém pode escapar.

DONALD: Eu posso. Eu escapo.

MRS. FENWAY: Escapa mesmo?

DONALD: É. No lago. Lá o tempo não existe. É noite ou manhã ou tarde, mas nunca uma hora em particular.

---

[1] *True Story Magazine* é uma revista feminina norte-americana lançada em 1919 com a proposta de fornecer uma válvula de escape diante da rotina diária. (N. T.)

MRS. FENWAY: Donald!

(*Donald vira-se para ela lentamente.*)

MRS. FENWAY: Não gosto de ouvir você falando assim. Jovens não dizem essas coisas malucas. É como se você fosse... diferente... ou estranho ou sei lá. Não seja assim, Donald. Não é justo com a sua mãe. As pessoas vão dizer que você não é como os outros meninos e eles vão... vão te evitar. Você vai perceber que foi deixado de lado por tudo ao seu redor. E não vai gostar disso. Quero que você aprenda a ser normal e sociável e capaz de... de achar seu lugar no mundo. Eu, eu sou uma pilha de nervos e seu pai sempre foi um desses tipos muito fechados, mas você, Donald, você precisa ser forte, um homem responsável!

DONALD (*depois de uma pausa*): Não se preocupe comigo.

MRS. FENWAY: Quero que você cresça, Donald. Você entende?

DONALD: Entendo.

MRS. FENWAY: Tenho certeza que sua mãe não está pedindo demais. O que aconteceu com aquela carta? Acho que tenho que tentar me concentrar nela e ver aonde ele quer chegar. Está tudo tão embaralhado. Algo sobre a temporada de concertos ser menor (*ela começa a ler os fragmentos em voz alta.*) – "temporada menor"... "retornar"... espero que – "esteja melhor dos nervos"... humm... "retirem-se do chalé até dia dezesseis, pois até lá poderá estar vendido"... "deve estar... sim"... "vendido!"... humm – (*Vira algumas páginas rapidamente. Donald sai escondido.*) "manter casas separadas na cidade"... "gastos altos"... "Donald talvez consiga uma vaga no Atacado Lanchester"... "está na hora do menino se firmar"... humm... "me avise sua decisão"... "faça planos... humm"... Meu Deus, fazer planos, eu não posso fazer planos... humm. (*Levanta os olhos e nota que Donald saiu.*) Donald! Donald! (*Tira os óculos e recosta no sofá abanando seu rosto suado com a carta.*) ARRR! (*Debruça-se e tira a liga que deixou um círculo vermelho em sua perna. Passa a mão na perna e geme. Inclina-se para frente com um olhar de irritação.*) Anna! (*Pausa. Levanta-se furiosamente.*) Anna! VENHA AQUI.

ANNA (*entrando*): A senhora me chamou?

MRS. FENWAY: Quem mais poderia ser?

ANNA: O que a senhora deseja?

MRS. FENWAY (*pausa*): Meu Deus! Não lembro!

(*Anna começa a sair arrastando os pés.*)

MRS. FENWAY: Ah, sim, meu corpete de linho. Eu tenho que vesti-lo pra ir à casa dos Vincents às quatro e meia. Que horas são?

ANNA: Quinze para as cinco.

MRS. FENWAY: Nossa, eu nunca chego na hora! Anna, eu gostaria que você tentasse me lembrar dos meus compromissos. Eu não acho que é pedir demais.

ANNA: Sim, senhora.

MRS. FENWAY: E os sapatos. Eu pedi a Donald que os limpasse, mas ele já foi para o lago outra vez. Anna, sente-se. O que você acha dele indo ao lago assim?

ANNA (*sentando-se*): Ele fica lá fora a maior parte do tempo, Mrs. Fenway.

MRS. FENWAY: É, a maior parte do tempo. Isso não é natural. Talvez ele seja um sonhador.

ANNA: Sim, senhora, é isso que ele é.

MRS. FENWAY: É. Uma daquelas pessoas sem nenhum senso prático como o pai, e eu tinha tanta esperança que ele saísse diferente.

ANNA: Dizem: "águas calmas, correntes profundas".

MRS. FENWAY: Tão profundas que ninguém consegue ver! (*Pausa.*) Eu não gosto disso, Anna. Quero que ele seja um jovem normal.

ANNA: Ele é bem estranho.

MRS. FENWAY: Pior que o pai. E isso já diz muito.

ANNA: Talvez ele precise ir para um bom colégio particular, Mrs. Fenway.

MRS. FENWAY: O quê? Não temos mais dinheiro, Anna. Nesta carta, meu marido me conta que a temporada de concertos vai ser menor e que ele não terá recursos até o meio de outubro. Quer dizer que voltamos para casa dia dezesseis e passamos o resto do verão naquele apartamentinho quente.

Abra a janela, Anna. Por isso está tão abafado aqui, a brisa do lago não tem como entrar. – Dá para ver o Donald?

ANNA: Ele está descendo pelo píer, de calção.

MRS. FENWAY: Está com os remos?

ANNA: Não.

MRS. FENWAY: Então ele vai nadar, melhor. Ele não vai nadar por muito tempo... Talvez cancele meu compromisso e fique em casa para tomar um banho morno e relaxar os nervos. O que acha que devo fazer, Anna?

ANNA: Isso é a senhora que tem que decidir.

MRS. FENWAY: Não consigo decidir! Ainda estou com dor de cabeça. Deve ser de tanta preocupação com aquele garoto. Nunca me deu trabalho, mas anda tão estranho comigo, Anna, nunca sei o que ele está pensando.

ANNA: Acho que ele é meio tímido, Mrs. Fenway.

MRS. FENWAY: Isso, tímido, absurdamente tímido. Onde está meu Camels? (*Acende um cigarro.*) Ele não gosta dos colegas de escola, jamais gostou. Agora o pai quer que ele pare de estudar e entre no comércio atacadista. Eu não acho que Donald seria bem-sucedido no comércio atacadista. O que acha, Anna?

ANNA (*pausa*): Acho que não, Mrs. Fenway. Acho que Donald ficaria meio perdido no comércio atacadista.

MRS. FENWAY: É. Perdido. É isso. Completamente perdido no comércio atacadista. (*Pausa.*) Acho que ele deveria entrar em algum tipo de trabalho criativo como o pai, mas o problema é que o pobrezinho não demonstra nenhum talento em especial. Você vê algum talento nele, Anna?

ANNA: Não, senhora.

MRS. FENWAY: Ele gosta de ouvir o pai tocar, mas ele próprio nunca quis estudar música. E as notas na escola são medíocres. É um problema. A única coisa pela qual ele se interessa é ficar no lago. Passa o inverno falando nisso, e quando chega a primavera ele conta os dias até junho, quando a escola fecha e a gente vem para cá. Agora o chalé vai ser vendido e tudo mais e eu já não sei... Anna, coloque esta carta em cima da lareira, só de olhar a letra daquele homem eu fico tonta. Passei o dia todo vendo pontinhos pretos diante dos olhos. (*Ela se reclina.*) Eu gostaria de me interessar por misticismo ou uma dessas coisas. Parece ser tão envolvente. O *Saturday Evening Post* já saiu esta semana?

ANNA (*depois de uma pausa*): Não, senhora.

(*Há uma longa pausa. Ouve-se apenas o tique-taque monótono do relógio.*)

MRS. FENWAY: Tira esse relógio daqui. Esse som me dá nos nervos.

(*Tirando o relógio.*)

ANNA: É só isso, senhora?

MRS. FENWAY: Não, é melhor você ligar para os Vincents e dizer que irei depois do jantar. Não posso deixar o *bridge* de vez. Olhe pela janela e veja se Donald está nadando.

ANNA: Sim, senhora. (*À janela.*)

MRS. FENWAY: Está ou não está? (*Abruptamente.*)

ANNA: Está sim, senhora.

MRS. FENWAY (*caindo para trás com os olhos fechados e a mão na testa*): Ele é um menino estranho. Nunca sei o que está pensando, me olha com aqueles olhos tristes e distantes – que me lembram tanto os do pai dele. (*Ela vira-se inquieta.*) Acho que ele precisa de amigos da idade dele. Se não fosse tão caro, eu o mandaria para uma dessas escolas que dão atenção especial para cada aluno. Ele está crescendo tanto. Em setembro completa dezessete anos e ainda é uma criança.

ANNA (*depois de uma pausa*): É uma idade engraçada, Mrs. Fenway.

MRS. FENWAY (*suspirando*): É, a adolescência.

ANNA (*sentando-se perto da janela com as mãos entrelaçadas e um olhar distante*): Eles ficam tão confusos nessa idade. (*Pausa.*) Eu me lembro que tinha ideias curiosas sobre as coisas. Tudo era tão grande e importante, que eu pensava que se não conseguisse o que queria, o sol deixaria de nascer.

(*Pausa. Anna pisca os olhos e continua imóvel. Uma leve brisa balança as cortinas brancas transparentes.*)

MRS. FENWAY: Até o vento está quente esta tarde. O lago está brilhando tanto. Não sei como ele consegue ficar lá fora. Ele está nadando?

ANNA (*virando-se lentamente para a janela aberta*): Sim, senhora.

MRS. FENWAY: Ele é um sonhador, igualzinho ao pai. Eu me orgulho de ter jogado fora algumas dessas bobagens do pai dele.

(*Longa pausa com o tique-taque do relógio. Anna está sentada com as mãos entrelaçadas, com o olhar distante e turvo*).

MRS. FENWAY: O que está olhando?

ANNA: Tem uma gaivota voando no lago. Ela é branca.

MRS. FENWAY: Eu não suporto gaivotas! Elas parecem ratos gemendo. Donald ainda está nadando?

ANNA: Está, nadou pra bem longe. Só consigo ver a cabeça dele no sol.

MRS. FENWAY (*ficando aflita*): É, é só um sonhador. Igual ao seu pai antes de eu colocá-lo na linha. Eu nunca entendi gente desse tipo, Anna. São como mercúrio. Não tem como segurar. Escorregadios. Insensíveis. É inútil tentar persuadi-los a fazer as coisas como devem... Tomara que Donald não tenha nadado para muito longe.

ANNA: Ele está bem longe.

MRS. FENWAY: Ele ainda não voltou?

ANNA: Não, senhora, ele continua se afastando.

MRS. FENWAY: Ele é um ótimo nadador, apesar de ter demorado a aprender. A princípio tinha medo da água, mas de repente passou a gostar e o lago virou seu objetivo de vida. Acho isso muito esquisito, você não acha, Anna? Ele parece não ligar muito para a companhia de gente jovem. Eu realmente espero que ele não acabe como o...

(*Sua voz some e ela vira-se para o outro lado. Novamente ouve-se o tique-taque do relógio.*)

MRS. FENWAY: Pensei ter pedido para tirar esse relógio daqui. Não aguento mais esse tique-taque.

ANNA: Está na sala ao lado, Mrs. Fenway.

MRS. FENWAY: Eu deveria ter ido jogar *bridge*.

ANNA: Sim, senhora.

MRS. FENWAY: Donald já voltou para a margem?

ANNA: Não, senhora, continua se distanciando.

MRS. FENWAY: Nossa! Se distanciando ainda mais? (*Ela levanta-se desajeitada e anda arrastando os pés até a janela.*)

ANNA: Sim, senhora, se distanciando ainda mais.

MRS. FENWAY: Nossa! Você consegue vê-lo?

ANNA: Sim, senhora, aquele pontinho preto é a cabeça dele.

MRS. FENWAY: Anna! Ele nunca nadou pra tão longe antes!

ANNA: Não, senhora.

MRS. FENWAY: Onde ele está agora? Não posso vê-lo.

ANNA: Ainda está se distanciando.

MRS. FENWAY: Pra longe?

ANNA: Sim, senhora. E muito longe.

MRS. FENWAY: Por que não começa a voltar? Anna! Vá, corra até lá e fale para ele voltar. Rápido, rápido, antes que ele... (*Ela coloca a cabeça para fora da janela e grita.*) Donald!

(*Longa pausa. Anna lentamente leva a mão à garganta. Mrs. Fenway sai de perto da janela cambaleando.*)

MRS. FENWAY: A luz do sol me cega. Não consigo mais vê-lo. Está tudo preto. Não enxergo nada. Onde ele está agora? Ele está voltando? (*Pausa.*) Estou tão fraca e tonta. O que aconteceu? (*Senta-se pesadamente em uma cadeira de vime no centro da sala.*) Traga-me um copo de água e as minhas gotas. (*Pausa.*) O Donald já retornou?

(*Anna vira-se devagar da janela fazendo o sinal da cruz.*)

ANNA: Não.

(*Pausa.*)

MRS. FENWAY (*rispidamente*): Por que está me olhando assim?

(*Pausa.*)

ANNA: Não.

MRS. FENWAY (*gritando*): Responda!

(*Longa pausa.*)

ANNA: Não. Ele não voltou.

CORTINA

O Jogão

Tradução
Kadi Moreno
Augusto Cesar

****

PERSONAGENS

TONY ELSON, *20 anos, um universitário, estrela do futebol americano*
DAVE, *20 anos, internado por caridade*
WALTON, *49 anos, um paciente de meia-idade*
JOE, *um auxiliar de enfermagem do hospital*
MISS ALBERS, *uma enfermeira jovem*
DONA CERTINHA OU "CERTINHA",* *apelido de* MISS STUART, *a chefe de enfermagem*
DR. NORTH, *um jovem doutor da equipe médica do hospital*
DR. HYNES, *médico de* DAVE

* O termo original, "*Fussy*", tem duas acepções principais: pessoa irritável e temperamental, e pessoa que dedica excessiva atenção aos detalhes. Optou-se aqui por um termo compatível com a segunda acepção por ser esta mais condizente com a personagem. (N. T.)

****

CENÁRIO

Uma pequena enfermaria masculina de um hospital municipal. Três camas, pelo menos, e só duas estão ocupadas no momento em que a peça começa. As camas podem estar dispostas na ordem mais conveniente à ação da peça, não importando qual seja, mas a cama de Dave deve estar diretamente posicionada em frente da janela. A mesa de cabeceira de Tony está atulhada de presentes, cestas de frutas, caixas de bombom, livros, revistas e flores.

É manhã bem cedo de um sábado de outono. O quarto de um branco ofuscante está inundado pela luz solar.

* * *

TONY (*notando que Dave acordou*): Oi. Você dormiu demais e perdeu o café da manhã. Sabia?

DAVE (*com indiferença*): Ótimo. Fico feliz que me deixaram dormir.

TONY: Outra noite ruim?

DAVE: Péssima. É como se eu não conseguisse respirar. Dez e meia pedi uma injeção. Era quase meia-noite quando me deram.

TONY: Acho que eles não querem te dar muito daquela coisa.

DAVE (*tenso*): Eu preciso. Eles sabem disso. Por que não me dão quando eu peço?

TONY: Eles querem que você aguente firme o máximo que conseguir.

DAVE: Não, eles sabem que estou no atendimento público.

TONY: Nada disso, Dave. Você sabe que não é isso. Eles jogam limpo por aqui.

DAVE (*depois de uma pausa*): Te acordei à noite? Fiquei preocupado com isso. Tossi o tempo todo. Parece que tem um gato chiando no meu peito.

TONY: Nada tira meu sono. Mas eles têm que te dar alguma coisa para essa tosse.

DAVE: Acho que me dão tudo que podem dar. Por que tá se vestindo tão cedo?

TONY: Hoje é o dia, garoto.

DAVE: Ah, você vai embora, é?

TONY: Oh, se vou. Se o doutor der ok. O que acha dessa perna? (*Ele estende o membro parcialmente enfaixado.*)

DAVE: Ainda tá um pouco inchada. Mas parece bem melhor.

TONY: Tenho muita sorte de ainda ter essa perna.

DAVE: É.

TONY: Por um triz não perdi! Eu preferia morrer a ter que passar a vida com uma perna de pau.

DAVE: Não, não prefere não.

TONY: Você não me conhece, garoto. Eu preciso me movimentar, e me movimentar rápido. Droga! Se não me deixarem sair desse lugar hoje... O que você acha? Será que vão deixar?

DAVE: Por que está tão ansioso?

TONY: Oh, seu bobão! Hoje é sábado!

DAVE: Ah, o jogo.

TONY: O maior da temporada. Contra o Missouri.[1] Porra! Se eu não conseguir assistir a esse jogo! Já basta não estar em campo! Pensa só, vou jogar só dois jogos nesse campeonato! Você acha que isso é sorte?

DAVE: É, é uma sorte, né?

TONY: Bom, mas de qualquer jeito vou ficar sentado na arquibancada essa tarde. Pode apostar. No próximo jogo você vai estar lá comigo. Vai sentar do meu lado na arquibancada.

DAVE: É?

TONY: Com certeza. Olha só! Aí vem a Greta Garbo!

(*Entra Miss Albers, uma enfermeira alta e loira.*)

MISS ALBERS (*com severidade simulada*): O que está fazendo fora da cama, Clark Gable?

TONY: Pensei que a gente fosse fazer aquela grande cena de amor, coração.

MISS ALBERS (*enfiando o termômetro na boca dele*): Deixa eu ver seu fogo esta manhã.

---

[1] Missouri Tigers, que representa a Universidade de Missouri na National Collegiate Athletic Association (Football Bowl Subdivision) no futebol americano universitário. (N. T.)

(*Com uma careta ameaçadora Tony senta-se pesadamente na beira da cama. A enfermeira vai até Dave.*)

MISS ALBERS: Não te acordei para o café da manhã, seu malandrinho. Eu poderia ser demitida por isso se a "Certinha" soubesse.

DAVE: É. Obrigado, Gretha. Eu precisava mesmo desse sono. Só me deram uma injeção, quase meia-noite.

MISS ALBERS: Esta noite nós vamos dar uma mais cedo. (*Ela enfia um termômetro em sua boca e mede seu pulso. Ela fica séria. Vai até Tony e tira o termômetro.*) Desagradavelmente normal.

TONY: Isso quer dizer que eu posso cair fora?

MISS ALBERS: Não vou aguentar te perder, Mr. Gable!

TONY (*rastejando, caindo e agarrando-a*): É assim que se faz um bloqueio, Gretha!

MISS ALBERS: Pare com isso, maluco!

TONY: Cadê sua defesa? Cadê sua defesa?

MISS ALBERS (*rindo e dando gritinhos agudos*): Pare! Pare com isso, seu doido! (*Enquanto ele a solta.*) Já fui acusada de ter muito *sex appeal*. Dizem que isso faz mal para os garotões que sofrem do coração.

TONY (*impensadamente*): É melhor não começar a provocar o Dave quando eu sair.

MISS ALBERS: O Dave não gosta de meninas. Gosta Dave?

(*Ela tira o termômetro da boca de Dave.*)

DAVE: Não. Especialmente das loiras.

MISS ALBERS: Viu? Não tenho a menor chance com Dave. Ai, meu Deus, lá vem a Dona Certinha!

(*Ouve-se a voz da enfermeira-chefe do lado de fora da porta. Em seguida ela entra. É uma mulher de meia-idade, usa óculos e tem traços fortes. A enfermeira mais jovem fica muito séria e ocupada.*)

DONA CERTINHA (*num tom cortante*): Bom dia.

(*Ninguém responde.*)

DONA CERTINHA: No seu lugar, Mr. Elson, eu não ficaria em pé apoiado nesta perna. O senhor não imagina como chegou perto de perdê-la! Ainda não está totalmente boa. Não brinque com essas infecções. Se eu fosse seu médico lhe prescreveria outra semana inteira na cama... mas é claro que... (*ela suspira.*)... eu sou apenas uma enfermeira por aqui! (*Ela se vira para a enfermeira mais jovem.*) Vamos colocá-lo nesta aqui. (*Ela aponta para uma das duas camas desocupadas.*)

MISS ALBERS: Quem?

DONA CERTINHA (*rispidamente*): Esta manhã eu não te falei que íamos colocar aquele paciente da neurologia aqui?

MISS ALBERS: Paciente da neurologia? Não.

DONA CERTINHA: Não? Então foi um lapso. Também! Tenho que resolver tudo isso pessoalmente. (*Ela dobra as cobertas da cama vazia.*) É aquele caso neurológico do dr. Moser. Nunca vi caso neurológico não ficar em quarto particular, mas este insiste em ficar com os outros... ele não quer ficar sozinho... temperamental! Então, vamos ter que colocá-lo aqui, mas Deus sabe...

MISS ALBERS: Um paciente da neurologia, Miss Stuart?

DONA CERTINHA: Um caso cirúrgico. Muito delicado. Só o dr. Moser tentaria uma coisa dessas. Vai tentar remover o tumor do lóbulo frontal esquerdo...

(*Enquanto ela fala de costas para a porta, o novo paciente, Walton, um homem de meia-idade, entra seguido de dr. North e da equipe de médicos. Eles entram tão silenciosamente que Dona Certinha não nota de imediato. Ela está ocupada preparando minuciosamente a cama.*)

DONA CERTINHA (*ainda com a voz alta*): Não aposto um níquel nas chances dele.

(*Dr. North pigarreando rápido e incisivamente. Dona Certinha se vira num gesto assustado. Ela engasga e leva uma das mãos até a maçã do rosto... tornando ainda mais óbvio que o homem de meia-idade é o paciente novo de quem ela falava. A expressão dele mostra que entendeu a importância das palavras dela. Há um momento de silêncio tenso e angustiado.*)

DONA CERTINHA: Ah, já estou acabando... de arrumar a sua cama!

DR. NORTH (*friamente*): É. É. (*Agora cordialmente.*) É aqui, meu chapa. Esse quarto agora virou um "estádio". Aqui dentro a gente joga futebol todos os sábados à tarde.

TONY (*entrando na conversa*): Esta tarde, não! Estou caindo fora!

DR. NORTH: Está? É o que nós vamos ver.

(*Miss Albers, passando sorrateiramente atrás de Dona Certinha, pisca estrategicamente para Tony e sai de fininho do quarto.*)

DR. NORTH (*para o novo paciente*): Mr. Walton, aquele jovem ali é Tony Elson, meio de campo da primeira divisão do Washington Bears![2] Tony, este é Mr. Walton, que agora vai ficar no quarto com você.

(*Eles se apertam as mãos. O rosto de Walton está tenso. Todos os seus movimentos são exagerados. Muito rápidos. Tensos. Está querendo se mostrar corajoso.*)

WALTON: Prazer em conhecê-lo, Elson. Já vi você jogar... O que eu devo fazer? Ir para cama? (*Ele dá um riso espasmódico.*) Acho ridículo ir para cama se estou me sentindo perfeitamente bem!

DR. NORTH: Você pode se trocar atrás do biombo. Miss Stuart, é melhor fazer a ficha dele agora.

(*Um biombo branco é colocado diante do leito de Walton. Dona Certinha senta do outro lado do biombo com caderno e lápis. Faz as usuais perguntas de hospital enquanto Walton vai para a cama.*)

DR. NORTH (*examinando a perna de Tony*): Ainda está um pouco inchado em volta do joelho, hã?

---

[2] Time da Universidade de Washington, em Saint Louis, Missouri. (N. T.)

TONY: Está legal.

DR. NORTH: (*apertando levemente*): É?

TONY: Aiiiii!

DR. NORTH (*sorrindo*): Pensei que você tivesse dito que estava legal. Bom, vamos ver o que o dr. Hynes vai dizer.

TONY: Ô doutor, quebra o galho. Diz pra ele me liberar. Não posso perder o jogão desta tarde.

DONA CERTINHA (*fazendo a ficha de Walton*): Data de nascimento?

WALTON (*com voz rouca, de trás do biombo*): 3 de dezembro de 1887.

DONA CERTINHA: Pais vivos?

WALTON: Não.

DONA CERTINHA: Idade dos pais quando faleceram?

(*Há um silêncio. O jovem médico vai até o leito de Dave, que está com o rosto virado na direção oposta, de olhos fechados.*)

DR. NORTH: Por que está tão melancólico esta manhã?

DAVE: Dormi mal esta noite.

DR. NORTH (*sério*): Sinto muito ouvir isso, meu chapa. (*Ele tira o pulso de Dave.*)

WALTON: Minha mãe morreu aos 52 anos. Meu pai tinha exatamente a minha idade quando morreu.

DONA CERTINHA: Causa da morte da mãe?

WALTON (*com voz rouca*): Câncer.

DONA CERTINHA: Em qual órgão?

DR. NORTH (*largando o pulso de Dave e guardando o relógio*): Qual foi o problema ontem à noite?

DAVE: Eles não quiseram me dar a injeção até quase meia-noite. Eu fiquei tossindo. Tossindo. Eu não tusso durante o dia. Só à noite. Eu não consigo respirar direito. Fico acordado. Queria que me dessem a injeção quando eu peço.

DONA CERTINHA (*brusca*): Qual órgão, por favor?

WALTON (*com irritação*): Doutor, ela precisa me fazer todas essas perguntas imbecis? Eu estou com dor de cabeça agora!

DR. NORTH (*com suavidade*): Já basta, Miss Stuart.

(*Dona Certinha levanta-se com rispidez e sai.*)

DR. NORTH (*para Dave*): Nós aplicamos as injeções quando achamos que serão mais eficientes.

DAVE (*histérico*): Estou ficando cansado disso, doutor! Acontece noite após noite. Eu não durmo. Só fico deitado aqui olhando para o teto com aquela sensação estranha dentro de mim como se tivesse um gato chiando no meu peito!

DR. NORTH (*anotando em um bloco*): Você tem que ter paciência, garotão. Leva um tempinho, só isso. Vamos tirar outra chapa esta manhã da sua decoração de interiores. (*Ele toca a campainha para chamar a enfermeira.*)

DAVE: Radiografias? Isso não adianta nada. Eu quero alguma coisa que melhore. Alguma coisa que me faça dormir um pouco à noite.

DR. NORTH: Nós vamos arranjar um sedativo para você esta noite, Dave.

DAVE: Sedativo também não adianta. Não me faz parar de tossir à noite. Eu quero parar de tossir. Quero dormir um pouco. Não quero ficar aqui noite após noite olhando para o teto... e... e... na expectativa...

DR. NORTH: Na expectativa de quê?

DAVE: De nada. (*Ele vira-se de lado.*) Desculpe o escândalo. Não queria.

DR. NORTH: Tudo bem, garoto. Estamos todos torcendo por você, sabia?

TONY (*agora completamente vestido*): Isso mesmo, Dave. Você vai estar de pé a tempo de me ver jogar no dia de Ação de Graças contra os Blues.

DR. NORTH (*guardando seus instrumentos*): O Dave tem mais chance de assistir a esse jogo do que você de jogar nele, meio de campo.

TONY: Eu vou jogar e o Dave vai me assistir sentado na arquibancada. Que tal, Dave?

(*Pausa.*)

DAVE: Eu nunca assisti a um jogo de futebol americano. Uns moleques lá do bairro jogavam aos sábados à tarde no terreno da esquina. Parecia um jogo bacana, mas sempre acabava em pancadaria.

TONY: Você nunca jogou, garoto?

DAVE (*lentamente*): Não. Nunca aguentei jogar nada mais pesado do que futebol de botão. Quem me fez, com certeza, cometeu uns erros de fabricação. Quem quer que tenha sido... eu queria dar uma porrada no cara.

TONY (*rindo*): Esse é o velho espírito guerreiro, garoto.

(*Entra Miss Albers.*)

DR. NORTH: Traz uma cadeira aqui para o Dave. Nós vamos fazer mais um raio X, Miss Albers.

MISS ALBERS: Certo, doutor.

WALTON (*da cama*): Enfermeira, dá pra tirar esse biombo daqui agora? Estou com um pouco de privacidade demais aqui.

(*Ela encosta o biombo na parede. Walton agora veste pijamas e está sentado na cama.*)

WALTON: Que horas o dr. Moser vem?

DR. NORTH: Em torno de uma e meia.

WALTON: Ele vai me levar imediatamente, não vai? Eu quero acabar com isso logo.

DR. NORTH: Você está marcado para as duas horas, Mr. Walton. Está nervoso?

WALTON: Estou. Quanto mais cedo isso acabar, melhor.

DR. NORTH: Esta é a melhor maneira de encarar a coisa.

(*Uma residente entra com uma cadeira de rodas para a qual Dave é carregado.*)

DAVE: Vocês já têm tantos retratos das minhas tripas que dava para abrir um museu. Devem ser bonitos de se ver. Me deixa em paz, por favor. Eu consigo levantar. (*Ele se levanta cambaleando. Eles o ajudam a chegar até a cadeira. Dá um largo e debilitado sorriso.*) Ah, é como passear no calçadão de Atlantic City. É a vida, garotos!

(*Eles o conduzem para fora da enfermaria.*)

WALTON: Qual o problema desse garoto?

DR. NORTH (*balançando a cabeça enquanto faz algumas anotações finais*): Problema congênito no coração. Um estrago para um moleque dessa idade.

WALTON: Ele não tem muita chance?

DR. NORTH: É uma questão de tempo, só.

TONY: Você quer dizer que ele vai...?

DR. NORTH: Quero dizer que você não imagina a sorte que Tony tem, só precisando ficar fora de algumas partidas de futebol!

TONY (*pensativo*): Em relação a isso, eu tenho... Deus... Eu não sabia que era tão sério assim. Coitado do Dave! (*Ele fica temporariamente sério. Senta-se na beira da cama para amarrar os sapatos.*)

WALTON: Será que o garoto sabe que é tão sério assim?

DR. NORTH: Ele tem fibra. Esta é a primeira vez que o vejo perder o controle e fazer escândalo. Coisas assim... bom... o que se pode fazer? (*Ele guarda seu bloco de anotações.*) É sério demais, e pronto! (*Carinhoso.*) Até mais, companheiros.

TONY e WALTON: Até mais.

(*Pausa.*)

TONY: Em um hospital a gente vê coisas que dão o que pensar.

WALTON: É. Acho que sim... naquilo!

TONY: Eu nunca pensei nessas coisas antes. Claro que sabia que essas coisas existiam. As pessoas contraem doenças incuráveis e morrem. Mas eu nunca tinha visto... acontecer!

WALTON: É, é isso que é difícil. Ver acontecer e não ser capaz de impedir.

TONY: A gente começa a perguntar por que uma coisa dessas acontece com um moleque feito o Dave. Não dá pra entender.

WALTON: Não. Não dá pra entender... por que um monte de coisas têm que acontecer.

TONY: Não, não faz sentido. Não faz sentido, faz?

WALTON: Não, não faz. (*Pausa.*) Não faz sentido.

TONY: Não adianta pensar muito nisso. Se você pensar a respeito, vai se sentir esquisito demais... A coisa meio que te assusta, não é?

WALTON: É. Assusta pensar em coisas desse tipo.

TONY: Por que está aqui?

WALTON: Uma operação. Eles vão... (*Ele bate na testa.*)... tirar uma coisa da minha cabeça.

TONY: Ah, é. Eu ouvi.

WALTON (*com uma voz tensa*): Eu também ouvi. Eu ouvi o que ela estava falando quando eu entrei.

TONY: Ah... aquilo!

WALTON: É.

TONY: Eu não ligaria pra aquilo.

WALTON: Ela não aposta um níquel nas minhas chances! Hã! Talvez eu a surpreenda.

TONY: Ah, ela é uma velha mal-humorada... ela não aposta um níquel nem que o sol vai nascer amanhã.

WALTON (*depois de uma pausa*): Essas operações no cérebro... são delicadas.

TONY: Minha infecção também foi delicada... teve uma noite que eles pensaram que iam ter que amputar!

WALTON: Meu Deus!

TONY: É, eu fiquei com 40 graus de febre. Cara, estava delirando! Mas ainda estava consciente o bastante para dizer a eles que me deixassem morrer... antes de cortarem minha perna fora!

(*Ele sorri.*) Vai ver que a mal-humorada estava a postos com uma machadinha... pronta pra agir! Mas eu a enganei! (*Ele se levanta.*) Vou estar lá sentado na arquibancada hoje à tarde exatamente como eu disse. Pode apostar o que quiser que eu estarei lá! O técnico treinou umas jogadas ensaiadas pra hoje à tarde que vão entrar pra história do futebol americano. A gente tava no planejamento delas semana passada. Tem uma jogada final que é um chuchu. É assim, olha... O *quarterback* dá a volta... Não... Ele bloqueia... É isso... Ele bloqueia e o Joe Kramer... Porra! (*Ele estala os dedos.*) Me embrulha o estômago cada vez que penso nisso!

WALTON (*apaticamente*): O quê?

TONY: Eu sentado no banco! Imagina isso! Eu esquentando a arquibancada! (*Dá um largo sorriso.*) Acho é que tenho muita sorte. É bom demais ter um par de pernas para andar!... (*Senta-se de novo.*) Aquela jogada final... ah é... o *quarterback* pega a bola... passa para Joe Kramer... Joe devolve para Chris Lange... Você conhece ele... ele está me substituindo na linha... Chris faz uma finta... E aí Joe...

(*Neste momento, Dave volta na cadeira de rodas, empurrado por Joe, o auxiliar de enfermagem. Dave está muito pálido e parece debilitado. Ele reclina-se exausto e dá um largo sorriso enquanto é empurrado enfermaria a dentro.*)

TONY (*cordialmente*): Oi.

DAVE: Oi. Achei que a essa hora você já estivesse no jogão.

TONY: Porra, eu tinha que estar lá!

JOE: Tem uma pessoa aí no corredor pra te ver, Tony.

TONY: Doutor Hynes? Ei, doutor... doutor!

(*Ele manca para o corredor freneticamente. Escutamos as reclamações ríspidas do doutor e uma risada indulgente.*)

JOE (*ajudando Dave a ir para cama*): Vai com calma.

DAVE: Ah, pro inferno. Me dá um cigarro, Joe.

JOE (*relutando*): Não fuma até o dr. Hynes sair.

DAVE: Obrigado.

JOE: Você devia largar isso.

DAVE: Pro inferno.

JOE: Você precisa se cuidar, moleque.

DAVE: Pra quê?

WALTON: Ele está certo, rapaz. Você não deve fazer nada que atrapalhe sua melhora.

DAVE (*com severidade*): Melhora! Nada vai atrapalhar minha melhora! Fósforo, Joe. Eu vou guardar para depois do almoço.

(*Tony entra mancando violentamente com um par de muletas novas, o rosto brilha. Atrás dele vem o dr. Hynes.*)

TONY: Estou indo, estou indo, FUI.

DR. HYNES: Calma, meio de campo. Pegou tudo?

TONY: Claro!

(*Ele veste apressadamente o resto de suas roupas, dr. Hynes o ajuda.*)

DR. HYNES: Seu pai estacionou o carro na porta dos fundos. É mais perto. Você tem que andar o mínimo possível... Não tente andar sem essas muletas pelo menos por uma semana.

TONY (*com impaciência*): Tá bom, tá bom. Vamos indo! Eu vou perder o primeiro tempo inteiro! O ataque aéreo mais espetacular já visto! Que horas são, doutor? Jesus, já tão tarde? Ah... (*Ele se vira e vai até a cama de Dave, estendendo a mão carinhosamente.*) Adeus, mandachuva.

DAVE: Adeus, Tony.

TONY (*um pouco envergonhado*): Escuta, sabe todas essas coisas? As revistas, os doces, e tudo mais... pode ficar com tudo.

DAVE: Ah, não. Você ganhou essas coisas, Tony. Melhor você levar.

TONY (*com um largo sorriso*): Cala a boca! Eu não quero essas frescuras! Toma... (*Ele coloca uma cesta grande de frutas ao lado da cama de Dave.*) Pode comer tudo. Não gosto. Sério!

DAVE: Vou pegar um cacho de uvas, só. Obrigado, Tony.

DR. HYNES (*do lado de fora*): Pisa fundo, meio de campo!

TONY (*indo em direção à porta*): Tô indo! (*Para Dave.*) Vai ouvir esse jogão, não vai?

DAVE: Pode apostar. Vou ouvir com certeza.

TONY: Até mais. (*Sai.*)

DAVE (*como se estivesse falando consigo mesmo*): É. Até mais...

WALTON (*depois de uma pausa, pigarreando*): É um cara muito bacana.

DAVE: É.

WALTON: Já vi ele jogando.

DAVE: É?

WALTON: O melhor meio de campo dos Bears em anos.

DAVE: É.

WALTON: Vocês devem ter ficado bem amigos, né?

DAVE: É. (*Pausa.*) Dois meses juntos aqui dentro. Ficamos bem amigos.

WALTON: Você vai sentir falta dele, né?

DAVE: É. Eu vou sentir muita falta dele. (*Pega uma revista, dá uma olhada desanimadamente e deixa de lado.*) Ele fazia as coisas terem mais vida aqui dentro. Sempre tinha uma coisa engraçada para dizer. Um cara assim por perto pra conversar faz você se sentir menos deslocado.

WALTON: Claro. Eu sei o que quer dizer. Nós dois vamos ter que fazer um trabalho de adaptação e aquecimento entre nós! (*Os dois tentam rir, mas sem muito sucesso. Walton olha nervoso várias vezes para o seu relógio de pulso.*) Eu tenho mais ou menos meia hora!

DAVE: Antes de te operarem?

WALTON: É. Disseram que era melhor fazer isso logo.

DAVE: Eu é que gostaria de ter alguma coisa que eles pudessem operar. Alguma coisa que pudessem cortar ou remendar ou qualquer coisa... ao invés de só... só...

WALTON (*depois de uma pausa*): Cirurgia no cérebro é um negócio delicado. (*Acende um cigarro que treme em seus dedos.*) Você ouviu o que aquela enfermeira falou quando eu estava entrando... ela não aposta um níquel nas minhas chances!

DAVE (*rápido*): Ah, não liga pra ela.

WALTON (*com animação*): Não aposta um níquel nas minhas chances, hein? Vou mostrar pra ela. Já passei por cada uma! Eu estive na guerra. Fiquei na linha de frente por cinco meses. Passava no meio de fogo cruzado. Eu não sou frouxo. (*Ele ri um riso nervoso.*) Não aposta um níquel nas minhas chances! (*Seu tom de bravata se desvanece.*) Mesmo assim, eu não a culpo. Cirurgia no cérebro é um negócio delicado. (*Sua voz torna-se suave e levemente trêmula.*) Tudo pode acontecer. É isso aí. (*Ele ri de novo.*) Estava com muito medo ontem à noite. É. Só de pensar nisso. Deitado lá na cama tentando dormir. Não dormi nem um segundo. Só pensando. Talvez essa seja sua última noite, meu chapa! Essa ideia me bateu estranho. Não conseguia me acostumar. É diferente quando você está nas trincheiras. Aí, as granadas estourando ao seu lado... as coisas explodindo... grandes estrondos, *bum-bang*... pega na veia e você fica meio louco e quase esquece de ter medo!... Mas à noite... sozinho... tentando dormir... e aquela ideia na sua cabeça o tempo todo... talvez essa seja a noite, meu chapa...

não vai ter mais noites depois desta... Meu amigo! A coisa meio que te toca! Quando você é essa pessoa há 49 anos... sabe... você meio que se acostuma a ser você... e quando pensa em não ser mais você... ser nada... só morto... parece que... (*Apressadamente acende outro cigarro.*) Sabe o que eu fiz ontem à noite? Levantei da cama e abri a persiana! Eu levantei até o máximo! Levantei até abrir tudo, até o topo da janela!

DAVE (*com interesse*): Pra que você fez isso?

WALTON (*comovido, depois de uma breve pausa*): Para poder ver as estrelas!

DAVE: É? Ajudou?

WALTON: Claro! Sempre ajuda. Quando a gente está com medo a melhor coisa é olhar as estrelas lá em cima. Isso é outra coisa que aprendi na França. Lembro de uma noite saindo da trincheira depois de um bombardeio pesado... Eu fiquei paralisado de medo... Andava que nem bêbado... Mal conseguia segurar a arma... De repente vi o céu de relance... Entre as nuvens de fumaça... Eu ri em voz alta. Tinha tantas estrelas lá no alto... Eu era apenas... Dá pra entender?

DAVE: É, mas o que isso te traz de bom?

WALTON: Não sei... Te faz sentir muito pequeno e sem importância, elas são tão frias e distantes... Você olha pra elas e diz pra si mesmo, bom, que importância eu tenho? Tem milhões como eu nascendo todos os dias! Entende? Você olha pra aquelas estrelas e sabe que elas estavam lá milhares de anos antes de você chegar à terra... e estarão lá milhares de anos depois que você se for! Elas meio que... representam... a eternidade ou algo assim! E quando você pensa em uma coisa como a eternidade... uma coisa assim... (*Faz um gesto vago com ambas as mãos.*)

DAVE: É... É...

WALTON (*sorrindo*): Dá pra entender?

DAVE (*com um entendimento lento*): É. Eu sei o que você quer dizer...

(*As luzes vão diminuindo para indicar uma passagem de tempo... aproximadamente seis horas. Quando o palco se ilumina, é noite. A cama de Walton está vazia, feita e arrumada como estava antes de ele ter chegado. Dave senta-se com as costas apoiadas. Ele tenta ler, mas seus olhos ficam vagando na direção da cama de Walton e a antiga cama de Tony. Ele obviamente se sente bastante sozinho. Joe, o auxiliar de enfermagem, entra carregando uma bandeja de comida. Sua atitude é afetuosa.*)

JOE: Hora da boia, garoto.

DAVE: Não tô com fome esta noite.

JOE: Tem que comer. Ordem deles. (*Arruma a mesa hospitalar móvel e escora Dave um pouco mais para cima.*) Espinafre, moleque. É isso que precisa. Muito espinafre. Eu falei para te darem uma porção dupla!

DAVE: Meu amigo! O que é essa gororoba?

JOE: Ensopado de cordeiro.

DAVE: Eu não quero. Quando eles vão trazer o cara de volta?

JOE (*evasivo*): Quem?

DAVE: Você sabe! O Walton! O cara que tá sendo operado.

JOE (*evitando olhar para Dave*): Ah. Não se preocupe com aquele cara. Come seu jantar.

DAVE (*olhando tenso para Joe*): Ele saiu à uma e meia. Era pra ter terminado.

JOE: É. (*Pega uma revista.*) Terminou.

DAVE (*ansioso*): Bom, então por que não trazem ele de volta?

JOE (*depois de outra longa pausa*): Aquele cara... não vai voltar.

DAVE: Você quer dizer que ele...

JOE: É. Vai, come seu jantar.

DAVE (*depois de uma longa pausa*): Isso é estranho pra caramba! Ele falou que ia voltar. Ele tinha certeza disso... do jeito que falou.

JOE: Essas operações no cérebro... essas coisas são muito arriscadas.

DAVE: Ele sabia disso... mas achou que ia conseguir escapar.

JOE: Bom, acho que pensar assim não fez nenhum mal a ele. Come seu jantar, garoto.

DAVE: Não tô com fome. Me dá um cigarro, Joe.

JOE: Não.

DAVE: Vai, me dá.

JOE: É contra as ordens.

DAVE: Vai!

JOE: Não. Você não pode se dar ao luxo de fumar cigarros. Eles fazem mal!

DAVE: Seu imbecil! Me dá um cigarro! Faz o que estou mandando!

JOE: Por Deus, se você não é o carinha mais teimoso que já se viu... Toma aqui! (*Ele estende o braço e entrega o maço.*) Fica com o maço inteiro! Por mim pode fumar até morrer.

DAVE (*pegando o maço com avidez*): Obrigado!

JOE (*reclamando*): Você devia parar de fumar essa droga.

DAVE: Por quê?

JOE: Você sabe que não te faz bem.

DAVE (*dando um sorriso largo e amargurado*): Nada mais me faz bem, Joe.

JOE: Cala a boca. (*Dá um fósforo para Dave.*)

DAVE: O que fizeram com o cara depois que ele morreu?

(*Joe não gosta da pergunta. Volta-se para uma revista.*)

DAVE: Levaram para aquela sala lá embaixo no porão?

JOE: Ahãm.

DAVE: E aí vocês cortam as tripas dele e tiram para fora, hein? (*Ri fraquinho.*) O que vocês vão fazer com as minhas tripas, Joe? Vai dar pra aquele seu vira-lata comer?

JOE (*violentamente*): Cala a boca!

DAVE: Seu imbecil dos diabos! Tava brincando com você, Joe. Fala aí! Como é que terminou o jogão do Tony?

JOE (*levantando*): Os Bears ganharam. Trinta e seis a zero.

DAVE: Trinta e seis a zero! Que lavada, hein? É sempre assim... alguém ganha... alguém perde... um dos lados fica com toda a sorte! Bom... acho que isso fez o Tony se sentir bem!

JOE: Pode apostar. Ele estava louco pra ver eles ganharem aquele jogão.

DAVE: Acho que eles estão comemorando agora... Dando uma festa enorme no Greek.

JOE: No Greek?

DAVE: É, é lá que eles vão pra comemorar. Bebem cerveja. Eles têm uma salinha só pra eles no fundo... o Tony diz... e bebem muita cerveja. Ficam bêbados e fazem uma zona. Fazem todo tipo de loucura. O Tony diz que tem uma garçonete ruiva e grande que arrasta uma asa pra ele. Ela senta no colo dele às vezes... (*Ri discretamente.*) Acho que o Tony é o tipo de cara de que as mulheres gostam.

JOE: É. Os heróis do futebol...

DAVE: Não é só isso. Ele tem muita vida, Joe.

JOE: É, vai ver que tem. Não vai mais comer?

DAVE: Não. Tira a bandeja do meu colo, Joe. E fala pro cozinheiro que eu tô cansado dessa coisa ruim...

(*Ele sorri enquanto Joe retira a bandeja. Então, em voz mais baixa.*)

DAVE: Joe, acho que eu vou tomar uma injeção esta noite... minha respiração tá meio ruim.

JOE: Quer agora?

DAVE: Não. Segura um pouco. Pra eu poder dormir um tempo.

JOE: Eu mando vir por volta das dez, tá bom?

DAVE: Tá.

(*Joe faz menção de sair.*)

DAVE: Espera um minuto, Joe. Eu queria que você abrisse aquela persiana um pouco mais.

(*Joe levanta a persiana mais próxima.*)

DAVE: Não, a outra.

(*Dave aponta para a que está mais distante.*)

JOE (*fingindo irritação*): Eu juro que você tá ficando mais exigente que a faxineira velha da ala leste. Essa aqui?

DAVE: É.

(*Joe levanta a persiana uns centímetros.*)

DAVE: Levanta mais.

JOE: Mais alto?

DAVE: É. Mais alto!

JOE (*cuidadosamente*): Que tal assim?

DAVE: Mais alto, Joe!

JOE: Ah, entendi! Você quer ficar olhando a loira do andar de cima... Entendi! (*Levanta a persiana mais alguns centímetros.*) Assim tá bom?

DAVE (*impaciente*): Não, mais alto. Mais alto! Levanta até em cima, tudo... Eu quero dar uma olhada nas estrelas!

JOE (*atônito*): Nas estrelas?! Só isso?

DAVE: É. (*Pausa.*) E esquece a injeção... Não vou precisar hoje à noite!

JOE: Tem certeza que não?

DAVE: Certeza absoluta. Não vou precisar... Adeus, Joe.

JOE (*indo embora silenciosamente*): Bom... adeus.

(*Joe fecha a porta atrás de si. Depois de um momento, Dave apaga a luz de cabeceira. A ala está escura. Pode-se ouvir Dave respirar bem pesadamente. Um fósforo se acende na escuridão e ilumina sua feição tensa. Há uma excitação em seus olhos. Ele acende outro cigarro. A chama do fósforo se apaga. Dave inclina-se para frente. Suas mãos estão cerradas. Seu rosto está erguido. Está quase ofegante. Ele inclina-se ainda mais para a frente em direção à janela, fumando e olhando as estrelas.*)

CORTINA

O Quarto Rosa

Tradução
Rita Giovanna
Isabella Lemos

* *

A peça O *Quarto Rosa* foi apresentada pela primeira vez em Chicago, em 19 de janeiro de 2007, pela The Dream Engine Theatre Company. Foi dirigida por John Zajac, com cenário, figurinos e iluminação de Doug Valenta. O elenco, em ordem de aparição, foi o seguinte:

HOMEM   Rob Biesenbach
MULHER   Rebecca Prescott
JOVEM   Troy Slavens

* *

CENÁRIO

Um quarto rosa. Tudo nele é rosa e aveludado com muitos enfeites de vidro. Uma mulher bonita, loura, de trinta anos usando um négligé rosa senta-se na beira da cama enquanto um homem de meia-idade entra. Ele dá um sorriso forçado e cansado para ela.

* * *

HOMEM: Rosa, rosa, rosa.

MULHER: É.

HOMEM: Tudo está desabrochando aqui. Desabrochando e florindo e esperando um acalanto. Bem, bem...

(*Ela o encara com frieza enquanto ele tira seu sobretudo.*)

MULHER: Por que você não deixou o sobretudo no *hall*?

HOMEM: Não aguentei esperar. Vejo que recebeu o bico de papagaio.

MULHER: Ah, é. Eu recebi o bico de papagaio.

HOMEM: E a Mamãe não agradece?

MULHER: Obrigada.

HOMEM (*suspira e tira o casaco*): De nada, Mamãe.

MULHER: O que você me diz do Ano-novo?

HOMEM: O quê?

MULHER: Não tem nada pra falar sobre o Ano-novo?

HOMEM: Pensei que já tivéssemos esgotado esse assunto.

MULHER: Uma festa em casa, você disse. Uma festinha em casa para uns compradores de Chicago. Então você deve ter um sósia na cidade.

HOMEM: Como assim?

MULHER: Eu ouvi umas coisas. Bem contraditórias.

HOMEM: Ah, é?

MULHER: Minha amiga, Bess Sullivan, foi para a suíte Elephant.[1]

HOMEM: Pra onde?

MULHER: Ah, que inocência! Perfeito! O salão de festas do Hotel Jefferson, na noite do Ano-novo, enquanto você estava naquela festinha tranquila com compradores de Chicago, seu sósia estava lá! O seu irmão gêmeo desconhecido estava animando uma festa de oito ou dez casais.

HOMEM: E o que é que tem?

MULHER: Muita coisa.

HOMEM: Por quê?

MULHER: Você mentiu.

HOMEM: Não deu pra evitar.

MULHER: Ah, não deu pra evitar?

---

[1] No original, *Elephant Room*. (N. T.)

HOMEM: O que mais eu poderia fazer?

MULHER: Dizer a verdade.

HOMEM: Pra você destilar veneno aqui?

MULHER: Eu nunca destilo veneno.

HOMEM: Não, só o tempo todo!

MULHER: Isso é mentira!

HOMEM: Tudo que eu falo você diz que é mentira!

MULHER: Só quando tenho...

HOMEM: Para com essa...

MULHER: Uma prova concreta que você...

HOMEM: Mania de...

MULHER: Mentiu!

HOMEM: Ah, Helen, estou cansado.

MULHER: Você está cansado. E eu?

HOMEM: Você não trabalha desde manhã até meia-noite preenchendo alvarás de defesa, Mamãe.

MULHER: Como sabe o que eu faço? Só sirvo para uma coisa na sua vida.

HOMEM: Agora não, Mamãe.

MULHER: Você já me viu à luz do dia?

HOMEM: Você sabe que passo todo tempo que posso com a minha mãezinha...

MULHER: Vou responder à pergunta. Não! Você nunca, nunca! E ainda me acusa de...

HOMEM: Acuso de...?

MULHER: De indolência, de desperdiçar o meu tempo!

HOMEM: Quando foi que eu...?

MULHER: Agora mesmo.

HOMEM: Você está querendo brigar.

MULHER: Por que eu quero a verdade? Volte para a suíte Elephant no Hotel Jefferson! Mas não me mande mais essas plantas horrorosas dizendo que está com compradores de fora da cidade.

HOMEM: Ultimamente é só luta, luta, luta, entre a gente! Meu bem, eu não sou o campeão do mundo.

MULHER: Nem eu a desafiante.

HOMEM: Você sempre coloca as luvas toda vez que eu...

MULHER: Pare já com isso!

HOMEM: Eu chego cansado.

MULHER: É, e sem nem me ligar, à uma hora da manhã!

HOMEM: Nem sempre é possível...

MULHER: Parar na cabine telefônica? Colocar uma ficha?

HOMEM: Achei que eu poderia dar uma passada...

MULHER: Você sempre acha! Eu peço... Exijo o mesmo respeito que sua mulher!

HOMEM: O que é que respeito tem a ver com...?

MULHER: Que pergunta ridícula!

HOMEM: Ridícula mesmo, é como eu descreveria...

MULHER: Só se pergunte isso: Quem fez os sacrifícios?

HOMEM: Mal eu chego e você já vem com um assunto encerrado.

MULHER: Eu? Ou ela? Qual das duas recebeu mais e deu menos?

HOMEM: O que isso tem a ver com...?

MULHER: Bico de papagaio! (*Chuta o vaso da planta.*) É para eu ficar sentada em casa com esse bico de papagaio enquanto você...

HOMEM: Eu falei pra você aceitar aquele cheque...

MULHER: Você achou que eu ia fazer isso?

HOMEM: ... de vinte e cinco dólares e ir se divertir um pouco!

MULHER: Com quem? Com quem, posso saber?

HOMEM: Você tem...

MULHER: Amigas, imagino! Mas não, não tenho. Eu não tenho nada. Tudo... abri mão de tudo!

HOMEM: Não grite.

MULHER: Vou sussurrar.

HOMEM: Ah, meu Deus.

MULHER: Chegamos ao limite.

HOMEM: Eu vim de uma cena com a minha mulher para outra com...

MULHER: E eu tenho culpa de você ter se amarrado a uma mulher que fez da sua vida um inferno?

HOMEM: Primeiro aqui – depois lá! E vice-versa.

MULHER: Por que você não consegue...

HOMEM: Aqui! Lá! Será que não há sossego para os homens exaustos?

MULHER: Nenhum! Até que eles se decidam.

HOMEM: Qual decisão eu poderia...?

MULHER: Só essa! Que eu tenho tanto direito quanto aquela alpinista social desmiolada... da sua mulher, e eu...

HOMEM: Você não precisa ficar tão histérica...

MULHER: Ah, histérica! Você devia ter escutado aquela conversa ao telefone...

HOMEM: Isso é outra coisa...

MULHER: É! Outra coisa! Minha conversa ao telefone com a sua mulher! Ela perguntou: "Qual é o seu nome?". Eu respondi: "Não interessa". Ela disse: "Ah, você não quer falar seu nome. Eu não culpo você, mulheres do seu tipo não são ninguém aos olhos de gente decente!"". Ela foi bem direta, ela disse: "Mulheres do seu tipo não são ninguém... ninguém! Aos olhos das pessoas decentes". Era para eu ter ficado chocada, mas não fiquei. Ah, não, eu consegui achar as palavras certas.

HOMEM: Aposto...

MULHER: É, eu estava com a língua afiada. Eu disse: "Você é um capacho, uma mulher como você não serve nem pra...".

HOMEM (*aperta a cabeça com as mãos*): Ah!

MULHER: Eu acabei com ela, eu reconheço! E quando eu terminei, ela deve ter se arrependido de dizer que eu não sou ninguém. Eu perguntei: "O que você pretende fazer?". Ela respondeu: "Nada. E você?". Eu respondi: "Nada também, mas ainda tenho um pouco de orgulho, coisa que eu acho que você não tem". Aí ela perguntou: "Orgulho? Você tem mesmo? Eu não imaginava". É! Orgulho! Tem mesmo! Sarcástica! Bem... agora eu sou a histérica? Você é que devia ter ficado com a orelha quente no telefone do Walgreen! Sábado passado! Logo depois que esse lindo bico de papagaio apareceu na minha porta. *Grimm & Gorly!*[2] *Com amor! Feliz Ano-Novo!* Ah, eu aproveitei a oportunidade para usar as palavras certas. Elas vão martelar durante muito tempo na cabeça dela antes dela repetir que eu não sou *ninguém*!

HOMEM: Tudo isso é... péssimo, doentio, desagradável! A minha vida virou uma lata de lixo!

---

[2] Grimm & Gorly: uma loja em Belleville, sul dos Estados Unidos, que faz entrega de presentes românticos (flores, fragrâncias, velas, etc). (N. T.)

MULHER: Na qual você pulou quando se amarrou àquela...!

HOMEM: Não! Quando eu andei fora da linha...!

MULHER: Está falando de mim?

HOMEM: É, você, se você quer a verdade, estou falando de você!

MULHER: Sorte sua que Deus é meio surdo!

HOMEM: Eu devia me...

MULHER: Se ele pudesse te ouvir, você seria...

HOMEM: ... contentar com...

MULHER: ... atingido por...

HOMEM: ... um lar... e

MULHER: ... um raio!

(*Eles falam sozinhos, desconectados. Ela joga uma caixa de talco no chão. Ele afunda exausto na cama.*)

HOMEM: Crianças... Esse quarto rosa. Doença incurável. Pior do que bebida ou drogas, acabou com meu desejo e fez de mim um pedaço de carne... Um obsceno pedaço de carne!

(*Ele cobre a cabeça.*)

MULHER: A história se repete. Eu já sabia que isso ia acontecer. Mais uma vez você se sente só... um pedaço de carne por causa de uma mulher! Há oito anos foi ela. Agora sou eu que atormento a sua bela alma. O mundo dá voltas e tudo volta onde começou. É verdade. Você bateu na minha porta descontente.

HOMEM: Rosa... rosa... rosa...

MULHER: Ah, você se esqueceu o estado que estava naquela época!

HOMEM: Tudo rosa... rosa... rosa...

MULHER: Você estava tão mórbido, tão neurótico...

HOMEM: As paredes, o teto, o carpete...

MULHER: Você até falou em suicídio!

HOMEM: ... são rosa... rosa... rosa.

MULHER: Ah, como você sofria em casa com aquela mulher egoísta, sua...

HOMEM: Rosa!

MULHER: ... esposa!

HOMEM: Tudo rosa – a cama, os travesseiros...

MULHER: E a minha vida então? Completa! Eu estava determinada a ter sucesso? Focada! Jovem.

HOMEM: Cortinas rosa! Abajur rosa!

MULHER: Começando a fazer papéis importantes na ópera municipal! Ficar sentada em casa? Ah, não! Não atraía ninguém? Imagina! Homens solteiros! Ótimos partidos! Com mais dinheiro no bolso do que você no banco! Tudo pela janela! É! Atirado! Sem dó. Seus problemas lamentáveis! Ah, um homem de coração partido chorando à noite nos meus braços por não ter amor, conforto e paz em casa! Tão trágica a vida desse homem, uma mente brilhante sempre à beira de um colapso por falta de amor e afeto! Eu era insensível? Claro que não! Era uma menina de dezenove anos encantada pelos problemas de um homem maduro. Você precisava de amor e eu te dei, não só um caso, mas um amor profundo e verdadeiro. Eu te dei tudo naquela época e hoje eu ainda dou apesar das suas mentiras e da sua...

HOMEM: ... Rosa.

MULHER: Me deixando de lado! Se aquilo não era casamento, eu não sei o que é um casamento. E não há a menor diferença entre os cachorros e os homens!

HOMEM: Rosa, rosa, rosa!

MULHER: O que você está resmungando?

HOMEM: Rosa.

(*Pausa. O relógio toca alto.*)

MULHER: Rosa?

HOMEM: Tudo é rosa neste quarto.

(*Pausa.*)

MULHER: Foi ideia sua, meu bem. Foi você que insistiu que tudo fosse rosa nesse ninho de amor!

HOMEM: Eu não tinha ideia de quanto um homem pode ficar cansado...

MULHER: E uma mulher também...

HOMEM: ... de só ver rosa. Eu tenho quarenta anos.

MULHER: Parece.

HOMEM: Já passou a época da minha vida em que eu...

MULHER: Já, já, já. Agora você já pode entrar para o coro da Igreja Metodista.

HOMEM: Não é isso que eu quero dizer. Nós líamos à noite. Onde eu acho um livro agora? Ou uma revista interessante?

(*A mulher joga um livrinho que estava embaixo da cama.*)

MULHER: Os sonetos da Edna Millay.[3] Leia um pra mim, por favor.

HOMEM: Isso tudo já acabou. Não sobrou nada, só o rosa.

MULHER: Pegue suas coisas. Aqui está seu colete. Sua gravata de bolinhas.

HOMEM: O quê?

MULHER: Melhor você ir pra casa.

HOMEM: É. (*Veste o colete.*)

MULHER: Seus suspensórios estão soltos.

HOMEM: É.

MULHER: Seu sobretudo... toma.

HOMEM: Pra que eu estou me vestindo?

---

[3] Edna Millay (1892-1950), poetisa e dramaturga modernista norte-americana. (N. T.)

MULHER: Você vai pra casa.

HOMEM: Não. Eu disse que estaria em Chicago.

MULHER: Então vá para Chicago.

HOMEM: Não posso ir pra...

MULHER: Vá para um hotel.

HOMEM: Pra quê?

MULHER: Pra dormir. Você não vai dormir aqui.

HOMEM: Por que não?

MULHER: Aqui é rosa. Deixe a chave, por favor.

HOMEM: Huh?

MULHER: A chave da porta da frente, deixe a chave aqui. Não se preocupe, já peguei.

HOMEM: Helen! Helen!

MULHER: Não se humilhe. Com a boa-fé de um cego eu te dei a minha vida. Você foi inteligente em não abrir mão de nada! – Muito esperto! Adeus! Vá embora, vá embora – Adeus!

(*Ele vira-se e sai. Ela o segue. Bate a porta. Ela volta para o quarto. Ela chama.*)

MULHER: Arthur! Ele já foi.

(*A outra porta se abre. Um jovem vestido com pijama de seda vermelha sai e sorri com satisfação. Pausa.*)

MULHER (*soluçando um pouco*): Do que você está sorrindo? Não tem nada de engraçado. Eu já amei tanto aquele homem que eu...! – De verdade...

(*A campainha toca freneticamente.*)

MULHER: Apague a luz. Ele não vai parar de tocar...

CORTINA LENTA

A Mulher do Gordo

Tradução
Isabella Lemos

* *

A *Mulher do Gordo* foi encenada pela primeira vez no Manhattan Theatre Club de Nova York, em 11 de novembro de 2004. Foi dirigida por Michael Kahn; o cenário ficou a cargo de James Noone; os figurinos foram criados por Catherine Zuber; a iluminação foi de Traci Klainer; e a trilha original foi composta por Adam Wernick. O elenco, em ordem de aparição, foi o seguinte:

JOE CARTWRIGHT	David Rasche
VERA CARTWRIGHT	Kathleen Chalfant
DENNIS MERRIWETHER	Robert Sella

* *

CENÁRIO

Um apartamento caro em Nova York – amanhecer do dia de Ano-novo, 1938.

Quando a cortina abre, Vera e Joe estão acabando de chegar das comemorações de Ano-novo. Percebe-se imediatamente que, dos dois, Joe foi quem mais se divertiu. Ele sorri para si mesmo meio abobado e parece não controlar muito seus movimentos. Ele é um homem gordo de meia-idade, do tipo irrepreensível. Vera também beira a meia-idade, mas é conservada e mantém sua graça juvenil. Ela lembra, talvez, Lynne Fontaine.[1] Vera e Joe chegam da festa de Ano-novo.

* * *

JOE: Ótima festa!

VERA (*deixando cair a capa*): É, foi mesmo!

JOE: Parece que eu senti uma pitada de sarcasmo.

VERA: Ah, não, de jeito nenhum. Foi realmente uma festa adorável. É óbvio que você nunca se divertiu tanto na vida.

JOE: Como todo mundo, menos você.

VERA: Desculpe ter sido uma desmancha-prazeres.

JOE: É exatamente o que você foi. Passou a noite sentada com os seus dentes dentro da boca.

---

[1] Lynne Fontaine (1887-1983), uma importante atriz britânica de teatro, que viveu nos Estados Unidos por mais de quarenta anos.

VERA: E não é onde devem ficar os dentes de uma pessoa?

JOE: De vez em quando você poderia exibi-los, só para deixar as pessoas saberem que você tem alguns.

VERA: Obrigada pela sugestão. Da próxima vez eu vou pendurá-los no pescoço para deixar todos boquiabertos.

(*Joe se dirige ao bar.*)

VERA: Você não bebeu o bastante?

JOE: Nem tanto. É Ano-novo, sabe.

VERA: É, começo a desconfiar que seja. Vou para a cama. Estou com uma dor de cabeça terrível.

JOE: Sinto muito, querida.

VERA: É, eu sei que você sente.

JOE: Estou ficando com uma também. Acho que vou dar um pulo até a esquina e comprar aspirina.

VERA: Tem aspirina no armário de remédios, mas se quiser ir até a esquina... vá em frente.

JOE: É, acho que o exercício me faria bem.

VERA: Sem dúvida que faria.

JOE: Estou ficando tão gordo ultimamente.

VERA: Ultimamente?

JOE: Outra pitada de sarcasmo, hã?

VERA: Ah, não, só estava me lembrando. Você tinha um físico adorável quando nos casamos, Josie.

JOE: Eu sempre fui gordo e você sabe disso.

VERA: Foi? Bem, eu devo ter te confundido com outra pessoa.

JOE: Talvez com o jovem Merriwether.

VERA: Dennis Merriwether?

JOE: É. Você e ele parecem ter encontrado muitas coisas em comum hoje à noite.

VERA: Ah, nós encontramos!

JOE: E por falar em coisas óbvias, isso com certeza foi uma delas. O que você e ele estavam fazendo na copa dos Greenbaums todo aquele tempo?

VERA: Estávamos apenas fugindo daquele espetáculo lamentável de você e aquela sua nova Sarah Bernhardt[2] brincando de pular cela com as cadeiras da sala de jantar do Mr. Greenbaum.

JOE: Você e o Merriwether devem ter ficado lá umas duas horas juntos.

---

[2] Henriette Rosine Bernardt (1844-1923), conhecida mundialmente como Sarah Bernhardt, foi uma atriz e cortesã francesa, considerada por alguns "a atriz mais famosa da história do mundo". Bernhardt fez sua reputação nos palcos da Europa entre 1870 e 1880 e logo passou a ser solicitada nos principais palcos desse continente e dos Estados Unidos. Conquistou fama de atriz dramática em papéis sérios, ganhando o epíteto de "A Divina Sarah". (N. T.)

VERA: Ah, você percebeu? Eu esperava que você estivesse preocupado demais com Esmeralda Duncan até para sentir a minha falta, Joe.

JOE: Naturalmente, eu e a Esmeralda tínhamos muito a conversar sobre a nova peça.

VERA: Pobre Dennis Merriwether! Ele disse que nunca teria escrito a peça se soubesse que estava condenada a ser interpretada por aquela sua Esmeralda!

JOE: Por gratidão a você! O Merriwether teve muita sorte de ter uma atriz como a Esmeralda para...

VERA: O lugar dela é o teatro de revista!

JOE: Aliás, belas pernas são um trunfo em qualquer tipo de espetáculo e se...

VERA: Dennis vai pensar duas vezes antes de permitir que você profane outra peça dele!

JOE: Permitir que eu...? Dennis...? Desde quando você passou a chamá-lo de Dennis?

VERA: Desde hoje à noite!

JOE: Ah.

VERA: Não seja ridículo. Ele é apenas um menino. No mínimo dez anos mais novo que eu.

JOE: Fico feliz que tenha percebido.

VERA: Claro, ele também é muito atraente. Na verdade, é a única pessoa que conheci essa noite que encontraria de novo.

JOE: Acho que talvez você não vá ter chance de encontrá-lo de novo. Ele está partindo esta manhã para os mares do sul ou algo do gênero.

VERA: É, ele me contou.

JOE: Ele está cheio da civilização. Ele quer solidão e espaços abertos. Bom, isso ele já tem entre as orelhas! Em um mês ou dois ele estará falido e nos telegrafando para enviarmos dinheiro para ele voltar para casa. Vou aconselhá-lo a vir a nado! Eu, produzir outra peça dele? Nunca! Estou cheio dele. Eu escalei o Greenbaum para uma bela cena de quarto, o espetáculo iria estourar. Aí vêm o Merriwether com um dos seus ataques de estrelismo. Arranca os cabelos e diz que a gente está crucificando o artista que existe dentro dele ou algo assim – um idiota. Sabe o que ele fez ontem? Recusou uma oferta de 50 mil dólares que o estúdio Goldmeyer ofereceu a ele por aquele fracasso do ano passado! E mandou um telegrama para o Mr. Goldmeyer dizendo que a Broadway tinha assassinado a peça, e que ele não queria que Hollywood filmasse um cadáver.

VERA (*sorrindo*): É a cara dele.

JOE: Bem a cara dele! Imagino que você ache que ele foi muito esperto!

VERA: Não, não acho que ele tenha sido esperto. Eu acho que foi uma grande bobagem da parte dele. Mas fico feliz que tenha feito isso. É bom saber que ainda existem pessoas que o dinheiro não consegue comprar.

JOE: Hu! Ele tem tido sorte até agora. Os críticos gostam das coisas dele. Agora ele é o queridinho deles, mas daqui a algumas temporadas, quando se cansarem dele...

VERA: Ah, pare com isso, Joe! – Por favor, desabotoe meu vestido.

JOE: Vire-se, então. Fiquei de queixo caído quando aquele caipirão do Merriwether entrou no meu escritório pela primeira vez. E eu aqui esperando um tipo de pessoa extremamente polida, intelectualizada, cosmopolita – você naturalmente espera alguém assim pelo tipo de coisa que ele escreve – o primeiro ato em Viena, o segundo em Paris e o terceiro em algum lugar ao leste de Suez – e entra um caipira que parece que acabou de sair do mato![3]

VERA: Mas ele é realmente um homem viajado. Ele estava me contando de suas viagens esta noite.

JOE: É, em cargueiros de gado! Pronto, já desabotoei.

VERA: Obrigada, Josie. (*Vera entra no quarto.*)

JOE: O que eu fiz com a chave da porta?

VERA (*do quarto*): Você deixou na fechadura.

JOE: Deixei? Então por que você não me disse? Você quer que a gente seja assassinado em nossa própria cama uma noite dessas?

---

[3] No original, "*a guy who looks like he just stepped out of a back home cartoon*" parece fazer referência às tiras jornalísticas criadas pelo cartunista norte-americano Bill Mauldin, criador de *Back Home*, uma série de cartuns sobre a volta de ex-soldados ao país após a guerra. Os personagens Willie and Joe representavam dois recrutas que enfrentavam todo tipo de dificuldade. (N. T.)

(*Vera não responde.*)

JOE: Você quer isso?

VERA: Quero! Acho que isso resolveria todos os nossos problemas de uma forma bem simples.

JOE: Você não consegue pensar numa solução mais agradável?

VERA: Às vezes, eu me pergunto por que eu não te deixo, Josie. Essa seria uma solução.

JOE: Bem, então por que você não me deixa? Você vem ameaçando fazer isso nos últimos quinze ou vinte anos.

VERA: Há sempre um novo dia. E você é sempre tão bem-humorado de manhã, Josie, que fica impossível eu retomar o humor da noite anterior. Acho que se a gente tiver que se livrar um do outro, vai ter que ser de repente, de noite, sem nos despedirmos. O hábito é uma força tão avassaladora! Você já saiu, Josie?

JOE: Já estou saindo.

VERA: Você não apagou a luz.

JOE: Já ia apagar. Bem... até logo. Não vou demorar.

VERA: Não se apresse por minha causa. E não tome aspirina demais, Josie... não te faz bem.

(*Joe luta com a chave na fechadura.*)

JOE: Não se preocupe comigo, Vera, você pode vir aqui pra me ajudar a tirar essa maldita chave da fechadura? Sempre fica presa. Eu nunca soube que ela não funcionava. (*Sacode a porta freneticamente.*)

VERA (*emergindo do quarto de* négligé): Não derrube a porta. Olha, querido. É muito simples. Aqui está sua chave. (*Ela tira a chave habilmente da fechadura e a entrega a Joe que a coloca no bolso resmungando.*) Não é qualquer mulher que teria feito isso por você, Josie. Tenho certeza que Esmeralda não teria sido tão prestativa se ela estivesse no meu lugar e eu no dela!

JOE: Não? Esmeralda é muito boa gente!

VERA: Ah, é. Ela te entende, Josie.

(*Há uma música de transição enquanto Joe sai, ele desce as escadas saltitante. Vera suspira e vai até o sofá; acende um cigarro, acende o abajur rosa e afunda no sofá numa pose reflexiva. Tempo. Passos na escada... um jovem aparece na porta que Vera esqueceu de fechar.*)

DENNIS: Mrs. Cartwright.

VERA (*assustada*): Ah! Você me acordou de um sono profundo!

DENNIS: Desculpe.

VERA: Ah, não, foi sorte você ter me acordado... meu Deus! Meu cigarro poderia ter incendiado a casa! (*Levanta-se.*) Mas que pena! Josie acabou de sair! Ele saiu agora há pouco para comprar aspirina.

DENNIS (*tirando suas luvas*): É. A aspirina dele tem cabelos loiros horrorosos!

VERA (*um pouco desconcertada*): Ah, é... é, eu sei. Mas como você sabe?

DENNIS: Eu o vi marcando um encontro com ela na biblioteca dos Greenbaum enquanto você pegava seu xale. Acho que é por isso que eu vim aqui. Caso contrário não teria tido coragem.

(*Coloca as luvas sobre o chapéu que ele põe na mesa, próxima à porta.*)

VERA: Dennis! Dennis Merriwether!

DENNIS: O quê?

VERA: Espero que você não esteja dando importância demais àquele... àquele ligeiro ósculo que ocorreu por acidente esta noite na copa dos Greenbaum.

DENNIS: Por acidente?

VERA: Ora, por acidente, sim. Você não achou que foi intencional, achou?

DENNIS (*depois de uma pausa*): Não, acho que não. Se tivesse sido intencional, não teria significado tanto pra mim. As coisas que fazemos por impulso são as que mais importam.

VERA: Nem sempre, Dennis. Às vezes, a gente faz coisas por impulso que não têm a menor importância, coisas que depois a gente é obrigada a lamentar.

DENNIS: Você se arrepende?

VERA: Não. Não, claro que não. Não chegou a ser tão importante para causar arrependimento.

DENNIS: Foi importante para mim.

VERA (*pausando*): Desculpe. Você veio aqui para me falar isso?

DENNIS: Só isso, não.

VERA: Ah. Mais alguma coisa?

DENNIS: Uma porção de coisas! (*Ele vai rapidamente em direção a ela.*)

VERA (*levantando o braço para detê-lo*): Dennis! Dennis! (*Com um pouco mais de leveza.*). Não é melhor você fechar a porta da frente? Afinal de contas, estou de *négligé* e você é jovem e magro demais para ser confundido com o Josie. Estamos em 1938! O começo de um ano novinho em folha! Mas, ahhhhh! Não sou ingênua a ponto de achar que isso determine o fim da maledicência de todos os nossos vizinhos!

DENNIS: Eu achava que a única vantagem de morar num desses lugares verticais era não ter vizinhos.

VERA: É, mas veja só, há elevadores, e os elevadores têm portas transparentes.

DENNIS: Creio que nem você nem eu nos importamos muito com a opinião das pessoas que sobem e descem em elevadores.

VERA: Talvez eu não seja uma alma tão livre quanto você imagina. Mas agora a porta está fechada. Por favor, sente-se.

DENNIS: Você acha muito estranho eu ter vindo aqui?

VERA: Não, acho gentil da sua parte se despedir de mim antes de embarcar – você embarca pela manhã, não é?

DENNIS: Eu embarco em apenas três horas. Mas eu não vim aqui para me despedir.

VERA (*levemente*): Não, claro que não – apenas *au revoir*!

DENNIS: Nem mesmo *au revoir*. Eu vim dizer... oi!

VERA: Oi?

DENNIS: É. Vamos nos dizer "oi" pelo resto de nossas vidas.

VERA: Agora estou começando a entender! Você é uma daquelas pessoas notáveis que, por mais que tenha bebido como um gambá, não deixa transparecer que bebeu uma gota.

DENNIS: Pare de ficar me rechaçando... Não temos tempo para isso! Você sabe muito bem que eu estou falando sério e estou completamente sóbrio.

VERA: Você não fala como se estivesse.

DENNIS: Vera! Você tem tanto respeito assim pelas convenções?

VERA: Não, nunca tive o menor respeito pelas convenções.

DENNIS: Não achei que tivesse. Então por que é que você tem que fazer o papel da mocinha ingênua convencional, quando eu faço uma proposta absolutamente sensata de você e eu mandarmos tudo às favas e irmos para algum lugar onde possamos ser nós mesmos!

VERA: Desculpe! Acho que estou fazendo o papel da mocinha ingênua convencional... aliás, estou sem fôlego!

DENNIS: Vou abrir uma janela para você.

VERA: Por favor, abra.

DENNIS (*à janela*): Olha. A neve ainda está caindo.

VERA: É, dá pra ouvir.

DENNIS: É um belo som.

VERA: O som lembra os passos de um gato andando no veludo.

DENNIS: Escute! Os sinos estão tocando de novo!

(*Sinos tocam.*)

VERA: É, eu também estou escutando.

DENNIS (*virando em sua direção*): Eles estavam tocando da última vez.

VERA: Que última vez?

DENNIS (*aproximando-se dela rapidamente*): Da última vez que eu a beijei!

VERA: Dennis! Você também percebeu? Acho que devem ter sido as badaladas repentinas de sinos por toda cidade que fizeram nosso beijo parecer tão importante.

DENNIS: Foram apenas os sinos?

VERA: Acho que foram apenas os sinos.

DENNIS: Não, você não acha. Você é mais inteligente que isso.

VERA: Achei que você fosse.

DENNIS: Você é mesmo tão fria quanto está demonstrando? Eu imaginava que você fosse muito calorosa e gentil.

VERA (*pausando*): Eu sou.

DENNIS: É, eu sei que você é, Vera. Eu posso sentir o seu calor por toda sala. Talvez se eu chegasse mais perto, eu pudesse sentir melhor.

VERA: Não! Às vezes, a proximidade tem efeito contrário, esfria.

DENNIS: Não no nosso caso! Nunca!

VERA: Como você sabe?

DENNIS: Nós fomos feitos para ficar o mais perto possível um do outro. (*Ele vai até ela.*)

VERA: Por favor!

DENNIS: Não entendo. Eu poderia jurar que você precisava da mesma coisa que eu.

VERA: Por favor, Dennis! Vá até o bar e prepare dois *drinks* para nós. Por favor?

DENNIS: Não temos tempo. Podemos beber outra noite. Esta noite temos muito a fazer. Embarcaremos em três horas, você sabe. Menos que isso!

VERA: Ah é? Acho que já é tarde para ser notificado nas colunas sociais. Nossos amigos nem vão ter tempo para nos mandar as frutas passadas e as flores desabrochadas de sempre.

DENNIS: Não. Ninguém vai saber que nós vamos até que já tenhamos ido. Sairemos ao amanhecer. Você verá aquela luz perolada suave sobre o porto, o apito do navio e o cais ficando para trás como vultos sombrios de um sonho. De repente, você reconhecerá a dignidade imensa e impassível da Estátua da Liberdade, da qual você zombou diariamente milhares de vezes em cada ato de sua vida, como algo belo, real e verdadeiro. Você verá as torres do oeste afastando-se até perderem-se na neblina. E então você dormirá. E quando você acordar o ar estará puro e limpo. Não haverá um sinal de terra à vista. Somente a imensidão selvagem do céu azul ao seu redor e o vento no seu rosto e grandes círculos brancos de gaivotas...

VERA: Você faz tudo parecer lindo e convincente. Mesmo assim, ainda quero um gole de conhaque.

DENNIS (*indo em direção ao bar*): Se você insiste em ficar atolada aqui, tudo bem!

VERA: O que você quer dizer com atolada?

DENNIS: Você sabe que nós vamos embora juntos!

VERA: Pare de bancar o bobo, por favor.

DENNIS: Eu soube disso desde a primeira vez que te vi. Vera, eu deixei de ser solitário naquele momento. Eu percebi que nunca mais seria de novo.

VERA: Você, solitário?

DENNIS: Claro. Terrivelmente.

VERA: Mas você tem uma vida tão plena.

DENNIS: Plena de trabalho. Agora, pela primeira vez, eu posso me dar ao luxo de parar por um tempo e prestar um pouco de atenção às minhas outras necessidades e desejos. Vera, você também é sozinha. Não diga que você não está sozinha, vivendo com aquele enorme almofadão ambulante que você trata como seu... Josie!

VERA: Não!

DENNIS: Você tem estado tão solitária que seu coração se parte mil vezes ao dia. Não é? Não é, Vera? Não é? Você não está satisfeita com sua vidinha cotidiana tanto quanto eu. Você quer algo mais, assim como eu! Você está sozinha, Vera, terrivelmente sozinha.

VERA (*pegando sua bebida*): É. Tenho estado sozinha. Acho que todos nós somos mais ou menos sozinhos. Não há nada que se possa fazer.

DENNIS: Há sim! Podemos ter um ao outro.

VERA: Você é um menino. Eu sou uma mulher de meia-idade.

DENNIS: Você nunca será de meia-idade.

VERA: Este é o comentário mais gentil que um homem já fez para uma mulher, e o mais falso! Quantos anos você tem, Dennis?

DENNIS: Quase... trinta.

VERA: Eu tenho mais de... quarenta.

DENNIS: Você nunca foi tão encantadora quanto agora, Vera, e não mudará nunca.

VERA: Obrigada. Sempre me lembrarei de você com ternura por me dizer isso. Agora não é melhor você ir?

DENNIS: Assim que você estiver pronta nós iremos. Não se preocupe em levar nada. Podemos comprar um guarda-roupa novo e completo para você na nossa primeira escala.

VERA: Em qual porto?

DENNIS: Acapulco.

VERA: Que pena. Que pena. Não suporto a intensidade daquelas cores tropicais. Elas fazem minha pele parecer amarelada.

DENNIS: Não brinque, Vera. Temos menos de três horas.

VERA: Que tipo de barco é, Dennis?

DENNIS: É um navio de carga a vapor.

VERA: Parece adorável!

DENNIS: Eu sabia que você iria preferi-lo a um daqueles navios de cruzeiro luxuosos!

VERA: Ah, infinitamente, infinitamente melhor! (*Ela ri.*) Me desculpe por sonhar!

DENNIS: Isso não é sonho, Vera. Eu conheço o capitão. Já trabalhei para ele. Vou fazer com que te ensine a navegar. Você vai aprender a se guiar pelas estrelas!

VERA: Me guiar pelas estrelas? Que ideia encantadora! Mas talvez você precise dizer ao capitão do seu barco a vapor que as minhas estrelas estão localizadas numa parte diferente do céu das estrelas que ele está acostumado a seguir.

DENNIS: Não é nada disso!

VERA: Eu gostaria que não fosse. Mas os fatos são inevitáveis. (*Ela o encara.*) Agora vá e se comporte! Talvez você esteja de volta a Nova York no próximo Ano-novo e a gente se encontre na casa dos Greenbaums ou de outra pessoa, e teremos uma longa conversa sincera na copa enquanto Josie brinca de pular cela com as cadeiras da sala de jantar, ou dá em cima de alguma outra protagonista loira... e quando os sinos começarem a tocar por toda a cidade, vou deixar que você me beije de novo se quiser, aí eu e Josie voltaremos pra casa e ele sairá imediatamente para comprar aspirinas e você aparecerá aqui para me dizer adeus novamente antes de embarcar. É assim que as nossas vidas foram escritas, Dennis, e não há nada inteligente que possamos fazer em relação a isso! Então, agora vá e tenha juízo e me mande um postal de Acapulco, de preferência das crianças nativas – eu as adoro – e me conte que você está desfrutando de um clima maravilhoso e que gostaria que eu estivesse lá. Coloque um "X"[4] no canto, se quiser... Josie vai pensar que é só um rabisco!

DENNIS: Vera!

VERA: O que, Dennis?

DENNIS: Você sabe que seria maravilhoso se estivéssemos juntos.

VERA: Seria? O que faríamos?

DENNIS: Tantas coisas! Nadar e ficar muito tempo estirados ao sol. Não falaríamos muito. Não haveria essa necessidade,

---

[4] "X", em inglês, é um sigla que significa beijo.

como há aqui. Poderíamos passar muito tempo apenas... atentos um ao outro, como estávamos quando ouvimos os sinos tocarem esta noite.

VERA: Mas você não tem medo que com o brilho tropical você possa começar a ver as ruguinhas dos meus olhos, as quais você ainda não tinha notado?

DENNIS: Se eu as visse, elas só fariam você parecer ainda mais bonita e perfeita!

VERA (*rindo*): Você é um amor, mas enlouqueceu.

DENNIS: Vera, seu marido é gordo. Não só fisicamente gordo. Mas mentalmente. Ele é mentalmente gordo e... e eu ouvi, esta noite, na festa, uma mulher perguntando para outra quem era você, e a mulher riu e disse, "Ah, ela é só a mulher do gordo!". Me doeu muito pensar que alguém pudesse identificar você – você, Vera! – como simplesmente a mulher do gordo, que estava se passando por imbecil naquela festa!

VERA (*com dignidade*): Estou agradecida pela sua compaixão.

DENNIS: Ah, eu sei que você não quer compaixão. Não estou te dando isso. Você sabe que eu não estou. Você sabe o que estou te oferecendo, Vera... a oportunidade de alcançar o seu melhor!

VERA: É tarde demais para isso.

DENNIS: Estou te oferecendo um céu aberto e um mar aberto e as estrelas para guiar seu navio!

VERA: É poético demais para ser prático.

DENNIS: Não, eu não estou te oferecendo um apartamento no décimo sexto andar com tapetes persas, murais modernistas e uma adega! Não estou te oferecendo esse tipo de coisa. Estou te oferecendo a chance de sentir-se viva de verdade para variar. Você não vai aceitar?

VERA (*depois de uma longa pausa*): Obrigada, Dennis. É realmente uma oferta esplêndida.

DENNIS: Você *vai* aceitar!

VERA: Não posso.

DENNIS: Você tem que aceitar.

VERA: Você não vê? Não seria justo.

DENNIS: Você quer dizer, com Josie?

VERA: Quero dizer, com você. Seria tirar uma vantagem injusta de você. Ah, não vou negar que estou tentada. Que mulher de meia-idade conhecida como "a mulher do gordo" não ficaria tentada com a oferta de um jovem tão atraente? Mas não seria justo aceitar. Você bebeu um pouco demais. Você fez muito sucesso rápido demais. Você veio para Nova York pela primeira vez e conheceu um monte de gente estranha com hábitos estranhos. Subiu à sua cabeça. Te deixou um pouco tonto. Você mal sabe o que está fazendo ou dizendo, Dennis.

(*Ele começa a interromper.*)

VERA: Não, não, não sabe. Eu sei. Você precisa de ar fresco e tempo para refletir. Bastam alguns dias no mar e você vai olhar para trás, para isso, e parecerá... inacreditável. Você vai agradecer sua estrela-guia por ter escapado do que poderia ter sido sua prisão a uma mulher que é velha o suficiente para ser... bem, não vou dizer sua mãe, mas pelo menos a irmã mais nova de sua mãe. Você nunca se apaixonou de verdade, não é? Não, você estava ocupado demais. Pobre demais. Em suas noitadas, você conheceu mulheres aqui e ali, com quem se divertiu. Bebeu e trocou carícias. E depois esqueceu. Talvez eu seja a primeira a não ser exatamente assim. A primeira mulher que você conheceu que falava a sua língua. E era uma noite de Ano-novo, e nas noites de Ano-novo tudo é um pouco irreal. As pessoas dizem e fazem coisas que nunca sonhariam dizer ou fazer em qualquer outra época do ano. Você me achou atraente. Muito mais atraente do que realmente sou. Você pensou que me queria. E se fosse um pouco mais tola do que sou, deixaria você cometer esse erro. Mas não deixarei, Dennis... vou mandá-lo embora.

DENNIS (*tentando interromper*): Vera, escute, por favor!

VERA: Dennis, agora que você tem tempo e dinheiro, você verá que existem muitas outras mulheres. Um monte. Mulheres em quase toda parte. Em todos os lugares incríveis que você conhecerá. E a maioria delas, jovens e livres – sem maridos gordos. Então agora... adeus.

DENNIS: Eu não vou, Vera!

VERA: Você tem que ir rápido, rápido! É o Josie conversando com o menino do elevador. A aspirina deve ter acabado na farmácia! Dennis, saia pelos fundos, por favor... tem outro elevador no final do *hall*! (*Ela o empurra em direção à porta dos fundos.*)

DENNIS: Não, não, não vou sem você! (*Segura ela em seus braços.*) Você tem que ir comigo!

VERA (*beijando-o*): Adeus, Dennis. Você foi muito gentil!

DENNIS: Você vai comigo.

VERA: Depressa, Dennis!

DENNIS: Você tem que tomar sua decisão.

VERA: Já tomei. Adeus! Adeus!

DENNIS: Não! Nunca fujo pelos fundos em nenhuma situação.

VERA: Sei – a dignidade da juventude! (*Ela vai para a porta da frente.*) Bem, felizmente Josie não faz o gênero melodramático.

(*Ela abre a porta, deixando Joe, que ainda está meio bêbado e confuso, entrar. Ele esboça uma expressão de surpresa entediada ao ver Dennis. Vera mantém a pose.*)

VERA (*pegando o chapéu de Joe*): Você quase chegou tarde demais, Josie. Dennis veio se despedir de você antes de partir.

JOE (*apalermadamente*): Se despedir, hã? Ah, sim, adeus, Merriwether – *bon voyage* e tudo mais!

DENNIS (*com um sorriso amarelo*): Obrigado. (*Vira-se para Vera.*) E você, Mrs. Cartwright, me deseja *bon voyage* também?

VERA: Desejo... e com todo meu coração.

(*Ele a encara numa longa pausa.*)

DENNIS: Adeus.

(*Dennis sai. Vera fecha a porta.*)

JOE (*resmungando*): Rapaz maldito, idiota... vir aqui a uma hora dessas... para nos dizer adeus!

VERA: Achei que foi muito gentil da parte dele se incomodar.

JOE: Huh! (*Despenca no sofá com as pernas abertas.*) Meu Deus, como estou cansado!

VERA: Está? Comprou suas aspirinas?

JOE: Aspirinas? Que diabos você está falando? Ah, aspirinas! Ah, ah, é, é, claro. Não, quer dizer... Rrrr... a farmácia estava fechada. (*Ele dá um gemido profundo.*)

VERA: Ah, estava? Que pena. Sinto muito!

JOE (*bocejando*): É, eu sei.

VERA: Quer que eu o ajude a tirar seus sapatos?

JOE: Por favor, Vera. É difícil me abaixar ultimamente. (*Dá um tapa em sua barriga.*) Estou ficando terrivelmente gordo. É aflitivo estar tão gordo, Vera.

VERA (*suspirando*): É, imagino que seja. Temos que suportar isso juntos. (*Ela se levanta e vai até a janela.*)

JOE: O quê?

VERA: Nada. Eu falei alguma coisa?

JOE (*sonolento*): Pensei que tivesse.

(*Vera fecha a janela e vai para a porta do quarto.*)

VERA: Bem, se eu disse, não poderia ter sido mais irrelevante. A gente precisa se acostumar a isso, Josie.

JOE (*bocejando fortemente enquanto vai tirando seu cachecol*): Se acostumar A QUÊ?

VERA (*virando-se em direção a ele, à porta, com um sorriso não muito alegre*): A dizer coisas sem importância um ao outro para o resto de nossas vidas!

(*Ela sai para o quarto e bate a porta. Joe levanta os olhos assustado com essa veemência incomum e levanta as sobrancelhas numa momentânea perplexidade. Então boceja de novo e relaxa enquanto a luz abaixa.*)

CORTINA

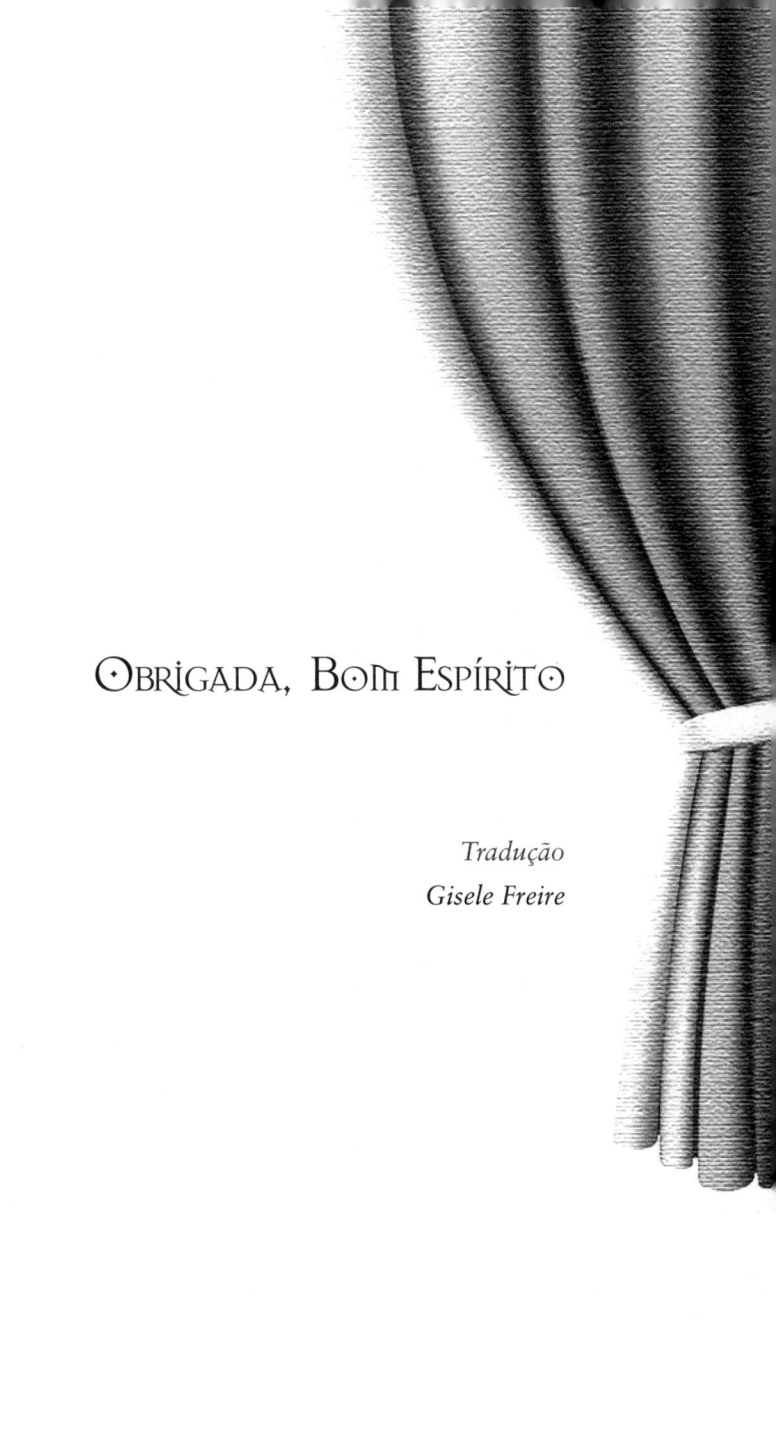

Obrigada, Bom Espírito

Tradução
Gisele Freire

✳ ✳

Obrigada, Bom Espírito foi montada pela primeira vez no Festival Literário Tennessee Williams/New Orleans em 17 de março de 2005, com direção de Perry Martin, cenário de Chad Talkington, figurinos de Trish McLain e iluminação de David Guidry. O elenco, por ordem de aparição, foi:*

MÃE DUCLOS, *uma médium*	Troi Bechet
JOVEM, *dezessete anos*	Kevin Songy
MULHER NO FUNDO	Janet Shea
PRIMEIRA MULHER JOVEM	Buffie Rogers
SEGUNDA MULHER JOVEM	Stacy-Marie McFarland
MULHER DE MEIA-IDADE	Beth LaBarbera
HOMEM JOVEM	Jesse O'Neil
MENININHA, *oito anos de idade*	Katherine Raymond
PADRE BORDELON	Andy English
MR. REGIS VICARRO	Jonathan Padgett
MRS. DUVENET	Elizabeth Perez
MRS. VENINGA	Veronica Russell
OUTROS PARTICIPANTES	Angelina Gremillion
	Jamal Dennis
	Lucas Harms
	Rhonda Raymond

* Pode haver um ou mais participantes, se desejado.

✳ ✳

CENÁRIO

Uma salinha apertada no final da rua Chartres no bairro de Vieux Carré em Nova Orleans foi transformada no centro de uma médium. Há um altar improvisado com um grande número de velas votivas em copos perolados, rosas e verdes. Uma parede está toda coberta de imagens religiosas com cores vibrantes. Vários crucifixos pequenos e imagens de santos estão pregados pelo espaço. Há maços de rosas e lírios artificiais. A sala está repleta de luz e da cor de uma rica suavidade religiosa. A médium é Mãe Duclos, uma mulher pequena, grisalha e corcunda, vestida de branco como um anjo. Sobre sua cabeça há uma pequena touca branca com babados. Ela é mulata e fala com sotaque creole[1] *num tom suave e afetivo. Está chovendo, uma garoa de outono, e o vento sibila um pouco. Em cinco bancos rústicos estão sentadas cerca de uma dúzia de pessoas cujas idades variam entre a de uma menina de oito anos e a de um velho de oitenta anos. Sentados no banco do fundo um homem e uma mulher estão rigorosamente separados dos outros. O homem é um padre, mas suas roupas estão cobertas por uma capa de chuva. A mulher está com uma expressão de fúria e fica resmungando baixinho durante a sessão.*

---

[1] A expressão *creole* não foi traduzida porque ao colocá-la no português, crioulo, verificou-se que esta não tem a mesma conotação que no inglês, já que o brasileiro em geral entende a expressão *crioulo* como raça, apesar de ela se referir à mistura linguística, assim como no inglês.
Creoleu: há diferentes tipos de crioulo em diversos contextos linguísticos pelo mundo afora. Neste texto trata-se do crioulo proveniente da mistura linguística do inglês, dos colonizadores dos Estados Unidos, com o francês, o espanhol e as línguas africanas e nativas no contexto do sul, mais especificamente no estado da Louisiana, que até 1880 era chamado de "the Creole State". (N. T.)

MÃE DUCLOS: Deve haver uma presença do mal em algum lugar. Alguém veio aqui esta noite com pensamentos malignos no coração e os pensamentos estão pesando muito nos espíritos. Vejo uma nuvem negra, como daquelas de trovoada. O que foi, espírito? Obrigada, bom espírito. O espírito me diz que devo continuar a sessão e tentar não dar atenção à maligna nuvem negra que está no ar. Vejo um barco. Filho, vejo um barco. (*Ela se dirige a um jovem de dezessete anos.*) Isso significa alguma coisa pra você?

JOVEM: Sim, sinhora.

MÃE DUCLOS: Você está pensando em viajar de barco para algum lugar?

JOVEM: Estou sim sinhora.

MÃE DUCLOS: Filho, eu gostaria que você adiasse esta viagem por enquanto. Deixe para depois. Você vai encontrar um bom trabalho aqui mesmo em *New Awleauns*,[2] basta ter esperança e fé. Não faça nenhuma travessia marítima até ouvir o chamado de Deus.

JOVEM: Obrigado, bom espírito.

MULHER NO FUNDO (*do fundo, alto o suficiente para ser ouvida*): Ela está enganando este garoto. Ela está inventando tudo.

MÃE DUCLOS: É, há uma presença do mal, os espíritos me dizem que há uma presença do mal, mas devo continuar sem dar

---

[2] New Awleauns: foi mantida a grafia exatamente como no original por se tratar do dialeto *creole*, característico da região. (N. T.)

importância. Annie. Annie. Acho que ouvi o nome Annie. Vejo alguém do outro lado do rio, alta e magra, grisalha e desgrenhada – o nome é Annie. Isso significa alguma coisa para alguém aqui? Annie? Annie?

PRIMEIRA MULHER JOVEM (*hesitando*): Tive uma avó chamada Annie, mas ela era gorda.

MÃE DUCLOS: Querida, os espíritos não mantêm seu aspecto carnal. Já vi muitas vezes espíritos se desprenderem do peso como as cobras se desprendem da pele numa cerca de arame farpado. Espíritos são delicados. Eles não têm os desejos vulgares da carne. Eles até mudam de aparência, ficam jovens e esbeltos de novo.

MULHER NO FUNDO: Escuta isso! Falando desse jeito!

MÃE DUCLOS: Uma presença do mal esta noite, uma presença do mal. O que foi, por favor? Obrigada, bom espírito, eu vou. Claro, bom espírito! Claro! Annie pede que aguente firme e tudo vai dar certo, mas tem que ter paciência. O que mais, Annie? Ah! Annie diz pra não guardar rancor dessa vizinha.

MULHER NO FUNDO (*zombeteira*): Annie, Annie!

MÃE DUCLOS: Annie diz: "paus e pedras quebram os ossos, mas nomes feios não fazem mal a ninguém!". Sinto algo me pressionando aqui. (*Toca a testa.*) Querida, você tem que parar de forçar tanto a vista.

PRIMEIRA MULHER JOVEM: É isso que me dá dor de cabeça?

MÃE DUCLOS: É isso que te dá dor de cabeça. Me procure depois da sessão, tenho uma coisa pro cê.

PRIMEIRA MULHER JOVEM (*retornando ao seu assento*): Obrigada, bom espírito.

MÃE DUCLOS: Agora acho que tem outra moça aqui com coração apertado por causa de homem.

(*A segunda mulher jovem se levanta.*)

SEGUNDA MULHER JOVEM: Mãe Duclos?

MÃE DUCLOS: O que é, irmã?

SEGUNDA MULHER JOVEM (*com voz rouca*): Fui largada pelo meu marido.

MÃE DUCLOS (*num tom triste*): Esta moça diz que foi largada pelo marido. Quando ele te largou, irmã?

SEGUNDA MULHER JOVEM: Mais ou menos três semanas atrás.

MÃE DUCLOS: Há umas três semanas atrás. (*Especulando.*) Tem mais alguém se manifestando...

SEGUNDA MULHER JOVEM: Uma mulher?

MÃE DUCLOS: É, é uma figura feminina, meio corpulenta.

SEGUNDA MULHER JOVEM: De cabelos loiros? Oxigenados? De óculos?

MÃE DUCLOS: É, é, é! Obrigada, bom espírito!

SEGUNDA MULHER JOVEM: É ela!

MÃE DUCLOS: Cheia das artimanhas, usando todo tipo de fingimento!

SEGUNDA MULHER JOVEM (*com agitação*): É ela, é essa a mulher!

MÃE DUCLOS: Posa de boazinha, mas vive na vergonha e corrupção!

MULHER NO FUNDO: Tá descrevendo ela mesma! Tá dando uma descrição exata dela mesma!

MÃE DUCLOS: Os espíritos estão perturbados por causa desse tumulto no banco de trás. Seu marido vai voltar pra você, irmã. Faça suas rezas, continue com suas rezas e faça um sacrificiozinho em dinheiro.

MULHER NO FUNDO (*alto*): Não dê nem um centavo a ela, nem um centavo por falar todas essas mentiras!

MÃE DUCLOS: Um espírito atrás de mim está cochichando no meu ouvido que eu devo continuar e não dar atenção a essa confusão. Seu marido vai voltar pra casa bêbado, no Natal. Talvez um pouco antes do Natal, talvez um pouquinho depois, mas perto do Natal.

SEGUNDA MULHER JOVEM: Foi assim que ele foi embora, ele estava bêbado!

MÃE DUCLOS: E é assim que ele vai voltar pra casa! Vai chegar tropicando, fedendo a bebida, sem um centavo no bolso!

SEGUNDA MULHER JOVEM: Não vai me escrever uma carta avisando que vai chegar?

MÃE DUCLOS: Não, ele não vai escrever nenhuma carta, não espere nenhuma carta, ele vai chegar em casa tropicando.

SEGUNDA MULHER JOVEM *(rindo e chorando)*: Era assim que ele sempre voltava pra mim!

MÃE DUCLOS: Não pergunte nada pra ele, nem diga o nome dele, tire os sapatos e as roupas sujas dele e deixe ele na cama resmungando, roncando e falando dormindo até amanhecer. Lave as roupas dele, pendure do lado de fora pra secar. Quando ele levantar vai estar sóbrio!

SEGUNDA MULHER JOVEM (*extasiada*): Obrigada, obrigada, bom espírito!

MÃE DUCLOS: Tão doce, revigorado e sóbrio como quando casou. Tudo que você tem que fazer é continuar rezando e fazer um sacrificiozinho em dinheiro...

MULHER NO FUNDO: Isso!... dinheiro!

MÃE DUCLOS: Um dólar, cinquenta centavos, qualquer coisa que você possa dar para convencer os espíritos!

MULHER NO FUNDO: Nunca se esquece de falar do dinheiro, né?

MÃE DUCLOS: Uma terrível presença do mal no banco de trás parece estar perturbando os espíritos. (*Para uma mulher de meia-idade.*) Irmã, quer perguntar alguma coisa?

MULHER DE MEIA-IDADE (*levantando-se*): Sinto uma fraqueza, um torpor nas pernas e nas costas, que sobe pelos ombros até o pescoço. Isso vai passar aos poucos?

MÃE DUCLOS: Vai passar, mas vai levar um tempo pra passar.

MULHER DE MEIA-IDADE: Bom, mas eu devo continuar rezando ou devo ir ao médico? Olha, é assim, não ganho muito dinheiro e...

MÃE DUCLOS (*trazendo uma garrafa de Coca-Cola cheia de água*): Beba esta água maravilhosa da fonte de Nossa Senhora de Lourdes...

(*A mulher no fundo ri bruscamente.*)

MÃE DUCLOS: Beba isso com fé, borrife por todo corpo, esfregue na pele! A garrafa só custa vinte e cinco centavos. O que você tem mocinha é coisa de mulher. Isso é o que os espíritos me dizem...

MULHER DE MEIA-IDADE: Obrigada, bom espírito. (*Ela senta. Pausa.*)

MÃE DUCLOS: Agora estou vendo uma folha de papel grande e branca. Parece um requerimento em branco. Alguém aqui preencheu um requerimento?

HOMEM JOVEM (*pulando de ansiedade*): Eu, Mãe!

MÃE DUCLOS: Obrigada, obrigada, bom espírito. Me parece que falta uma assinatura.

HOMEM JOVEM: É isso mesmo, Mãe!

MÃE DUCLOS: Filho, esse documento já está praticamente assinado! Agora estou sentindo que há outra pessoa aflita. Esta me parece uma pessoa *pequena*. O que foi, espírito? Uma menininha aflita?

(*Num canto uma menininha se levanta.*)

MENININHA (*sem fôlego*): Talvez isso seja... pra mim?

MÃE DUCLOS: Sim, querida, Deus te abençoe! Saia logo deste canto, deixem esta menininha passar, venha aqui na frente onde os espíritos possam tocar você! Agora mostre pra Mãe onde está doendo, Deus te abençoe!

(*A criança estica os braços e sussurra alguma coisa.*)

MÃE DUCLOS: Hahhhh! É? Que *pena*! As juntas dos braços desta criança estão inchadas porque tem um problema sério no osso. O osso está podre e não vai sarar. Ela me disse que os médicos operaram, mas o problema voltou. Eles dão um nome longo e complicado pra isso, dizem que não tem cura. É o que os médicos acham. Os espíritos sabem mais. Eles me dizem que a criança vai melhorar e que o problema no osso vai embora e que os membros vão endireitar de novo. Não com operações, mas com fé.

MENININHA (*com uma alegria histérica*): Obrigada, obrigada, bom espírito!

MÃE DUCLOS: Quero que você vá ao cemitério de *São Roque*[3] no sábado à tarde. Quero que vá sozinha e leve seu rosário. Quero que percorra todas as estações da Via Sacra e faça suas orações e reze seu rosário. Quando chegar à terceira

---

[3] Saint Roch's Cemetery (Cemitério de São Roque) é um cemitério histórico de Nova Orleans construído em 1868 e famoso pelas devoções de cura e pelos ex-votos expostos na capela. (N. T.)

estação você vai sentir um vento gelado, tão gelado como o vento de um dia de inverno, e os membros tortos vão se endireitar de novo! Glória ao Senhor, o Senhor seja louvado! Sim, obrigada, obrigada, bom espírito!

MENININHA: Obrigada, obrigada, bom espírito!

MULHER NO FUNDO (*levanta-se de repente*): Para! Para já com isso.

(*As pessoas que estão nos bancos se viram para ela. Mãe Duclos desce do altar e caminha lentamente e com dignidade.*)

MÃE DUCLOS: Uma presença do mal está se manifestando! Pra que você veio até aqui, irmã?

MULHER NO FUNDO: Vim aqui pra te desmascarar, preta velha, vodu!

(*Mãe Duclos fica visivelmente tensa e oscila.*)

MULHER NO FUNDO: É, preta, preta! Você diz que é *creole*, né? É só mais uma das mentiras dela! Olha esse pixaim e esse beição de negona! É só uma preta e velha, vodu, fingindo receber espíritos e em nome de Jesus! Você não vê espírito nenhum, não ouve espírito nenhum. Tudo isso é enganação pra cima destes pobres coitados. Não é nem imaginação, é pura fajutagem!

MÃE DUCLOS (*tremendo*): Me ajude, bom espírito, contra esta mulher do mal.

MULHER NO FUNDO: Nem vou falar das mentiras que jogou pro meu lado. Disse que uma prima querida ia ficar boa de uma doença grave. Morreu na outra semana de câncer no intestino! Falou pra outra grande amiga que via um advogado de meia-idade e um montão de dinheiro pra dividir. Coitada da infeliz, o marido morreu e não deixou dinheiro nem pro caixão!

(*O povo murmura e se agita. Uma mulher levanta-se e sai.*)

MÃE DUCLOS: Perdoe esta mulher, bom espírito, tenha misericórdia de sua alma! (*Ela retrocede alguns degraus em direção ao altar.*)

MULHER NO FUNDO: É melhor parar de resmungar, agora tenho provas contra você! Este é o padre Bordelon da Paróquia de Santa Tereza. Ele vai me dar apoio em tudo o que eu falar. Ele sabe que ela é uma fraude, fajuta e mentirosa! Esta água que ela diz que é da fonte de Nossa Senhora de Lourdes... os vizinhos veem quando ela enche as garrafas bem ali na pia da cozinha! Diretamente da torneira daquela cozinha velha e imunda!

(*O burburinho cresce. Vários do grupo levantam e encaram, indignados, a médium.*)

MULHER NO FUNDO: Eu não ia ter coragem de pôr minha boca nesta água "milagrosa"! O que ela faz com o dinheiro que pega de vocês? Ela gasta com *bebida*! *Juro*! Ela gasta com aquele vinho tinto dos *carcamanos*![4] O seu Regis Vicarro

---

[4] O termo original é *dago*, forma bastante pejorativa que designa pessoas de ascendência mediterrânea ou hispânica. Optou-se por *carcamano*: s.m. Bras. Alcunha pejorativa dada aos italianos. A escolha por *carcamanos* teve o objetivo de se

ali na porta é minha testemunha! Ele diz que todo fim de semana ela vai na loja dele comprar um garrafão de vinho tinto dos *carcamanos*! Ela diz que é pra fins religiosos! Posso imaginar que fins religiosos são esses! E às vezes ela ainda volta no meio da semana pra comprar mais! Chega bêbada e com bafo de bebida pra comprar mais! Promete, promete, promete! Nunca paga! Queria que vocês dessem uma olhada nos fundos da casa dela. Vão lá no fundo pra ver! Que sujeira! Ela vive num chiqueiro feito um porco e aparece aqui na frente toda vestida de branco como um anjo! Teve três filhos e estão todos soltos na vida. Dois filhos na cadeia e a filha se virando na rua! Que tipo de espírito ia se meter com uma criatura dessas? Como ela tem coragem de dizer que seus entes queridos vinham aqui *falar* com ela? Sei, eles não iam nem *cuspir* nela de tão baixa que ela é. Preta, velha, vagabunda, vodu!

(*Duas mulheres vão em direção à porta.*)

MULHER NO FUNDO: Não! Esperem! Não vão! Tenho um trabalho pras senhoras! O padre Bordelon quer que vocês tirem todas essas fotos e imagens sagradas que ela pendurou. Arranquem da parede e levem embora! Isso não pertence a este lugar, é uma blasfêmia ela ter esse tipo de coisa aqui! Dona Duvenet, leva essa Virgem com a senhora! Dona Veninga, leva aquela da Santa Inês! Apaguem todas estas velas santas, apaguem todas as velas!

---

aproximar ao máximo do termo pejorativo usado no original, mesmo excluindo uma parte do grupo que o termo em inglês propõe. (N. T.)

(*O burburinho cresce. O jovem ri e assopra as velas.*)

MULHER NO FUNDO: Isso mesmo, não deixem nenhuma dessas velas santas acesas, apaguem todas, todas! Deixem a velha bruxa no escuro que é o lugar dela! Falsa! Mentirosa! Demônio!

(*O grupo aglomera-se com violência, começa a tirar os artigos religiosos da sala. Atordoada e sem fala, Mãe Duclos encolhe-se de encontro ao altar.*)

MULHER NO FUNDO (*avançando contra ela*): Saia do caminho! Vou pegar esta imagem!

MÃE DUCLOS: Deixe o meu Jesus!

MULHER NO FUNDO: Você não é digna de olhar pra ele.

MÃE DUCLOS: Deixe o meu amado Jesus! Por favor, por favor, por favor, bom espírito!

(*A mulher agarra seu pulso e a empurra bruscamente. Arrebata o Cristo grande de gesso e o entrega ao padre, que o leva para fora. Agora as paredes estão despidas das imagens coloridas, as velas estão todas apagadas, a sala está quase no escuro. As portas fechadas foram abertas e as pessoas enfurecidas foram embora. Mãe Duclos foi deixada sozinha em sua capela saqueada. Ainda resta uma vela solitária numa calha – ela vai em direção a ela, resmungando e retorcendo as mãos. As portas, antes fechadas, batem abrindo e fechando com o vento e uma rajada de chuva passa por suas frestas. As vozes furiosas silenciam – ouve-se ao fundo um vendedor de tamales⁵ apregoando. De um canto da sala, na sombra, a menina com os braços tortos se arrasta desajeitada entre os bancos e cadeiras reviradas, e toca o ombro da velha.)*

MENININHA: Mãe, Mãe Duclos!

(A velha olha para ela como se não a visse.)

MENININHA: Eu acredito em espíritos! Ainda acredito em espíritos!

(Soluçando, mas sorrindo com doçura, a velha abraça a menina com as mangas do seu manto, que se parecem com asas.)

MÃE DUCLOS: Obrigada! Obrigada, bom espírito!

CORTINA LENTA

---

[5] Tamales: Similares à pamonha, feitos com os mesmos ingredientes, mas não são exatamente a mesma coisa e pertencem a culturas distintas. Como a tradução está sendo caracterizada na região de Nova Orleans, foi mantido o original "tamales". (N. T.)

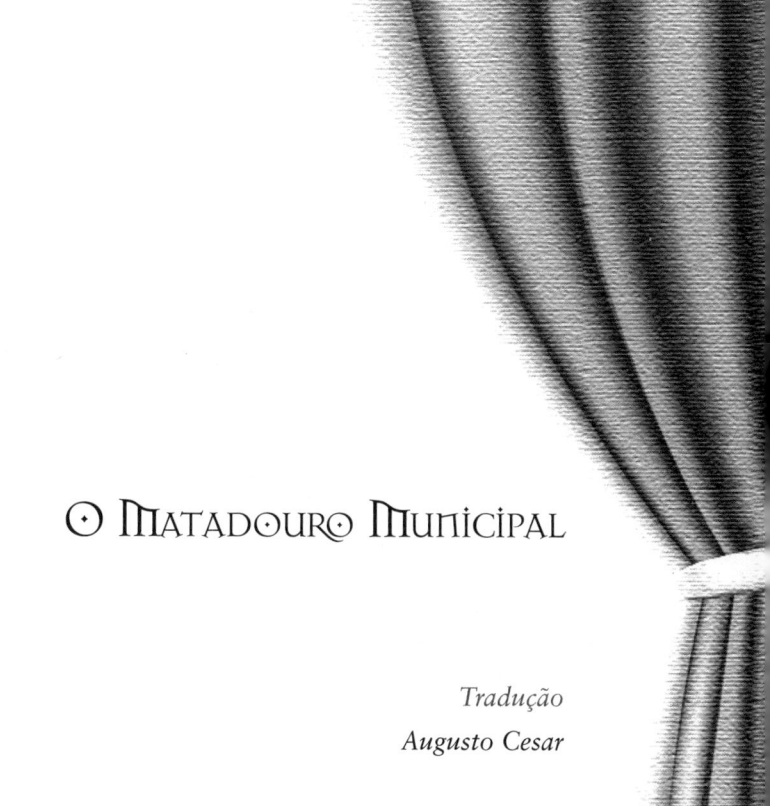

O Matadouro Municipal

Tradução
Augusto Cesar

* *

O Matadouro Municipal foi apresentado pela primeira vez pelo Shakespeare Theatre, em 22 de abril de 2004, no Kennedy Center, em Washington D. C. A peça foi dirigida por Michael Kahn, teve cenário de Andrew Jackness, figurinos de Catherine Zuber, iluminação de Howell Binkley, sonografia de Martin Desjardins e trilha sonora original de Adam Wernick. O elenco, em ordem de aparição, foi o seguinte:

RAPAZ   Cameron Folmar
MOÇA   Carrie Specksgoor
FUNCIONÁRIO PÚBLICO   Thomas Jay Ryan

* *

CENÁRIO

Calçada de uma rua. A rua em si não aparece. Atrás da calçada há um muro de concreto cinza no qual alguns cartazes de um ditador militar estão colados tendo na parte inferior a palavra "Viva". Entardecer de verão. Um rapaz e uma moça, estudantes universitários, caminham pela calçada. A moça chora e o rapaz carrega uma bandeira enrolada. Ao longe, o som de música de banda em uma parada militar é ouvido até o final da peça.

* * *

MOÇA (*enquanto o rapaz para*): É aqui?

RAPAZ: É. Vai embora agora. Você está chamando a atenção sobre nós.

MOÇA: Não dá pra você ficar atrás do muro?

RAPAZ: Claro que não. Tenho que atravessar a rua correndo para não errar. (*Ele dá um beijo forte e rápido nela.*) Agora vai.

MOÇA: Não precisava ser você!

RAPAZ: Para com isso!

MOÇA: Poderia ser uma pessoa mais velha, alguém doente ou feio!

RAPAZ (*tirando o relógio de pulso e o anel*): Toma. Agora vai. Tem um homem olhando pra gente. Atravessa pelo parque, na próxima esquina. Vai!

(*Ele chuta os pés dela, ela corre, soluçando. Depois de alguns segundos um funcionário público de meia-idade aparece na calçada e para perto do estudante.*)

FUNCIONÁRIO: Por favor, rapaz.

RAPAZ: Que é?

FUNCIONÁRIO: Você poderia, faria a gentileza de me dizer onde fica o Matadouro Municipal?

RAPAZ: O senhor disse o...?

FUNCIONÁRIO: O Matadouro Municipal. Acho que perdi o papel em que tinha anotado o endereço e já estou atrasado.

RAPAZ: Trabalha no Matadouro?

FUNCIONÁRIO: Ah, não, não. Quer dizer, até ontem eu era funcionário do Departamento do Tesouro Nacional, mas fui dispensado e hoje fui condenado.

RAPAZ: Condenado por quê? O senhor sabe?

FUNCIONÁRIO: Há várias possibilidades. Fiz uma besteira semana passada. Estava passando por uma tabacaria e na vitrine da loja havia uma engenhoca de arame, um, um, uma esteira de corrida, uma gaiola giratória de arame. Tinha um bichinho lá dentro, um esquilo, uma coisa assim, ou um hamster, algo assim, e ele ficava correndo, correndo, correndo na gaiola, na esteira, e parecia... assustado, pra mim parecia que estava em pânico. Então eu, muito imbecil, entrei na loja e falei com o dono sobre o bichinho na gaiola giratória de arame. Perguntei se a criatura saía da esteira de vez em quando ou se tinha que ficar correndo o tempo todo e o homem da loja, o dono da loja, ficou furioso com as minhas perguntas. Ele me agarrou pelo casaco, arrancou minha carteira do bolso, anotou meu nome, endereço e local de trabalho e disse que ia me denunciar por interferir no que não era da minha conta. Acho que ele deve ter me denunciado já que me mandaram ir pro Matadouro Municipal. Mas posso ter sido enviado por outro motivo também. Quando minha filha foi recrutada para o Bordel Municipal, eu, eu escrevi uma apelação ao...

RAPAZ: O senhor recebeu uma notificação por escrito?

FUNCIONÁRIO: Não, só um telefonema.

RAPAZ: Pode ter sido só uma piada de mau gosto que fizeram com você. Acho que deve ter sido isso ou eles teriam ido até sua casa pra te prender e te levar ao Matadouro em um caminhão.

FUNCIONÁRIO: Agora nem sempre eles fazem assim. Às vezes, você é instruído a estar no Matadouro em determinada hora e você... vai pra lá. Me disseram que eles dificultam pro seu lado se você se atrasa. Eles não têm pressa pra acabar o serviço.

RAPAZ: O senhor tem um níquel aí no bolso?

FUNCIONÁRIO: Não, deixei todo meu dinheiro com minha mulher.

RAPAZ: Pega esse níquel. Tem um ponto de bonde na próxima esquina. O senhor pega o bonde e vai o mais longe que puder em qualquer direção. Depois salta e anda, anda e não para de andar.

FUNCIONÁRIO: Com certeza este não é o caminho do Matadouro Municipal. Quer dizer, o Matadouro não pode ser nas duas direções.

RAPAZ: O senhor alguma vez já caçou? Com uma arma?

FUNCIONÁRIO: Já, quando faltou carne, meu filho e eu caçamos coelho.

RAPAZ: Então o senhor sabe usar uma arma, não sabe?

FUNCIONÁRIO: Sei, meu filho me ensinou.

RAPAZ: Consegue mirar bem? De perto?

FUNCIONÁRIO: Consigo, mas...

RAPAZ: Aconselho o senhor a se recompor, a se dar o devido respeito, pegar o níquel que lhe dei e ir o mais longe possível do Matadouro Municipal... desapareça.

FUNCIONÁRIO: Você é jovem e pensa assim porque não é funcionário público há tanto tempo que já perdeu a conta. Já eu, quando um superior me manda fazer algo, faço sem questionar.

RAPAZ: Seu corpo picado, moído e enlatado para ser vendido e comido por qualquer Fulano, Sicrano ou Beltrano e suas mulheres, filhos e cachorros.

FUNCIONÁRIO: Não vê como estou apavorado com isso? Eu poderia ter tentado protestar, apelar, mas olha, na sua idade, eu era um... pacifista! Mas, não, agora não vejo como evitar, como escolher outra coisa, já que não tenho mesmo escolha e, enfim, estou desempregado e não me querem em casa.

RAPAZ: Tem família?

FUNCIONÁRIO: Tenho, esposa e...

RAPAZ: O que sua mulher acha da sua ida ao Matadouro Municipal?

FUNCIONÁRIO: Ah, ela acha, assim como eu, que não tenho escolha.

RAPAZ: Uma escolha é algo que o senhor tem que inventar para si, portanto, vá até o próximo semáforo, espere o bonde, entre e fique nele até onde ele for. Eu dei este conselho de graça mais a passagem do bonde e não tenho mais nada pra dar ou fazer pelo senhor.

FUNCIONÁRIO: É, eu sei, obrigado, mas poderia me dizer onde fica o Matadouro?

RAPAZ: Sim, poderia, mas não vou dizer.

FUNCIONÁRIO: Você é a única pessoa que conheço, se é que posso dizer que o conheço, que acha que não devo ir lá.

RAPAZ: Que diabo, vai lá, vai, se perdeu a capacidade de decidir por si próprio. Mas eu digo uma coisa. Está ouvindo a parada se aproximando?

(*Ouve-se a banda.*)

RAPAZ: Vai passar exatamente aqui e vou interrompê-la com este instrumentozinho de interrupção. Sente isso no meu bolso. (*Ele pega a mão do Funcionário e coloca no seu bolso.*)

FUNCIONÁRIO: Isso é...?

RAPAZ: Isso mesmo, um revólver com seis balas.

FUNCIONÁRIO: Não, não, joga isso por cima do muro. Vão atirar em você se eles...!

RAPAZ: Que homenzinho mais medroso! E ainda me perguntou o caminho do Matadouro Municipal.

FUNCIONÁRIO: Faço o que me mandam, vou aonde me mandam. Nunca questiono as instruções.

RAPAZ: Muito bem. Vou te dar minhas instruções. Sou seu comandante agora. O senhor é meu escravo.

FUNCIONÁRIO: Como é que virei seu escravo?

RAPAZ: Por nomeação, exatamente agora. Olhe nos meus olhos, bem nos olhos e pense na sua filha no Bordel Municipal, usada por homens doentes, sujos. Ela iria cobrir o rosto se a visse de novo porque a pele dela estaria coberta de...

FUNCIONÁRIO: Não, não, não!

RAPAZ: Faça o que estou mandando! Pegue esta maldita bandeira em uma mão, este revólver na outra e esconda com a bandeira este revólver carregado de munição. Entendeu?

FUNCIONÁRIO: Entendi, mas...

RAPAZ: O senhor vai fazer exatamente o que eu digo. O senhor é meu escravo e eu seu comandante. Então, agora. Daqui a pouco a parada vai passar bem aqui. O carro do general é o primeiro atrás das motocicletas. Entendeu?

FUNCIONÁRIO: Sim, mas...

RAPAZ: Diga apenas sim. Sem mas.

FUNCIONÁRIO: Sim.

RAPAZ: Ótimo. Quando a primeira limusine estiver quase passando por aqui, o senhor grita "Viva, Viva!", agita a bandeira e ao mesmo tempo corre pela rua. E antes deles o pararem, o senhor dispara este revólver, carregado de munição, direto na cara e no peito do general, depressa, bem depressa, o mais rápido que puder. Certo, escravo? Entendido?

FUNCIONÁRIO: Certo.

RAPAZ: Vai ser mais rápido e mais fácil para o senhor do que ir ao compromisso no Matadouro Municipal e seu nome e sua foto estarão na primeira página dos jornais do mundo todo. Entendeu?

FUNCIONÁRIO: Entendi.

RAPAZ: Certo, agora o senhor fica que eu vou embora. Lembre-se que meus olhos e os olhos do mundo inteiro estão voltados para o senhor. Por acaso pediu informação a um desconhecido em uma rua e sua vida sem sentido alcança a glória e sua morte vira a morte de um herói. Adeus. Me dá um abraço. (*Ele puxa o homem para seus braços com força e depois o afasta.*) Caro escravo, santo imortal, mártir e herói!

(*Ele pula o muro na parte de trás da calçada. A parada entra fazendo barulho.*)

FUNCIONÁRIO (*agitando a bandeira*): Viva, Viva, Viva, Viva, Viva, Viva, Viva!

(*O barulho da parada cessa.*)

FUNCIONÁRIO (*para a plateia*): Será que alguém teria a gentileza de me dizer onde fica o Matadouro Municipal? Não quero me atrasar. Eles dificultam pro seu lado se você se atrasa... Ah, vou anotar. Obrigado!

(*Ele retira um bloco de um bolso e anota o endereço enquanto a luz cai.*)

CORTINA

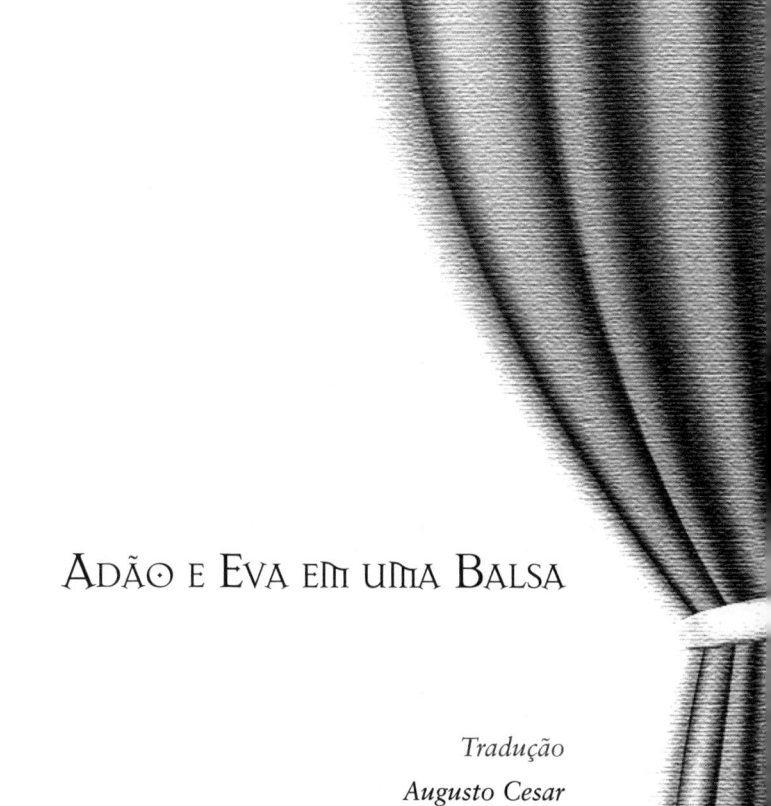

Adão e Eva em uma Balsa

Tradução
Augusto Cesar

* *

Adão e Eva em uma Balsa foi encenada pela primeira vez no Manhattan Theatre Club de Nova York, em 11 de novembro de 2004. Foi dirigida por Michael Kahn; o cenário ficou a cargo de James Noone; os figurinos foram criados por Catherine Zuber; a iluminação foi de Traci Klainer; com sonoplastia de Scott Killian; a trilha original foi composta por Adam Wernick. O elenco, em ordem de aparição, foi o seguinte:

D. H. LAWRENCE[1]   David Rasche

[1] David Herbert Lawrence (1885-1930), escritor britânico famoso por ter abordado em suas obras os impactos produzidos pelas pulsões da sexualidade no plano das relações socialmente instituídas. Alguns de seus romances mais famosos são *Women in Love*, *Sons and Lovers* e *Lady Chatterley's Lover*, que causou grande escândalo. A atração de Tennessee Williams pela obra e vida de Lawrence o levou a fazer inúmeras remissões ao trabalho e à biografia do romancista além da registrada em *Adão e Eva em uma Balsa*. O crítico Donald Spoto identifica a presença de traços das obras de Lawrence em inúmeras peças de Tennessee Williams, entre as quais *Battle of Angels* (1940) e suas sucessivas reelaborações, *I Rise in Flame, Cried the Phoenix* (1941), *The Purification* (1941), *You Touched Me!* (1942) e, finalmente, na etapa final da carreira de Tennessee, *Kingdom of Earth* (1968). Para Leverich, outro crítico que discutiu os elementos de aproximação entre a dramaturgia de Tennessee Williams e a obra literária de D. H. Lawrence, a absorção de características do trabalho deste, na fase inicial da carreira do dramaturgo nos anos de 1930, foi fundamental para a transformação do indivíduo Thomas Lanier Williams no autor Tennessee Williams. Dentre as peças longas, outros críticos identificam elementos associados ao trabalho de Lawrence em *A Streetcar Named Desire* e *Descida de Orfeu*. O foco de atenção que incide sobre a sexualidade, em muitas das peças de Tennessee Williams, sugere, efetivamente, que o interesse do dramaturgo pela obra de Lawrence teve desdobramentos importantes em muitas de suas peças e em diferentes etapas de sua carreira como dramaturgo e contista. [Fonte: *Tennessee Williams: A Guide to Research and Performance*. Ed. Philip C. Kolin. Greenwood Press, Westport, CT, 1998, p. 102.] O interesse de

| FRIEDA LAWRENCE[2] | Kathleen Chalfant |
| ARIADNE PEABODY, *visitante* | Penny Fuller |

* *

Tennessee Williams pela obra literária de D. H. Lawrence é registrado também no livro de memórias de Edwina Williams, mãe do dramaturgo, intitulado *Remember me to Tom*: "Tom também gostava de ler, pois quando não estava estudando, passava horas intermináveis na biblioteca. Ele costumava trazer livros para casa. Uma tarde, ele entrou com uma cópia de *O Amante de Lady Chatterley*. Peguei o livro para dar uma olhada – Tom disse que eu tinha um verdadeiro talento para abrir sempre nas páginas mais sinistras de um livro – e fiquei chocada com a ausência de reserva das cenas de amor. Imediatamente levei Tom e o livro para a biblioteca, e expus minha opinião à bibliotecária: 'Que ideia permitir que um garoto de quinze anos de idade leia isso!'". Em 1939, Tennessee chegou a visitar Frieda Lawrence, a viúva do escritor britânico, que se encontrava no Novo México. [Fonte: Edwina Dakin Williams & Lucy Freeman, *Remember me to Tom*. Nova York, G. P. Putnam's Sons, 1963, p. 72, 108.] (N. T.)

[2] Emma Maria Frieda Johanna Freiin (Baronesa) von Richthofen (1879-1956). Em 1912, Frieda conheceu D. H. Lawrence, na época um ex-aluno de seu marido, Ernest Weekley, filólogo e professor de línguas modernas. Apaixonados, os dois fugiram da Inglaterra para a Alemanha deixando para trás os três filhos de Frieda. Estava em curso a Primeira Guerra Mundial e, pouco tempo depois, Lawrence chegou a ser preso por espionagem. O casal teve que fugir rumo ao sul, instalando-se nos Alpes Marítimos. Após obter o divórcio de Weekley, Frieda casou-se com Lawrence, em 1914. Sobre o primeiro encontro de ambos, Frieda registra em seu livro de memórias: "Foi um dia de abril em 1912. Ele veio para o almoço, ver o meu marido a respeito de um leitorado em uma universidade alemã. Lawrence também estava em um período crítico de sua vida naquele momento. (...) Depois de sair, naquela noite, ele fez a pé o caminho para sua casa. Foi uma caminhada de pelo menos cinco horas. Logo depois ele escreveu para mim: 'Você é a mulher mais maravilhosa em toda a Inglaterra'". [Fonte: Frieda Lawrence, *Not I, but the Wind...* Nova York, Viking Press, 1934, p. 4-5.] (N. T.)

CENÁRIO

Varanda fechada de uma casa de campo nos Alpes Marítimos.[3] *Há várias plantas em vasos, e na parede de trás um estandarte mostrando a figura tecida de uma fênix em um ninho de chamas,*[4] *que casualmente é o símbolo pessoal do homem de barba ruiva sentado na espreguiçadeira. Ele veste um robe de cetim dourado com um xale de tricô cor de alfazema cobrindo seus ombros e está fazendo um bordado fino enquanto a cortina sobe. Sua esposa entra com outra planta.*

* * *

LAWRENCE: Quem estava aí na porta?

FRIEDA: Uma mulher do vilarejo que queria falar com você. Mandei embora.

LAWRENCE: Chame de volta.

FRIEDA: Não gaste sua energia com mulheres estranhas.

LAWRENCE: Não pretendo gastar minha energia com ela. Só quero ouvir as besteiras que ela tem para dizer. Vai logo antes

---

[3] Cordilheira localizada entre a Itália e a França. (N. T.)

[4] A fênix e o ninho de chamas são símbolos recorrentes na obra literária de D. H. Lawrence. A fênix foi adotada por Lawrence como símbolo pessoal em 1915. O escritor esculpiu e desenhou imagens da fênix no rancho Del Monte, em que residiu entre 1924 e 1925, no estado do Novo México, nos Estados Unidos. A figura da fênix adorna seu túmulo, localizado nessa propriedade, que atualmente pertence à Universidade do Novo México. [Fonte: Paul Poplawski, *D. H. Lawrence: A Reference Companion*. Westport, CT, Greenwood Press, 1996, p. 6.] (N. T.)

que ela comece a descer a colina, e leve essa planta com você. Já têm muitas plantas aqui... elas consomem o ar.

FRIEDA: *Ahh, mein Gott – sehr gut!*

(*Ela sai com a planta. Lawrence continua seu bordado. Alguns minutos depois uma mulher com aparência de solteirona de 35 anos se aproxima timidamente pela soleira da porta carregando um vaso com gerânio. Ela para à porta e encara Lawrence aterrorizada de fascinação. A plantinha treme na sua mão.*)

LAWRENCE (*bruscamente*): Não traga isso para cá!

VISITANTE (*arfando*): Ah, como??!

LAWRENCE: Põe lá fora. Depois daquela porta. (*Ele indica a porta no terraço.*)

VISITANTE: Ah! (*A visitante anda rapidamente até a porta e se curva de modo desajeitado para colocar a planta no terraço.*)

LAWRENCE (*olhando de modo desagradável para ela*): Ah, meu Deus! Vocês americanas não sabem andar, vocês não ficam à vontade nos seus corpos.

VISITANTE: Como assim??!

LAWRENCE: Sente-se.

VISITANTE (*nervosa*): Onde eu posso me sentar?

LAWRENCE: Só tem uma cadeira além dessa daqui que já está ocupada por mim.

(*Ela pega a cadeirinha de vime e carrega insegura na direção de Lawrence. Ela não tem certeza a que distância se colocar. Lawrence observa estas manobras inseguras com certa diversão*).

LAWRENCE: Mrs.?

VISITANTE: Miss!

LAWRENCE: Preston?

VISITANTE: Não, Peabody! Ariadne Peabody.

LAWRENCE: Devo pedir que mude sua cadeira de lugar. Você acabou de criar um eclipse solar total.

VISITANTE (*arrastando a cadeira para o lado sem se levantar*): Ah, mil desculpas.

(*Agora ela está quase atrás dele.*)

LAWRENCE (*rispidamente*): É difícil mudar minha cadeira de lugar, então se vamos ter algum tipo de conversa, seria melhor ficar no meu campo de visão.

VISITANTE (*arrastando de volta para a posição original*): Ah, meu Deus, me desculpe!

LAWRENCE: A maioria das americanas tem uma dicção tão ruim que é preciso olhar para os lábios para se ter a mínima ideia do que estão tagarelando. (*Olha para ela.*) Desculpe, mas você voltou a entrar na frente do sol.

VISITANTE (*desesperada*): Ah, meu Deus!

LAWRENCE: Não se mexa de novo senão vai me deixar tonto. Só tire esse chapéu.

(*A visitante tira o chapéu com um solavanco.*)

LAWRENCE: Agora você desmanchou seu cabelo.

VISITANTE: Ah, meu Deus. Desmanchei?

LAWRENCE: Tenho algum motivo para mentir para você? Venha cá.

VISITANTE: Como?

LAWRENCE: Por favor, venha até aqui para que eu possa dar um jeito. Sempre arrumo o da minha mulher quando ela está despenteada porque uma coisa que não tolero é uma mulher desarrumada.

(*Ela se levanta indecisa.*)

LAWRENCE (*batendo palma*): Vite, vite! Já deve ter percebido que não estou em condição de te estuprar mesmo que tivesse essa inclinação. Abaixe aqui. Curve-se! Só vai levar um segundo.

(*A visitante se curva de modo desajeitado. Lawrence dá uns puxões no cabelo dela com força, da testa para trás.*)

VISITANTE (*arfando*): Ai!

LAWRENCE: Um puxãozinho é muito bom para o couro cabeludo – melhora a circulação. (*Ajusta os grampos de cabelo.*) Aí está – muito melhor. Pode voltar e se sentar.

(*A visitante, um pouco tonta, retorna à sua cadeira.*)

LAWRENCE: Vou continuar meu trabalho. Gosta deste desenho?

VISITANTE: O que é isso?

LAWRENCE: O macho e a fêmea, originais. Vê como sou depravado? Eu ponho sexo até na minha costura.

(*A visitante ri até perder o fôlego e estica sua saia.*)

LAWRENCE: Vamos, por que não começa a falar?

VISITANTE (*rapidamente*): Ah, Mr. Lawrence, não sei por onde começar.

LAWRENCE: Tem muita coisa a dizer?

VISITANTE: Ah, muita, muita.

LAWRENCE: Bem, então é melhor começar logo, você não pode ficar a tarde toda...

VISITANTE: Desde que comecei a ler seus livros...

LAWRENCE: Você sabia que aqui havia um homem para o qual você poderia abrir sua alma?

VISITANTE: Sabia.

LAWRENCE: Então, abra, abra sua alma! Estou pronto para fazer um exame minucioso.

VISITANTE: Eu, eu...!

LAWRENCE: Me fale do seu amante.

VISITANTE: Não tenho nenhum.

LAWRENCE: Bobagem. Todo mundo tem. Mesmo que seja um chinelo velho. E aquele homem que você conheceu seis anos atrás, completos em agosto?

VISITANTE: Dois anos atrás!

LAWRENCE: Tão recente assim?

VISITANTE: Como o senhor sabe?

LAWRENCE: A sombra dele ainda pode ser vista nos seus olhos. Qual era o nome dele?

VISITANTE: Ah, se eu soubesse! Resolveria todo o problema.

LAWRENCE: Tsc, tsc. Você deveria sempre perguntar. Foi consumado?

VISITANTE: O quê?

LAWRENCE: O ato.

VISITANTE: Que ato, Mr. Lawrence?

LAWRENCE (*com um largo sorriso satírico*): Ah, Miss Inocência!

VISITANTE: Não foi um ato, Mr. Lawrence, foi apenas um encontro.

LAWRENCE: Hummmm. O efeito pernicioso do intelectualismo estéril de novo. Antigamente, quando o mundo era jovem e o homem um animal sanguíneo, todo encontro resultava num tipo de ato. Agora os encontros são só encontros, pequenas saudações duras e sorrisos hipócritas e uma conversinha sobre o clima. Todo nosso veneno saudável e natural, ao invés de ser expelido na hora e de forma espontânea em brigas de vizinhos, é armazenado em um tipo de reserva nacional até se tornar conveniente para que os chefes de estado o liberem na insanidade da guerra em grande escala. Tudo porque não é mais considerado adequado dar um tapa na cara de um homem porque você não vai com a cara dele ou abater uma garota porque você vai com a cara dela. Mas estamos nos desviando do assunto, não é? Você encontrou esse homem no navio a vapor de Hong Kong para Sydney, Austrália?

VISITANTE: Ah, não, nada disso. Foi na balsa de Oakland para São Francisco.

LAWRENCE: Ah, tá. Imagino que na última noite vocês jantaram juntos à mesa do capitão?

VISITANTE: Acho que o senhor não entendeu.

LAWRENCE: Agora está me ofendendo. Entendo tudo que possa ser entendido. Ele sentou-se na cadeira ao lado da sua.

VISITANTE: Ah não, nós ficamos em pé junto da mureta...

LAWRENCE: Vomitando?

VISITANTE: Meu Deus, não!

LAWRENCE: Achei a ideia bastante engraçada. E esse rapaz era bonito?

VISITANTE: Não faço a menor ideia, mas isso não importa.

LAWRENCE: Não olhou para ele?

VISITANTE: Não exatamente. Estava muito confusa pra olhar.

LAWRENCE: A senhorita ficou sem fôlego, cega e quase inconsciente.

VISITANTE: O senhor não está... debochando de mim, não é, Mr. Lawrence?

LAWRENCE: Não.

VISITANTE: Por favor, não deboche. Esse é um assunto sério.

LAWRENCE: Bastante. Ele era pequeno e tímido?

VISITANTE: Não, ele era grande e muito, muito ousado.

LAWRENCE: E ele a tocou de leve?

VISITANTE: Não de leve, de jeito nenhum, Mr. Lawrence. Ele me abraçou abertamente.

(*Pausa.*)

LAWRENCE: Ugh!

VISITANTE: O que é isso, Mr. Lawrence?

LAWRENCE: Ugh? É só uma expressãozinha idiomática que aprendi com os indianos, Miss Preston. Ela indica todos os tipos de reações enfáticas. E esse abraço que mencionou, será que poderia descrevê-lo?

VISITANTE: Ele passou o braço em volta da minha cintura...

LAWRENCE: É?

VISITANTE: Seus dedos me pressionaram!

LAWRENCE: Onde?

VISITANTE (*delicadamente tocando seu lado direito*): Aqui.

LAWRENCE: Não foi tão ousado, foi?

VISITANTE: Ousado demais, eu diria.

LAWRENCE: E você, imagino... imagino que respondeu com uma delicada pressão no braço dele. Ou talvez tenha girado a ponta do indicador na palma da mão dele?

VISITANTE: Não, de jeito nenhum, Mr. Lawrence. Não esbocei nenhuma reação!

LAWRENCE: Por pudor?

VISITANTE: Não,... paralisia mesmo!

LAWRENCE: Ah! Uma daquelas coisas elétricas entre as pessoas. Ele não fez nenhum comentário?

VISITANTE: Como?

LAWRENCE: O homem não disse nada? Nada aconteceu fora a tentativa de pressão?

VISITANTE: Logo deixou de ser uma tentativa.

LAWRENCE: O que, a pressão?

VISITANTE: É!

LAWRENCE: Parou?

VISITANTE: Não... pelo contrário.

LAWRENCE: Ficou mais forte?

VISITANTE: Ficou! (*Ela se curva para frente.*)

LAWRENCE: E ainda assim ele não disse nada?

VISITANTE: Nada!

LAWRENCE: E você não disse nada?

VISITANTE: Eu engoli saliva três vezes, mas não consegui falar.

LAWRENCE: Nunca uma única palavra foi articulada entre vocês?

VISITANTE: Não até a balsa chegar em São Francisco.

LAWRENCE: Então ele...

VISITANTE: Ele me soltou. E aí, finalmente, falou!

LAWRENCE: Claramente?

VISITANTE: Em um sussurro.

LAWRENCE: Sussurrou o quê?

VISITANTE: Sussurrou o nome dele que não consigo me lembrar e... sete horas!

LAWRENCE: Sete horas?

VISITANTE: É!

LAWRENCE: Talvez a hora pressuposta do intercurso primal.

VISITANTE: Talvez.

LAWRENCE: Sussurrou só isso: seu nome e a hora?

VISITANTE: A hora e também o lugar.

LAWRENCE: Também mencionou o lugar?

VISITANTE: Também mencionou o nome de um certo hotel.

LAWRENCE: E você fez o quê?

VISITANTE: Balancei a cabeça.

LAWRENCE: Afirmativamente?

VISITANTE: É!

LAWRENCE: Foi ao encontro?

VISITANTE (*pulando da cadeira*): Não, não, não, não consegui!

LAWRENCE (*movendo sua cadeira com raiva até ela*): Escrúpulos? Escrúpulos posteriores?

VISITANTE: Não, não, não foi isso!

LAWRENCE: O que foi então? Interferência de seus parentes?

VISITANTE: Não, não, não! Nada de meus parentes!

LAWRENCE: Doença? Acidente?

VISITANTE: Não!

LAWRENCE: Paralisia?

VISITANTE: Não! O senhor vai rir quando eu contar...

LAWRENCE: O quê?

VISITANTE: Não consegui lembrar o nome que ele sussurrou. Logo que ele desapareceu, eu esqueci seu nome. Não conseguia lembrar nem o nome do lugar que ele marcou para nos encontrarmos. Deu um branco na minha cabeça, um branco! Eu só lembrava que em algum lugar da cidade às cinco e meia o homem que eu passei a vida esperando encontrar estava esperando por mim!

LAWRENCE: E só por causa de um pequeno defeito traiçoeiro de memória...

VISITANTE: Não consegui ir ao encontro dele...

LAWRENCE: E compreender a razão da sua existência!

(*Pausa.*)

LAWRENCE: Terrível...

(*A visitante cobre seu rosto.*)

LAWRENCE: Recomponha-se, Miss...

VISITANTE: Peabody.

LAWRENCE: E me diga o que aconteceu depois deste incidente na balsa de...

VISITANTE: Oakland.

LAWRENCE: Para?

VISITANTE: São Francisco. Tudo parecia perdido então tentei esquecer. Não somente seu nome e o lugar, mas a história toda. Primeiro achei que tinha esquecido tudo, mas só... não conseguia mais me concentrar.

LAWRENCE: Em nada?

VISITANTE: Em nada.

LAWRENCE: A senhorita tinha um emprego?

VISITANTE: Em uma biblioteca pública!

LAWRENCE: Perdeu o emprego?

VISITANTE: Perdi. As crianças me pediam pelo *The Rover Boys for Young Americans*[5] e eu entregava a eles o *Mulheres Apaixonadas*[6] do senhor.

LAWRENCE: Um esforço subconsciente de destruir a moral pública. Sua saúde foi abalada?

VISITANTE: Completamente.

LAWRENCE: Por sorte te deixaram algum dinheiro que está sob custódia de uma tia?

VISITANTE: Uma tia não, um tio.

LAWRENCE: Então podia viajar?

VISITANTE: Isso.

LAWRENCE: E viajou, viajou, e ainda assim as dores persistiam?

---

[5] *The Rover Boys for Young Americans* [Os Garotos Rover no Rio] foi uma série de livros infantis que se tornou um grande fenômeno de popularidade editorial no início do século XX. O autor, Edward Stratemeyer, assinava com o pseudônimo de Arthur M. Winfield, e publicou trinta títulos entre 1899 e 1926. Os livros permaneceram disponíveis no mercado editorial por muito tempo mesmo após o falecimento de Stratemeyer, em 1930. (N. T.)

[6] *Mulheres Apaixonadas* é um romance de D. H. Lawrence escrito em 1920.

VISITANTE: Como sabe das dores?

LAWRENCE: É claro que havia dores. Onde se localizavam?

VISITANTE: Aqui do lado.

LAWRENCE: No lado em que ele a tocou!

VISITANTE: Isso, no lado em que ele me tocou!

LAWRENCE: Primeiro você pensou...?

VISITANTE: Que fosse apendicite!

LAWRENCE: Foi operada?

VISITANTE: Fui, eles retiraram meu apêndice.

LAWRENCE: E descobriram que estava saudável.

VISITANTE: Descobriram que estava perfeitamente saudável.

LAWRENCE: Depois disso?

VISITANTE: É claro que as dores continuaram.

LAWRENCE: É claro que as dores ainda continuaram. E então...?

(*A visitante cobre seu rosto.*)

LAWRENCE: Você começa a duvidar de que tenha sido uma coisa física.

(*A visitante concorda com a cabeça.*)

LAWRENCE: Conseguiu perceber qual era seu problema? Seu pudor e seu orgulho não eram mais fortes o suficiente para ocultar de você os fatos verdadeiros? O sensor foi destruído e a verdade que cega veio à tona. Essas dores começaram na noite que o estranho apertou você! Elas foram as lembranças de uma viagem em uma balsa, não foram?

VISITANTE: É! É... é, foram!

LAWRENCE (*triunfante*): Ahhh.

VISITANTE: Mas isso agora é uma história antiga. Que surgiu na primeira vez que fiquei sob efeito.

LAWRENCE: Do quê, hipnose?

VISITANTE: É, hipnose.

LAWRENCE: E ainda assim as dores continuaram.

VISITANTE: É... em intervalos. Sempre que chego perto da água.

LAWRENCE: Por que não evita a água?

VISITANTE: Ela tem uma...

LAWRENCE: Atração fatal?

VISITANTE: Não exatamente fatal, mas...

LAWRENCE: Com certeza uma atração?

VISITANTE: Sim, uma atração.

LAWRENCE: Então por que veio me procurar?

VISITANTE: Por causa dos seus livros. O senhor escreveu tanto sobre... sexo.

LAWRENCE: Nunca escrevi sobre sexo. Escrevo sobre a realidade fálica. Sexo é cerebral, intelectual, o sexo está na cabeça. A realidade fálica está localizada no...

VISITANTE: No?

LAWRENCE: Eu não quero causar uma dor no seu ouvido, Miss Preston. (*Sério.*) Você é vítima de centenas de anos de pensamento equivocado. Puritanismo, vergonha, intelectualismo estéril, negação do corpo, que apontam a vergonha na carne. Deixe eu lhe dizer uma coisa antes de mandá-la embora: minha grande religião é uma crença no sangue, a sabedoria superior do corpo em relação à sabedoria da mente. Podemos errar quando usamos a mente. Mas o que nosso sangue sente, acredita e diz sempre é verdadeiro. É isso, Miss Preston. Agora pode ir.

VISITANTE: Mas, Mr. Lawrence, eu esperava que me ajudasse. Que pudesse me dizer o que fazer.

LAWRENCE: É evidente o único caminho a seguir, Miss Preston. Só precisa encontrar o homem da balsa.

VISITANTE: Como vou fazer isso se nem lembro o nome dele?

LAWRENCE: Mas com certeza você lembra o nome dele. Qual era o nome dele, Miss Preston?

(*Pausa.*)

VISITANTE (*num sussurro repentino*): O'Reilly! (*Repetindo ofegante.*) O'Reilly, O'Reilly, Adam O'Reilly! (*Gritando com alegria.*) Ah, Mr. Lawrence, agora, agora, agora eu me lembro! O nome dele era Adam O'Reilly!

LAWRENCE: O hotel? Rápido, rápido! O hotel!

VISITANTE: O'Reilly – O Golden Gate Hotel – quarto 1020! (*Ela começa a correr loucamente pelo aposento.*) Meu chapéu! Minhas luvas! Minha bolsa de miçangas! Onde estão?

LAWRENCE: Aqui! (*Ele joga para ela seu enorme chapéu de palha.*) Para onde está indo?

VISITANTE: Vou voltar... voltar para Adam! São Francisco! Golden Gate Hotel! Quarto 1020! Ahhhhhh! Adeus, Mr. Lawrence! (*Ela sai correndo pela porta que dá para o terraço.*)

(*Lawrence ri sozinho e pega seu bordado. Frieda entra e caminha suavemente por trás dele e repousa seu queixo na sua cabeça.*)

FRIEDA (*com ternura*): Está trabalhando no quê, querido?

LAWRENCE: Adão e Eva em uma balsa em São Francisco...

CORTINA

E Contar Tristes Histórias das Mortes das Bonecas...
(Peça em duas cenas)

Tradução
Gisele Freire
Mariana Hein
Sabrina Lavelle

* *

E Contar Tristes Histórias das Mortes das Bonecas... foi apresentada pela primeira vez no Shakespeare Theatre em 28 de abril de 2004, no Kennedy Center em Washington D. C. Foi dirigida por Michael Kahn; o cenário ficou a cargo de Andrew Jackness; os figurinos foram criados por Catherine Zuber; a iluminação foi de Howell Binkley; a direção musical, de Martin Desjardins, e a trilha sonora de Adam Wernick. O elenco, em ordem de entrada em cena, foi o seguinte:

CANDY DELANEY	Cameron Folmar
KARL	Myk Watford
ALVIN KRENNING	Hunter Gilmore
JERRY JOHNSON	Brian McMonagle

* *

Cena I

CENÁRIO

Início de final de semana do Mardi Gras[1] no Bairro Francês, em Nova Orleans. Sobe a cortina, uma sala banhada pelo suave azul crepuscular de uma primavera no sul que entra por portas envidraçadas abertas para o pátio, uma réplica diminuta de um jardim japonês: um lago de peixes, uma fonte, um salgueiro-chorão e até uma pontezinha arqueada com lanternas de papel. O interior também é japonês, ou pseudojaponês, com móveis de bambu, mesas baixas, esteiras de palha, vasos e cachepôs de porcelana polida, branca ou azul clara, com flores artificiais de corniso ou de cerejeira e ramos prateados de salgueiro, tudo muito delicado e em tons pastel. Uma cortina de miçangas ou bambu separa um quartinho ao fundo do palco. Uma pianola desafinada toca "Poor Butterfly"[2] até a entrada de Candy, uma boneca de Nova Orleans, perto dos seus 35 anos, com um tipo

---

[1] Mardi Gras é o nome francês para terça-feira de Carnaval. Último dia antes da temporada de jejum da Quaresma. Traduzido literalmente o termo significa "Terça-feira Gorda" e era assim chamado porque representava a última oportunidade de diversão e indulgência excessiva em comida e bebida antes da temporada solene de jejum. A temporada de Carnaval de Nova Orleans começa no Dia de Reis e atinge o seu clímax com a conhecida celebração *Mardi Gras Day*, um dia antes da Quarta-feira de Cinzas. O *Mardi Gras* ocorre todo ano e é um dos mais famosos carnavais do mundo. Conhecido por suas máscaras de gesso, colares de continhas e paradas com bandinhas durante todo o mês antes do Carnaval, na "terça-feira gorda". Começou na Louisiana, por iniciativa dos colonizadores franceses. O primeiro *Mardi Gras* registrado é de 1699. (N. T.)

[2] "Poor Butterfly" é uma canção popular inspirada na ópera de Puccini, *Madame Butterfly*. A música é de Raymond Hubbell e a letra de John Golden. (N. T.)

de semblante que nunca parecerá adulto e uma graça e esbelteza que sempre vão sugerir um jovem afeminado. A feminilidade de Candy é natural demais, inata demais para precisar ser expressa por meio de trejeitos ou de voz: o papel deve ser representado sem caricaturas.

Antes de Candy entrar o som do piano vai sumindo, ouve-se a tentativa de enfiar uma chave na fechadura – em seguida a voz ofegante de Candy.

* * *

CANDY (*de fora*): Nunca consigo acertar a chave na porta! Posso viver o tempo que for num apartamento que ainda me atrapalho com as chaves.

(*A porta abre. Candy entra seguida por Karl, um jovem grande da marinha mercante.*)

CANDY: Entre, entre!

KARL (*desconfiado*): O que é isto?!

CANDY: Meu apartamento.

KARL: Parece mais uma birosca de comida chinesa.

CANDY: Refiz toda a decoração nessa primavera, estilo japonês. Primeiro quero que você dê uma olhada no pátio, para que eu possa fechar as portas e não chamar a atenção dos inquilinos. Tenho inquilinos no andar de cima, duas gracinhas do Alabama. Mas sempre que recebo alguém dão um jeito de despencar aqui mesmo sem convite, se é que me entende. Ficam muito à vontade por aqui.

KARL: Esta casa é sua?

CANDY (*rápido e animado*): É. Eu tenho três imóveis aqui no Bairro Francês, este e outros dois, todos bem localizados, para alugar. O imóvel na *Chartres* tem seis unidades para alugar, incluindo a antiga ala dos escravos,[3] e na *Dumaine*, quatro unidades: e toda a antiga ala dos escravos ocupada por um inquilino. Um luxo. Vou te mostrar logo depois da missa, amanhã. Mr. Frazier, o inquilino de *Biloxi*, passa todos os finais de semana lá. (*Pisca.*) Tem um amigo na base aérea. E claro, tenho minha loja na *Saint Charles* a um quarteirão do *Lee Circle*, desse lado do *Lee Circle*, é meia hora de caminhada, mas ótimo para manter a forma. (*Ri.*) Dá uma olhada no pátio, é adorável, Karl.

KARL: Dá pra ver daqui.

CANDY: Bom, a gente dá um pulinho lá mais tarde. O azul-claro do ar está tão agradável... como as asas de uma libélula. Dá um pulo lá fora.

(*Karl se aproxima aos poucos.*)

CANDY: Não fale alto, sussurre, ou meus inquilinos vão descer correndo, principalmente se te virem...

---

[3] *Slave Quarters:* em Nova Orleans há imóveis históricos cujas senzalas ou dependências, antes destinadas aos escravos, são hoje devidamente reformadas, adaptadas e alugadas para moradores e turistas. Ver o *site* http://www.historicrentals.com/neworleans/slavequarter/ ou http://www.vrbo.com/198175. (N. T.)

KARL: Você falou de uma loja? Você tem uma loja?

CANDY: Ah, é!

KARL: Que loja?

CANDY: Decoração de interiores. Eu te disse. Não lembra?

KARL: Não, esqueci.

CANDY: Eu tinha um sócio até pouco tempo. Um cavalheiro muito simpático que era meu protetor. Tivemos um relacionamento lindo por dezessete anos. Ele me trouxe de Atlanta, faz tempo. Eu tinha uma vida estável até bem pouco. (*Recua.*) Aqui, este é ele. (*Pega um porta-retrato.*) Largou a mulher por mim, vendeu todos os negócios em Atlanta e nos mudamos para cá durante a guerra quando eu tinha dezoito anos. Ele abriu esta loja e me deu sociedade. Bom, nada dura para sempre. Você sonha que vai durar, mas não dura. Vou fechar as portas para que meus inquilinos não desçam correndo. Agora... (*Ele fecha as portas do pátio.*) Enfim, nada é para sempre. Eu venerava Sidney Korngold. Nem notei que ele engordou... Mas Sidney, como todo homem mais velho, tinha um fraco por jovens... Eu entendi. Nem fiquei ressentida... Ah, quando ele me deixou tive um colapso nervoso, mas não o culpei, não criei problemas financeiros, não pedi nada. Eu disse, eu disse para ele: "Sid, eu só quero que você seja feliz, papai...". (*Com um olhar vago coloca o porta-retrato no lugar.*) Se baterem na porta, não faça barulho até irem embora.

KARL: Garotas?

CANDY: Mulheres? Ah, não, nunca mais alugo para mulheres na minha vida. Além de atrasarem o pagamento, são desmazeladas e destrutivas. Não. Esses inquilinos são dois rapazes do Alabama: bonecas jovens, claro. Nem pensar em alugar para outro tipo de gente. Bonecas são inquilinos maravilhosos, cuidam muito bem do lugar, às vezes fazem até melhorias. São muito caprichosas e prendadas. Elas estabelecem o estilo e ditam moda no país. Você não sabe disso?

KARL: Não.

CANDY: Imagina esse país sem bonecas. Seria uma completa barbárie. Olha esses lares de casais normais. Nenhuma originalidade: misturam moderno com antigo, tudo amontoado em volta de uma enorme TV na sala de visitas. Têm paixão pela mediocridade. Conformados. Convencionais. Mas eu também sei dos defeitos das bonecas, ninguém conhece os defeitos das bonecas melhor do que eu.

KARL: Bonecas?

CANDY: O quê?

KARL: Você é *veado*?

CANDY: Meu amor, você está brincando?!

KARL: Dá pra responder a pergunta?

CANDY: Ah, não, sério!

KARL: Hã?

CANDY: Pensei que tivesse percebido nos primeiros cinco minutos de conversa no bar.

KARL: Acha que eu estaria aqui se imaginasse que você era veado?

CANDY: Karl, eu gosto de você. Gosto e admiro. Mas francamente...

KARL: Francamente o quê?

CANDY: Você não espera que eu acredite que um homem que há cinco anos vai e vem de Nova Orleans ainda não é capaz de reconhecer uma boneca num bar *gay*?

KARL: Eu não ando com veados.

CANDY: Eu sei que não. Vou dizer uma coisa. Essa não foi a primeira vez que eu te vi. Não esta noite. Tenho reparado em você de vez em quando, aqui e ali, desde que começou a desembarcar nesta cidade. É que até pouco tempo eu levava outra vida. Falei para você do meu marido. Quando ele rompeu com a vida normal e ficou comigo como meu protetor, dezoito anos atrás, mudou de nome. Você conseguiria imaginar que é possível um homem passar por uma transformação tão completa? Nome novo, vida nova, gostos e hábitos diferentes e até uma nova aparência. (*Volta novamente sua atenção para a foto.*) Quer dizer, ele... ha ha! E essa foto nem é velha, foi tirada há dois anos, um pouco menos. Quando ele fez cinquenta anos. Não é impressionante? Dá para acreditar? Não parece que ele tem uns trinta e poucos? Dei uma sobrevida para aquele homem. Juro que quando ele começou a sair comigo em Atlanta, Georgia, ele era desinteressante, e já meio velho.

Bom... eu nunca o traí. Sou do tipo monogâmico. Ele é que me traiu. E a minha confiança era tanta que só fui suspeitar depois dele já estar me traindo há vários anos... Bom, mudança é essencial na vida. Não guardo rancor. Terminamos tudo com muita dignidade. Tínhamos uma conta conjunta. Comprei a parte dele nos negócios com a minha metade do dinheiro e agora ele está em Houston com a sua nova pequena, começando tudo de novo, e eu desejo sorte para ele. No entanto, ele escolheu a pessoa errada. Mas a paixão é ainda mais cega do que o amor. Principalmente quando a vítima está naquela idade perigosa em que ele está... (*Coloca novamente a foto sobre a escrivaninha.*) Bom, logo ele vai acordar e perceber que deixou escapar uma coisa boa por causa de outra que é simplesmente podre. Só que mais jovem... Você está procurando alguma coisa?

KARL: Não tem nada pra beber?

CANDY: Só o maior e melhor estoque de bebidas do Bairro Francês, meu amor.

KARL: Assim é que se fala.

CANDY: Eu não recebo visitas com frequência, mas quando recebo, recebo bem. Pode apostar. Deixe-me ver, você estava bebendo uísque, um *blended*.

KARL: Não importa o que eu estava bebendo. Posso beber outra coisa sem problema.

CANDY: Quer algo exótico?

KARL: De que tipo, hein?

CANDY: Bom, eu poderia fazer pra você um *Pimm's Cup* número 1, com um pouquinho de *Pernod*, rodelas de pepino e tudo. Poderia fazer um *golden dawn*, que é um drinque de rum com abacaxi. Poderia fazer um...

KARL: Basta me servir uma boa dose de Bourbon[4] "*old Grandad*".

CANDY: Assim é que se fala. Agora sim. Daqui a pouco, quando eu ouvir os inquilinos saírem para a caça noturna, vamos nos transferir para o pátio. Aí vai ser mágico, o azul crepuscular. Tenho *Hi-Fi* e caixa de som no jardim. E no meio do lago tem uma ilha com um salgueiro, que é como uma cortina perfeita, um refúgio do mundo com privacidade absoluta, exceto por alguns vislumbres do céu de vez em quando...

KARL: Você gosta de um papinho de fresco, cara.

CANDY (*rindo*): Gosto. Mas sabe, é natural pra mim. Digamos que eu ornamente a linguagem. Eu escrevia poesia. Ainda escrevo, às vezes, quando fico sensível.

KARL: Você não está bebendo?

CANDY: Não. Nunca bebo.

KARL: Por que não?

CANDY: Dá pra acreditar que eu tenho problemas com o peso?

---

[4] No texto original, Grand Old-Dad, um whisky bourbon destilado na fábrica Noe Booker em Boston, Kentucky. *Healthy* (saudável) é uma palavra usada para descrever uma bebida misturada com uma grande quantidade de álcool. (N. T.)

KARL: Pra mim você é magro.

CANDY: Obrigada. Eu sou mesmo.

KARL: Então por que você tem problemas com o peso?

CANDY: Porque preciso passar fome para manter a forma. Qualquer caloria pesa.

KARL: Meu Deus! Você é uma figura.

CANDY: O coringa do baralho?

KARL: Não, a dama de espada.

CANDY: Gosto muito de você. Me sinto segura com você.

KARL: Isso é um erro. Ninguém fica seguro comigo quando eu encho a cara.

CANDY: Acho que eu ficaria. Acho que você gosta de mim também.

KARL: Você vai se decepcionar.

CANDY: Acho que não.

KARL: Você não vai conseguir o que está procurando.

CANDY: Como você sabe o que eu quero?

KARL: Você é diferente, mas nem tanto. Você quer ir pra cama, mas não vai, comigo não.

CANDY: Viu? Você me entendeu mal, isso já aconteceu antes, acontece sempre. Adoraria que houvesse alguma coisa entre nós. Mas me contentaria com sua amizade verdadeira,

verdadeira e duradoura, tanto quanto se acontecesse algo entre nós na cama. É verdade. Eu ficaria. Juro.

KARL: Então você é bem diferente.

(*Enquanto isso, ou durante sua próxima longa fala, Candy atravessa a cortina de bambu indo para a área onde está a cama.*)

CANDY: É. Eu te falei que eu era. Vou contar uma coisa que você vai achar que é mentira. Você é o segundo homem da minha vida. O primeiro foi Mr. Sidney Korngold. Ele fez eu me assumir em Atlanta. Quando eu era uma franguinha, uma galinha tonta, eu sabia que havia algo errado comigo, mas não que eu era bicha. Este homem me parou na *Peachtree* em Atlanta e me perguntou se eu era menina ou menino. Ele achou que eu era uma menina vestida de menino. Eu disse que era menino, indignado. Ele disse: "Vem pra casa comigo". Mas ele não me levou pra casa dele. Mr. Korngold era um respeitável homem casado com dois filhinhos. Mas levava vida dupla no centro da cidade. Ele me levou para um quarto de hotel onde se hospedava com outro nome. Abriu um armário cheio de roupas femininas e perucas. Mandou que eu vestisse alguma coisa. Eu vesti, até a peruca. E ele me seduziu...

KARL: É?

CANDY: O que ele não sabia: a esposa tinha posto alguém na cola dele, um detetive particular. Ela entrou com pedido de divórcio me indicando como pivô da separação. Não foi um julgamento público, para mantê-lo em sigilo ele teve que vender seus negócios e dar tudo que tinha pra essa mulher. Saímos juntos de Atlanta. Ele era meu protetor. Ele me colocou pra trabalhar, eu já tinha talento pra decoração. Eu me senti na obrigação de fazer bem e fiz muito bem. Isso foi há dezoito anos. Ficamos juntos por dezessete anos. Só terminamos no ano passado. Descobri que ele vinha me traindo apesar de eu ter sido totalmente fiel. Partiu meu coração. Eu tenho orgulho. Comprei a parte dele no negócio com a minha metade da nossa conta conjunta e comecei do zero, sozinha. Ele foi pro Texas com a nova pequena. As pessoas seguem determinados padrões, sempre. Você nunca percebeu?

KARL: O que você está fazendo aí?

CANDY: Trocando de roupa. E de *sexo*. (*Ele surge como uma* drag.) Eu sou um travesti. Aqui estou!

KARL: Você é louco?

CANDY: Não, só muito anormal. Eu acho.

KARL: Bom. Tenho que admitir...

CANDY: O quê?

KARL: Você é tão mulher quanto qualquer uma que eu já vi.

CANDY: Obrigada. Essa é a intenção.

KARL: Tem certeza que você não é mulher?

CANDY: Quer que eu te mostre?

KARL: Não.

CANDY: Como está o seu drinque, mais uma calibrada?

KARL: Ahãm. Eu bebo bem.

CANDY: Você vai notar que agora estou sendo muito feminina, tanto no meu jeito de falar e nos meus maneirismos quanto na minha aparência. Não é isso que você quer?

KARL: Você faz isso sempre?

CANDY: Sempre que estou sozinha. É, geralmente quando estou sozinha, quando chego à noite, eu coloco o meu cabelo e entro num *négligé* limpinho. Tenho dez, de todas as cores do arco-íris, alguns valem uma pequena fortuna. Ha, ha, não uma pequena fortuna, digo cem ou duzentos...

KARL: Você deve ser cheia da grana.

CANDY: Rica? Não, apenas bem de vida. Minha expectativa de vida não é muito longa e não vejo razão para poupar para os tão falados dias difíceis.

KARL: Você está doente?

CANDY: Você não notou que a minha respiração é curta? Uma cardiopatia congênita no coração. Quero dizer um defeito congênito no coração. Uma insuficiência valvular que se agrava cada vez mais. Mas tudo bem. Não vou ficar linda por muito mais tempo, nem mesmo de *drag*... Um dos meus inquilinos aqui de cima, o mais jovem, é um poeta. Deixe-me ler para você um poema que ele escreveu sobre bichas, que é lindo, não é maravilhoso, mas lindo. (*Pega o papel e lê o poema.*)

Penso que o estranho, o viado, o insano
Terão feriado este ano,
Penso que por um pouco,
Haverá piedade para o louco.

Penso que em lugares conhecidos como gays,
Em especial pequenos clubes e bares,
Pierrot *cantará* pierrot
Com tristes violões e frenéticos tambores.

Penso que por razão ignorada
A misericórdia dará vez nesta temporada,
Ao amável e ao desajustado,
Ao brilhante e ao inadaptado.

Penso que, acolhidos e acalentados,
Terão assim, conforto e alento
E brando sorriso de contentamento,
Ante tão ternas crianças desgarradas.

CANDY: É isso. É dedicado a mim, só às minhas iniciais, logo vai sair numa revistinha. É o mais legal dos meus inquilinos de cima. Eles moram nas antigas dependências. Quando saírem, eu mostro a casa deles, porque é uma das melhores decorações que fiz. Um espaço pequeno muito bem aproveitado. Dois quartos e... Você parece infeliz! Por quê?

KARL: Você conhece alguma mulher?

CANDY: Eu não sirvo?

KARL: Não, eu não jogo nesse time.

CANDY: Eu te disse, quero só amizade. Sou terrivelmente solitária. Tudo que eu peço é a companhia de alguém que eu ache atraente, para entretê-lo, diverti-lo. Sério!

KARL: Você é uma novidade, mas essa cantada é manjada.

CANDY: Não vou negar nem por um minuto que se, de repente, você viesse e me tomasse em seus braços! – Eu não resistiria...

KARL: Você está dando murro em ponta de faca, chovendo no molhado.

CANDY: Eu apenas disse se por acaso. Não insinuei que era provável, sequer que era... possível. Quer ouvir uma música?

KARL: É, coloca uma música aí.

CANDY: Qual é sua preferência musical: popular ou clássica? Do que você gosta?

KARL: Tanto faz, qualquer coisa...

CANDY (*lendo o título de um álbum*): Waltzing with Wayne King.

KARL: Bom.

CANDY (*depois que a música começa*): Dizem que eu me deixo levar divinamente. Vamos dançar?

KARL: Não.

CANDY: Por quê? Por que não? Vamos!

KARL: Você parece uma garota, mas não posso esquecer que você não é.

CANDY: Você vai esquecer quando começar a dançar comigo. Você está com medo?

KARL: É. Bom. (*Levanta-se e dança com ela.*)

CANDY: Ah, ah, ah!...

KARL: Você se deixa levar bem.

CANDY: Para mim é natural.

KARL (*parando*): Não posso. Simplesmente não posso. Ha ha! Parece muito...

CANDY: Muito o quê, meu bem?

KARL: Estranho... não é certo. É melhor eu ir.

CANDY: AH, NÃO! NÃO!!

KARL: É. Eu vou sim.

CANDY: Não seja tão convencional e inibido, ora, para quê! Assim você me obriga a trazer à tona um assunto que é sempre constrangedor. Você está duro?

KARL: Eu tenho uns trocados.

CANDY: Isso não é bastante para o fim de semana do *Mardi Gras*, meu amor.

KARL: Ah, eu me viro. Talvez eu encontre uma dona de quarenta ou cinquenta anos no *Pat's* ou em qualquer lugar. Ou até uma vadia pra me pagar a conta e...

CANDY: Ela não seria tão bonita quanto eu.

KARL: Ela seria mulher.

CANDY: Mas ela teria tudo para te oferecer?

KARL: Tudo o quê?

CANDY: Tudo que eu tenho para oferecer. Este lugar lindo à sua disposição, agora e sempre. Crédito ilimitado em qualquer bar do bairro. Grana também. Um bolso cheio, e de onde vem essa grana tem mais. E sem compromisso, Karl. Liberdade.

KARL: Depois de seis semanas no mar, eu quero uma mulher esta noite.

CANDY: Eu posso arranjar isso também.

KARL: Como?

CANDY: As minhas melhores amigas são mulheres e todas atraentes.

KARL: Você quer dizer que me arranja uma garota bonita?

CANDY: Fácil, fácil.

KARL: O que você ganharia com isso? O que você ia querer em troca?

CANDY: Apenas a sua companhia, mais tarde. Quando você voltar para casa.

KARL: Minha casa nessa cidade é uma cama no abrigo do Exército da Salvação, na *Rampart*.

CANDY: Essa casa é sua, se você quiser.

KARL: Prefiro me bancar, se não dou nada em troca. E eu não estou te dando nada.

CANDY: Você voltaria pra casa bêbado. Cairia na cama. Eu tiraria os seus sapatos, só os sapatos, e adormeceria em êxtase de mãos dadas com você.

KARL: Pelo amor de Deus.

CANDY: Não, pelo meu amor!

KARL: Você é louco. Eu vou embora.

CANDY: Você duvida que eu possa arranjar a garota dos seus sonhos?

KARL: Tudo isso é parte de um plano. De você eu só quero um pouco de dinheiro. Pode fazer o que quiser, mas por dez dólares. Vamos acabar logo com isso?

CANDY: O que eu disse que eu queria é o que eu quero.

KARL: É só o que você teria.

CANDY: Sei disso.

KARL: E te custaria vinte dólares.

CANDY: Vinte não é nada. Me dê sua carteira vazia.

(*Ele dá. Ela tira umas notas de um bule e coloca na carteira dele. Ela põe a carteira no bolso dele. Ele pega a carteira e conta as notas com cuidado. Ela deu cinquenta dólares para ele. Ele resmunga. Ela pegou o telefone e discou um número. Alguém atende.*)

CANDY (*ao telefone*): Quero falar com Helene.

KARL: Quem é Helene?

CANDY: Uma *stripper* da *Dragon*.

KARL: Sério, uma daquelas deusas que fazem *strip-tease*?

CANDY: Espere para ver, deixe comigo! Helene? Candy! Como você está? Meu bem que tal passar aqui no intervalo entre os *shows*? Tem alguém aqui que você vai adorar. Um metro e noventa de altura, olhos azuis, magnífico, jovem e cheio da grana! Claro. Quanto? Fechado.

KARL: Quanto é?

CANDY (*cobrindo o telefone*): É por minha conta! (*Descobre o telefone.*) Que horas? (*Olha para Karl.*) Nove e meia. Tudo bem?

KARL: Daqui a três horas.

CANDY: Você precisa se barbear, tomar banho e tirar um cochilo enquanto eu preparo camarão ao *curry* como você jamais provou. O que você tem a perder?

KARL: Tudo bem. Mas só não...

CANDY (*ao telefone*): Certo, meu bem. Aguardo você. (*Desliga, vai até a porta e a escancara para o azul translúcido do jardim japonês.*) É agora. Agora é exatamente a hora de irmos para o meu jardim!

KARL: Esse é o negócio mais esquisito em que já me meti. O que eu quero é outra dose daquele *bourbon*.

CANDY: Vá para o jardim. Atravesse o lago pela ponte japonesa. Sente no banquinho inglês do século XVIII embaixo do salgueiro. Esta é a primeira noite da primavera! Vou vestir meu *chiffon*! Antes que conte até cinquenta, trago um drinque para você.

KARL: Lembra que você não vai ganhar nada.

CANDY: Nunca vou esquecer que não vou ganhar nada.

(*Karl balança a cabeça afirmativamente e sai.*)

KARL: É seguro andar nessa coisa?

CANDY: É forte como aço, garantido!

KARL: Bom, se quebrar não vai ser a única coisa quebrada por aqui.

CANDY: Ha, ha, ha!

KARL (*sobre a ponte*): Está rangendo. (*Ele cruza a ponte.*) É, consegui. Anda logo com esse drinque.

CANDY: Comece a contar. (*Ela está colocando um longo* chiffon *amarelo-claro.*) Antes de você chegar no cinquenta eu...

(*Batem à porta.*)

CANDY: Quem é?

VOZ DO ALVIN À PORTA: Krenning.

CANDY: Vá embora, Krenning. (*Recupera o fôlego.*) Não estou sozinha esta noite.

ALVIN (*de fora*): Você está segura?

CANDY: Perfeitamente!

ALVIN: Mesmo?

CANDY: Claro!

ALVIN: Jerry o viu entrar. Disse que ele é um lixo.

CANDY: Fala pra aquela vaca invejosa cuidar da vida dela, pra variar!

ALVIN: Ele disse que é o cara que quebrou o queixo de Tiny Henderson, que ainda está preso por um arame.

CANDY: Diga pra ela que eu agradeço a preocupação, mas não sou Henderson e não estou com nenhum lixo. Vocês saem à caça toda noite indo atrás de um programa após o outro, trazem pra casa e que eu aguente, apesar do risco que eu corro de um escândalo terrível. Essa é a primeira pessoa que eu trago pra casa desde que terminei com meu marido! Vá embora! Vá embora! Estou com alguém que eu amo!

ALVIN: Boa sorte.

CANDY: Vá embora! (*Ela serve o bourbon e vai para o jardim.*)

(*As luzes baixam. Ouve-se o barulho de alguém caindo na água, seguido de incessantes xingamentos e murmúrios de solicitude. Enquanto a luz volta, Karl entra ensopado. Ouvem-se gritos altos e inquisitivos de uma varanda acima.*)

CANDY (*de fora, responde*): Dá pra cuidar da sua vida pra variar?

(*Candy entra, fecha e tranca a porta envidraçada. Depois corre até Karl. Os gritos inquisitivos transformaram-se em risinhos estridentes e gargalhadas.*)

CANDY: Vacas! Eu não disse?

KARL: Suas bichas malditas.

CANDY: Ah, agora...

KARL: Ah, agora o quê? Você vai pagar por isso, irmãzinha.

CANDY: Não fique bravo com a Candy! Como é que eu iria saber que a ponte não aguentava o peso de um homem? Tire essas roupas molhadas e vista o robe chinês mais lindo que os seus olhos azuis já viram.

KARL: Merda chinesa.

CANDY: Não é uma sorte você estar de macacão?

KARL: Você não vai achar que é tanta sorte antes de eu ir. Quero que você saiba que eu vou tomar conta desse lugar.

CANDY: É tudo o que eu quero que você faça.

KARL: Aposto que você dançaria com prazer se eu te desse umas porradas. E eu adoraria fazer isso. Só que você ia gostar demais. Cadê o robe?

(*Vão para trás da cortina de bambu. E o macacão torcido é arremessado através dela.*)

KARL: E você fique longe, *bem* longe! Loira.

CANDY: Meu nome não é Loira, é Candy.

KARL: Que candura! ...[5]

---

[5] No original: *Some candy*: gíria homossexual que designa o ânus. (N. T.)

CANDY: Agora vá se secar, já que está tão melindrado, e vista esse divino robe chinês enquanto eu te preparo um *violet*. Sabe o que é um *violet*? É *Pernot* com vodca e gelo! O drinque mais forte que existe. É por isso que se chama *violet*, eu acho...

KARL: Nunca fui nocauteado por nada que me deram sem que eu antes nocauteasse a piranha que me deu. Lembra disso! Não esquece...

CANDY: Ha, ha, ha...

KARL: Merda...

CANDY: Eu reconheci seu tipo no momento em que te conheci. Fala grossa em cem quilos de um menininho perdido e solitário.

KARL: Eu reconheci seu tipo antes de te conhecer.

CANDY: Eu não tenho segredos! Tenho?

KARL: Não dou a mínima para o que você tem além de chatos e da grana.

(*Ele sai num magnífico robe chinês. Candy prepara* violet *no bar de bambu, no canto.*)

KARL: Tem um telefone aqui, não tem?

CANDY: Bem na mesa ao seu lado.

KARL (*encontra*): Ah. (*Tira o fone francês branco-marfim do gancho e disca.*)

CANDY: Para quem você está ligando, meu amor?

KARL: Onde está meu drinque?

CANDY: Aqui, coração.

KARL (*ao telefone, pegando o drinque*): Quero falar com a dona Alice. Não lembro o sobrenome, uma ruiva que tem um *Cadillac* branco 52, placa da Carolina do Norte.

CANDY: Ah, sei quem é. A gente a chama de Alice *"Blue"* Jackson.

KARL (*ao telefone*): Ah. O sobrenome dela é Jackson. É, Jackson... (*Para Candy.*) Vê lá o que fala dela na minha frente. Hein?

CANDY: Não falo mal de quem não está presente.

KARL: Não existe mulher tão baixa quanto um veado.

CANDY: Você deve ter tido algumas experiências desagradáveis com eles.

KARL: Tive experiências desagradáveis com eles e eles tiveram ainda piores comigo.

CANDY: Quer saber, cão que ladra não morde.

KARL: É porque... uh? (*Falando ao telefone.*) Hã... Bom, fala pra ela ligar pra esse número. (*Para Candy.*) Qual é o seu número?

CANDY: Magnólia 0347.

KARL: Magnólia 0347. Assim que ela chegar... (*Ele desliga e vira o copo.*)

CANDY: Um *violet* deve ser degustado. (*Pausa.*) Você vai gostar de mim. Sei que vai gostar de mim. Você já gosta. Posso ver pelos seus olhos quando você olha para mim.

KARL: Quando olho pra você estou medindo o tamanho do seu caixão.

CANDY: Você vai descobrir que Candy é sua...

KARL: Quando ela disse que vai chegar?

CANDY: Nove e meia.

KARL: Que horas são agora?

CANDY: Sete e quinze.

KARL: Me chama às nove. (*Ele vai dormir no quarto.*)

CENA 2

CENÁRIO

Uma semana depois: manhã chuvosa de domingo de inverno em Nova Orleans. *Candy, travestida, toma café e gelatina com suco de frutas em uma mesa delicadamente posta, sobre a qual há um vaso japonês azul-claro com ramos de salgueiro. No quarto ao lado Karl está roncando. Todos os movimentos e ações de Candy são silenciosos para não perturbar o dorminhoco barulhento. De repente outra boneca, Jerry, entra sem bater. Ainda não chegou aos trinta, é bonito, mas tem uma cara preocupada. Ele tem um cicio engraçado.*

* * *

JERRY: Bom dia e feliz aniversário, Miss Delaney.

CANDY: Silêncio, por favor. (*Ela mostra o quarto onde está o dorminhoco.*) Não falei que ele voltaria antes do domingo?

(*Jerry faz menção de dirigir-se ao quarto.*)

CANDY: Fique longe do quarto.

JERRY: Só uma espiada. (*Enfia a cabeça entre as cortinas e assovia baixinho.*)

CANDY: Saia do quarto!

JERRY: Eu não estou no quarto.

CANDY: Essas vacas sempre se intrometem na minha vida. Já estou farta.

JERRY: Eu ia te dar um presente de aniversário.

CANDY: Não se incomode. Só não se intrometa com a única coisa na vida que me importa nesse momento.

JERRY: Espero que dure, mamãe.

CANDY: Sem esse linguajar de bicha aqui. Não é só vulgar, mas fora de moda. Diz de onde você vem e a idade que tem. Meu nome é Candy Delaney.

JERRY: Pra mim Miss Delaney.

CANDY: Então saia daqui. Anda! Não. Espere. Sente-se. Quero falar sério com você um instante. As coisas vão ter que mudar por aqui, porque não vou ter a minha felicidade ameaçada por duas vadias que vivem debaixo do meu teto e que acham que o homossexual deve ser barato, vulgar e passar a noite nos bares atrás de um programa!

JERRY: Isso é ótimo, vindo de você, a mãe de todas nós, no dia em que faz 35 anos.

CANDY: É, não sou mais jovem. O mundo das bonecas é excitante só para as bonecas jovens. Pra mim, é *passé* e *finit*. Quero ter um pouco de dignidade na vida, e agora encontrei uma pessoa com quem posso viver em bases dignas e sólidas, alguém que não irá comprometer minha vida profissional, minha carreira e a quem eu possa dar e receber. E que juntos a gente possa construir uma existência melhor para ambos.

JERRY: Você está na fossa por causa do aniversário.

CANDY: Eu nunca estive tão feliz na minha vida.

JERRY: Você teve uma vida triste, mamãe.

CANDY: Você pode, por favor, dar o fora daqui e ir para o seu apartamento? E no fim do mês, eu agradeceria se você e aquela bichinha que vive com você se mudassem. Por que não alugam um apartamento num conjunto habitacional?

JERRY: E eu gastei vinte verdinhas no seu presente de aniversário, Candy.

CANDY: Já que não vou receber mesmo, é fácil dizer que custou caro.

JERRY: Essa é a última vez que você me insulta.

CANDY: Espero que sim.

(*Jerry sai, batendo a porta. Karl acorda grunhindo e entra cambaleando na cozinha.*)

CANDY: Meu bem, o que você quer para o café da manhã?

KARL: Me prepara um *violet*?

CANDY: Não no café da manhã, meu bem.

KARL: Sei o que eu quero no café. Não vem me dizer o que eu quero. Cadê a garrafa de *Pernod*?

(*Candy levanta com um suspiro e providencia o Pernod.*)

KARL: Cadê a vodca?

(*Candy traz a vodca.*)

KARL: Vê aí um copo com gelo.

(*Candy traz o copo com gelo.*)

KARL: Agora sim. Vai tomar o seu maldito café e me deixa em paz.

CANDY (*quase chorando*): Detesto ver você se destruindo, benzinho. Você é maravilhoso demais e eu te amo.

KARL: Fico semanas sem beber quando estou no mar.

CANDY: Você é maravilhoso, uma pessoa linda, e você sabe que eu te adoro?!

KARL: Você é uma chata!

CANDY: Você não está falando sério, benzinho.

KARL: Quer apostar?

CANDY: Senão, por que você estaria aqui?

(*Alvin Krenning abre a porta em silêncio e para ignorado pelo casal à mesa.*)

KARL: Acabou a grana.

CANDY: Isso foi só a desculpa que você inventou para voltar pra mim noite passada.

KARL: Experimenta não pagar por ontem à noite. E pagar bem! Muito bem!

ALVIN: Candy, eu quero falar com você.

CANDY: Eu disse para o seu colega de quarto não entrar aqui sem bater, e isso também serve pra você, Alvin.

ALVIN: Você magoou o Jerry.

CANDY: Fico feliz que tenha surtido efeito.

ALVIN: O que deu em você, Candy?

CANDY: Estou farta de bichinha, de papo de bichinha e de bichice. Por que acha que eu reformei este apartamento?

(*Karl se levanta e se dirige à porta.*)

CANDY: Aonde você vai, benzinho?

KARL: Mijar. (*Entra no banheiro.*)

CANDY (*para Alvin*): Sente-se e tome um café.

ALVIN: Você partiu o coração do Jerry.

CANDY: Não parti, não.

ALVIN: Partiu, sim.

CANDY: Tive que deixar claro para ele que, de agora em diante, eu não quero nenhum inquilino sob meu teto que desrespeite o que eu estou tentando fazer.

ALVIN: O que você está tentando fazer? Se livrar dos seus velhos amigos?

CANDY: Ninguém valoriza mais velhos amigos do que eu, mas não vou deixar que esculhambem a minha vida, quando quero preservar a primeira relação verdadeira e importante que tive desde que terminei com Sidney.

ALVIN: Se você está falando do Karl, deixa só eu te contar uma coisa.

CANDY: Você e o Jerry traem um ao outro o tempo todo e não suportam me ver construindo algo decente.

(*Alvin se levanta furioso e vai saindo.*)

CANDY (*levantando*): O que é que você ia me dizer? Eu só quero saber.

ALVIN (*vira-se para a porta*): Karl estava lá enfiado com uma mulher a semana toda, enquanto você ficou aqui chorando. E só voltou porque foi chutado da casa dela na Saint Charles.

CANDY: Mentira!

(*Alvin vai saindo.*)

CANDY: Quem te contou essa história?

ALVIN: Ninguém. Eu sei. Conheço a mulher e você também. Alice Jackson.

CANDY: Quando Karl sair do banheiro, pergunto a ele. Enquanto isso gostaria que você e Miss Johnson começassem a fazer as malas. Eu devolvo o resto do aluguel deste mês.

ALVIN: Ele já está fazendo as malas. (*Ele sai batendo a porta.*)

CANDY (*vai atrás dele no corredor e grita*): Lembre-se de que depois disso não te conheço mais! Em nenhum lugar! Rua! (*Bate a porta. Está visivelmente abalada.*)

(*Karl sai do banheiro com uma toalha, de cuecas úmidas e começa a se vestir.*)

KARL: O que foi aquilo?

CANDY: Eu quero te fazer uma pergunta. Nunca menti pra você, benzinho. Quero que me diga a verdade. Você esteve com alguma mulher esta semana?

KARL: Hã? Que mulher?

CANDY: Uma mulher chamada Alice Jackson.

KARL: A resposta é sim. E daí?

CANDY: Venha aqui e sente-se à mesa.

KARL: Estou me vestindo.

CANDY: Você pode se vestir mais tarde.

KARL: Posso. Mas eu quero agora. Ok?

CANDY: Você está pondo em risco um futuro maravilhoso entre nós não me tratando com o respeito que eu mereço. Gastei mais de trezentos dólares com você na última semana, num momento em que estou me estabilizando nos meus negócios, depois de muitos planos e muito esforço! Deixa eu te contar o que planejo para nós. Para começar, vou expulsar o Alvin e o Jerry daqui e redecorar o prédio pra atrair inquilinos de alta classe. Tenho três terrenos nesse quarteirão e uma loja de decoração na Saint Charles. É ou não é verdade que você estava enfiado com essa mulher enquanto esteve fora semana passada, e mentiu pra mim que estava em Biloxi com a tripulação?

KARL: Acha que eu teria alguma razão pra mentir pra você, minha frutinha?

CANDY: Acho, garanhão. Você não está tão bêbado, nem de ressaca pra saber que eu sou a única que pode oferecer a você um futuro estável. Deixe-me só contar os planos que fiz para o nosso futuro juntos. Preciso de um sócio. Que será você. Daqui a um ano eu serei o decorador mais bem pago da cidade e mais na moda. Espere! Meu talento é reconhecido! Eu fiz o programa de TV "Feira das duas Américas".

(*Karl vai até ele e começa a estalar os dedos.*)

CANDY (*ignorando o gesto de Karl*): Fotos das minhas decorações vão sair na próxima edição da *Cultura Sulista*, em cores! Página inteira!

(*Karl continua estalando os dedos perto do rosto de Candy.*)

CANDY: Por que está estalando os dedos na minha cara?

KARL: A grana, me dá a grana. Estou indo.

CANDY: Aonde?

KARL: Pra Alice. A gente gastou a pensão dela, e por isso que eu voltei pra passar a noite. Uma noite só.

CANDY: Você vai ficar aqui ou não ganha nada.

KARL: Resposta errada, frutinha.

(*Karl dá uma bofetada nela, primeiro de leve, depois com força. O choro de Candy vira gritos abafados.*)

KARL: Onde você guarda? Onde você guarda a grana? Fala logo antes que eu acabe com você e a porra desse muquifo!

CANDY (*finalmente*): Bule... no bule de prata...

(*Karl pega um bolo de dinheiro no bule e vai saindo.*)

KARL: Enche isso de novo. Eu posso passar aqui da próxima vez que vier à cidade. (*Sai.*)

(*Candy, caída de joelhos, engatinha até ele com uma rapidez surpreendente, gritando o nome de Karl cada vez mais alto e mais fundo. Jerry e Alvin entram no momento em que Candy dá um grito e cai desfalecida com o rosto para o chão, num último grito sufocado.*)

JERRY: Meu Deus, pega um drinque pra ela. (*Alvin corre até o bar enquanto Jerry levanta Candy do chão.*) Alvin? Acho que ela está morta!

(*Alvin congela com a garrafa de conhaque nas mãos.*)

JERRY: Me ajuda a levar ela pra cama, pelo amor de Deus.

ALVIN: Faz parecer que ela morreu de causa natural, Jerry.

JERRY: Cala a boca e pega as pernas dela, seu babaca?

ALVIN (*obedecendo*): A gente avisou. Ela não quis ouvir.

JERRY: Ela não está respirando, ela já era.

ALVIN: De qualquer forma, precisamos tirar esta roupa de *drag* antes da polícia chegar.

JERRY: Quem vai chamar a polícia? É tarde demais até pra um padre.

ALVIN: A quem vamos avisar? Korngold?

JERRY: Quem é Korngold?

ALVIN: O marido dela, separado... O que largou dela e foi pra Houston, no Texas.

JERRY: Alvin? Ela está respirando: o conhaque!

(*Eles dão conhaque para Candy. Ela engasga e vomita. Eles gargalham.*)

ALVIN: Recomponha-se para o seu aniversário!

CANDY (*sentando devagar*): Ai meu Deus! Eu estou velha! Fiquei velha, estou velha...

(*Jerry induz Alvin a sentar-se ao lado dela. Pausa. Começa a chover.*)

JERRY: Então vamos sentar numa cama amarrotada e contar histórias tristes das mortes das bonecas.

(*Alvin e Jerry riem. Finalmente Candy se junta a eles, mas seu riso transforma-se em lágrimas enquanto a luz se apaga em resistência.*)

CORTINA

Notas sobre o Texto

Notas sobre as primeiras peças em um ato de Tennessee Williams

Tradução Luiza Jatobá

Em algum momento entre janeiro e julho de 1941, Williams escreveu com otimismo sobre as peças curtas que havia escrito desde meados de 1930: "Posso ter algumas peças em um só ato na Broadway – espero que provem ser meu sapatinho de cristal perdido quando rolei escada abaixo no meio da noite".

Para Williams, sucesso era considerado um tema para histórias da carochinha nessa fase negra, nos meses que se seguiram ao fracasso da montagem de sua peça completa *Battle of Angels* em Boston. Sua otimista alusão a si mesmo como uma Cinderela em potencial aparece em um fragmento de rascunho de uma correspondência não publicada, agora arquivada no HRC (54.15)[1] e dirigida a Lawrence Langner do Teatro Guild – que havia montado *Battle*, e que em julho de 1941 tinha rejeitado a montagem de uma nova versão. Entretanto, as apostas de Williams para suas peças curtas em 1941 refletem

---

[1] HRC: Harry Ransom Humanities Research Center, Tennessee Williams Collection. O primeiro e o segundo número entre parênteses designam, respectivamente, a caixa e a pasta em que os materiais citados estão arquivados.

sua consistente prioridade artística durante um período muito maior, de 1937 a 1943, quando as peças em um ato constituíam um segmento particularmente importante de sua produção dramática. Fala-se muitas vezes que Williams usava a forma breve como um laboratório para ideias dramáticas a serem desenvolvidas em peças mais longas. O que é menos frequente de se notar é que ele também concebia suas peças curtas, particularmente durante estes anos, como módulos para a construção de ciclos definidos pelos mesmos elementos regionais e temáticos. Na maioria dos casos, Williams encarou suas primeiras peças em um ato não somente como experimentos individuais, mas como componentes possíveis de projetos de maior duração para submeter a possíveis editores ou produtores. Entre inúmeros projetos desse tipo que ele idealizou e deixou registrado em suas anotações, sem nunca tê-los visto materializados no palco ou no papel, um era uma longa e gradual série de roteiros que ele chamava de *American Blues* (1937-1943 e depois). Outro era uma trilogia denominada *Vieux Carré* (1941 – que não deve ser confundida com a peça completa que só foi concluída em 1977, apesar de ter sido iniciada em 1939).

Verão no Lago, O Jogão e *A Mulher do Gordo* são intimamente relacionadas, por pertencerem a um conjunto de peças que Williams agrupava no mesmo ciclo dramático, ou conjunto de roteiros, intitulado *American Blues*. A ideia surgiu no começo de abril de 1937, quando Williams escreveu a Willard Holland sobre "algumas peças curtas novas" incluídas sob o mesmo título (*Selected Letters* I, p. 94).[2] Em um ou dois rascunhos para um sumário

---

[2] *The Selected Letters of Tennessee Williams.* Vol. 1 (1920-1945). Eds. Albert J. Devlin e Nancy M. Tischler. Nova York, New Directions, 2000.

de *American Blues*, agora arquivado no HRC (1.8), Williams apresentou alguns trabalhos em desenvolvimento como partes desse conjunto. Ele elucidou o conceito escrevendo: "um programa de peças de um ato feitas com a intenção de captar na dramaturgia a atmosfera, o ambiente e o sentido do *blues* americano". Esse entendimento do título, *American Blues*, é fascinante e poderia muito bem figurar numa capa, agora não localizada, em um conjunto de quatro peças de um ato que Williams havia inscrito (com três peças completas) num concurso organizado pelo Teatro de Grupo no inverno de 1938-1939.

Em 20 de março de 1939, Molly Day Thacher escreveu para premiar Williams com um prêmio especial de cem dólares pelos três primeiros quadros inscritos no concurso do Teatro de Grupo com o título de *American Blues*. Nas cartas hoje arquivadas no HRC (57.11, com o nome de casada de Thacher, a saber, Kazan), Thacher também escreveu: "Já que não havia limites para o tamanho das peças a serem julgadas, eliminamos da consideração a quarta cena de *American Blues*. Parece-nos muito inferior em qualidade às três primeiras, tanto na escrita como no valor teatral".

A versão do *American Blues* que entrou no concurso Teatro de Grupo certamente incluía *O Filho de Moony Num Chora* e é quase certo que incluía *O Quarto Escuro*, conforme indícios do HRC (61.8, carta de Roberta Barrett a William Kozlenko de 22 de outubro de 1940) e a correspondência de Williams (*Selected Letters* I, p. 170). Além do mais, os sumários de *American Blues* agora arquivados no HRC (1.8) contêm os títulos *Lembranças de Bertha* e *O Demorado Adeus* em posições destacadas, sugerindo que esses provavelmente foram os outros dois quadros que Williams inscreveu no Teatro de Grupo. Assim sendo, todos os quatro originais de um ato que foram submetidos deveriam ter sido publicados durante o ano de 1940. Entretanto, as listas de HRC mencionam pelo menos oito outros títulos como parte do *American Blues*. Entre eles, há títulos de pelo menos três das peças existentes publicadas aqui pela primeira vez: *Verão no Lago*, *A Mulher do Gordo* e *O Jogão*. (Uma das listas também inclui o título *Fuga*, mas isso é provável que se refira a *Verão no Lago* com outro título.) É possível, mas não provável, que um ou dois desses, mais do que *Lembranças de Bertha* e/ou *O Demorado Adeus*, estivessem entre as peças do concurso.

Quando no começo de 1939 o Williams recém-reconhecido contratou sua primeira agente verdadeira em Nova York, Audrey Wood, ela recebeu as peças premiadas do *American Blues* do Teatro de Grupo e escreveu a seu cliente novos elogios rasgados do que ela chamou de "uma maneira simples, mas muito verdadeira de compor personagens" em suas peças de um ato. Wood lhe disse que "sua tentativa aqui de dramatizar os diferentes *milieus* foi muito bem-sucedida, em minha opinião" (Leverich, p. 303).[3] Wood então começou a tentar vender as quatro peças curtas da versão do concurso de *American Blues* a vários lugares, mas alguns não se interessaram, como a *Story Magazine* de Whit Burnett (*Selected Letters* I, p. 170).

Wood tentou ainda convencer Williams a lhe enviar outras peças curtas em que ele estivesse trabalhando. A razão mais plausível para a existência desses sumários arquivados no HRC (1.8) é que aqueles trechos do *American Blues* que foram agrupados e circularam em 1939 – a saber, aqueles que Williams tinha enviado

---

3 Lyle Leverich, *Tom: The Unknown Tennessee Williams*. Nova York, Crown, 1995.

para o concurso – foram prefaciados com uma lista muito parecida com eles. Provavelmente, foi assim que Wood conheceu não só os textos das peças que Williams havia submetido ao Teatro de Grupo, mas também os títulos de um conjunto de outras peças de um ato em desenvolvimento. Certamente ela perguntara sobre eles logo depois de se tornar sua agente. Em junho de 1939, Williams respondeu a suas perguntas:

> Os quadros do *American Blues* que você menciona existem – e por enquanto não se pode dizer muito mais de quase todos, já que estão no primeiro rascunho e não foram mandados com os outros porque não me parecem prontos para uma avaliação profissional. No entanto, pouco a pouco estou desenvolvendo esses entrecruzamentos dramáticos e enviarei alguns trechos de tempo em tempo. Os antigos listados no frontispício estão todos embalados entre meus manuscritos em St. Louis e da próxima vez que passar por lá verei o que posso desencavar que mais se pareça com uma cena pronta. (*Selected Letters* I, p. 177)

Em meados de 1939, Williams deixou a maioria de seus rascunhos recentes de peças de um ato na casa de seus pais enquanto estava fora, na Califórnia. Aquelas peças curtas que tinham sido incluídas no ciclo do *American Blues*, mas não entraram no concurso, ficaram arquivadas. Seu autor só voltaria a Missouri em setembro de 1939, e apenas a caminho de Nova York para encontrar Wood pessoalmente pela primeira vez.

Não se sabe se Williams chegou a entregar a Wood os rascunhos de *O Jogão* ou de *A Mulher do Gordo,* mas pode-se ter certeza de que ele enviou à agência uma versão de *Verão no Lago,* uma peça que ele continuou a revisar nos anos que se seguiram (ver nossa Nota sobre *Verão no Lago*). De qualquer maneira, é de se notar que a frase de Williams "no primeiro rascunho", na carta acima mencionada, não deve ser aplicada literalmente ao texto de qualquer peça dessa coletânea. Certamente a designação não pode se referir tecnicamente à nossa revisão de *Verão no Lago, O Jogão* ou *A Mulher do Gordo,* todas que sobreviveram ao HRC em versões anteriores às escolhidas para a publicação aqui.

No início dos anos 1940, enquanto concluía peças completas, incluindo *Battle of Angels, Stairs to the Roof* e *You Touched Me!* (e, finalmente, *O Zoológico de Vidro* e *A Streetcar Named Desire*), Williams também continuou a trabalhar em suas peças de um ato. Estas incluíam acréscimos no conjunto das *American Blues* – os quais ele considerava em meados de 1939 como "ainda em desenvolvimento" (*Selected Letters* I, p. 180) – assim como textos arquivados mentalmente sob outras classificações como "Improvisações do Mississipi" e, misteriosamente, "Dominos" (numa lista de 1943; ver Nota do *Verão no Lago*). Em tudo isso, Williams foi certamente incentivado pela escolha de várias de suas peças de um ato para produção e publicação.

A apresentação das peças curtas de Williams ao público começou em fevereiro de 1940, quando *O Demorado Adeus* foi produzido na New School da cidade de Nova York. Margaret Mayoga, editora da antologia anual *Melhores Peças de um Ato,* tornou-se umas das primeiras admiradoras de Williams ao incluir sua primeira peça publicada (a peça curta *O Filho de Moony Num*

Chora) na edição de 1940, continuando a publicá-las nos anos posteriores. Em 1941, mais uma coletânea de peças de um ato, *Cenas Americanas*, editada por William Kozlenko, incluía mais duas peças de Williams. Segundo uma correspondência não publicada arquivada no HRC (61.8), no final dos anos 1940, Kozlenko estava negociando os direitos autorais das quatro peças que formam o *American Blues* como um conjunto completo. No entanto, esvaziado pela publicação separada de *O Filho de Moony Num Chora*, ou então pela insistência da agência em cobrar a taxa de publicação para cada peça individualmente, Kozlenko optou então por outras duas peças de um ato a que ele deu o título de *Landscape with Figures* (*At Liberty* e *Esta Propriedade Está Condenada*). Com isso, nunca o *American Blues* foi apresentado como Williams havia projetado desde 1937. Finalmente, com título de apelo muito geral, cinco peças curtas foram aleatoriamente agrupadas e publicadas pelo Dramatists Play Service em 1948 e ainda hoje são reeditadas. No final dos anos de 1930 e no começo dos de 1940, entretanto, Williams continuava a fazer outra classificação de suas peças de um ato que – como o *American Blues* em suas várias encarnações – poderiam ser usadas para compor projetos dramáticos inteiros.

Durante o segundo semestre de 1941, quando Williams provavelmente datilografou a carta inacabada citada no começo deste ensaio, ele estava buscando novos projetos e ideias que pudessem dar lucro. Viajou a Provincetown, à costa do Golfo, a Nova York, a Nova Orleans, à casa de seus pais em Missouri, de volta a Nova Orleans, e de novo para Nova York. A essa altura a coisa mais próxima de um Príncipe Encantado em sua vida era Hume Cronyn: um "ator rico" que, por cinquenta dólares por mês, tinha comprado um conjunto de peças de um ato de Williams (*Selected Letters* I, p. 362, 328-29). Isso não impedia Williams de encarar suas peças curtas como possibilidades de ganho de outros lugares. Numa carta não publicada para Audrey Wood, datada de 28 de outubro de 1941, arquivada no HRC (54.16), Williams anexou um "pequeno roteiro" não identificado, que ele afirma ter extraído de uma longa comédia... "Uma Filha da Revolução Americana" (isto é, parte do que finalmente se tornou *O Zoológico de Vidro*). Williams previu que o roteiro "deveria servir para fermentar qualquer programa de peças de um ato, se dirigidas com muito engenho e arte", e notou num posfácio: "A Nova Liga de Teatro oferece cinquenta dólares por um esquete de quinze minutos – acho que é suficiente – (a comédia)".

Sobre os roteiros de *Mister Paradise e Outras Peças em um Ato*, pelo menos um emergiu desse momento difícil da carreira de Williams. Numa carta não publicada a Audrey Wood, escrita em Nova Orleans e datada de 27 de outubro de 1941, Williams escreveu: "Estou anexando mais duas peças de um ato que escrevi nos últimos dois dias sem mesmo revisá-las. Podem ser combinadas com o roteiro que te mandei anteriormente num grupo de três, chamado *Vieux Carré* e submetido a Mayorga ou Cronyn" (cf. *Selected Letters* I, p. 368). Uma das três peças que Williams considerava no momento como candidatas para apreciação de Mayorga ou de Cronyn era muito provavelmente *Obrigada, Bom Espírito*.

Williams tinha enviado por correio um rascunho de *Obrigada, Bom Espírito* para Wood menos de uma semana antes de escrever para ela no dia 27 de outubro. Além disso, foi possível identificar duas outras peças de um ato ambientadas no French Quarter naquela época e que foram publicadas durante os anos

1940. Wood escreveu a Williams no começo de novembro que um rascunho de *A Última Carta de Amor de Lord Byron*, que ela tinha recebido dele recentemente, parecia conter "uma ideia comercial" (*Selected Letters* I, p. 358). Finalmente, em seu diário desse período chamado de "Segunda-Feira à Meia-Noite", Williams afirmou: "eu escrevi uma nova peça de um ato hoje – *A Dama da Loção Antipiolho* – e não me sinto muito mal" (Lyle Leverich, *Tom*, p. 432). Tendo também gostado de *A Dama da Loção Antipiolho*, Mayorga incluiu-a na coletânea *As Melhores Peças de um Ato de 1941*. *A Última Carta de Amor de Lord Byron* foi publicada em 1945, na primeira coleção de peças, *27 Carros de Algodão e Outras Peças em Um Ato* (também atualmente disponíveis no Teatro VI) com *Lembranças de Bertha, O Demorado Adeus, A Dama da Loção Antipiolho, Esta Propriedade Está Condenada*, e mais quatro peças curtas. Agora com a publicação de *Obrigada, Bom Espírito*, seria possível montar um projeto de três peças curtas com o título de *Vieux Carré*, tal qual Williams teria idealizado no outono de 1941.

NOTAS SOBRE CADA PEÇA INDIVIDUALMENTE

Os manuscritos datilografados das primeiras onze peças desta coletânea estão arquivados na Coleção Tennessee Williams no centro de Pesquisa em Humanidades Harry Ransom, no *campus* da Universidade do Texas, em Austin. Sobre os originais das duas peças restantes, um está com Michael Kahn. O último foi localizado no Departamento de Coleções Especiais da Biblioteca de Pesquisa da Universidade da Califórnia, em Los Angeles. Ao editar esses manuscritos para uma leitura geral, assim como para estudantes e especialistas, tentamos transmitir o que Williams escreveu de modo mais direto e preciso possível, atentos à necessidade não só do leitor, de uma apresentação clara e despojada, como também do diretor e do ator, de um texto passível de ser trabalhado numa montagem.

Em três momentos, tivemos que escolher entre dois ou mais rascunhos completos de uma peça nos arquivos, recusando outros rascunhos existentes. Os critérios de nossa seleção em cada caso são diferentes e podem ser encontrados nas respectivas Notas.

Em duas outras vezes, em casos excepcionalmente complexos – também explicados nas Notas – tivemos que cortar longos fragmentos de um roteiro deixado por Williams, assim como, por coerência, modificar outros trechos do que sobrou (*E Contar Tristes Histórias das Mortes das Bonecas...*) além de juntar dois rascunhos de outra peça, dos quais faltavam algumas páginas (*Adão e Eva em uma Balsa*).

Nossos textos podem não refletir mudanças significativas, cortes ou leituras alternativas que foram preferidas naquela altura, seja por diretores das produções citadas anteriormente, seja por diretores de outras leituras dramáticas e ateliês.

Todos os nossos originais foram datilografados por Williams; muitos contêm inserções, cortes e comentários escritos à mão por Williams. Em alguns casos, o lugar preciso da inclusão ou a extensão exata do corte se presta a interpretações, ainda que em todas essas instâncias um alto grau de confiança em nossa fidelidade ao texto de Williams tenha sido alcançado; e não anotamos cada caso particular.

Como todos os escritores, Williams fez erros eventuais por lapsos de memória ou atenção momentâneos, assim como erros de ortografia. Até seus rascunhos revisados estão longe de ser uma cópia de editor. Estão repletos de irregularidades tanto no formato como na apresentação, sem mencionar os óbvios erros de datilografia. Corrigimos algumas referências a detalhes concretos que aparecem nos diálogos (nomes, lugares, períodos de tempo e pontos no tempo), corrigimos o que pareciam erros gritantes de ortografia, e, em muitos casos, padronizamos ortografias duvidosas. Entretanto, decidimos ficar com palavras que refletiam regionalismos ou representavam características de algum dialeto falado foneticamente. As características tipográficas acidentais, sobretudo a pontuação, foram objeto de minuciosa revisão editorial e algumas modificações.

Os elementos de textos dramáticos que, por convenção, são apresentados de maneira inteiramente previsível, como títulos de falas e rubricas, foram padronizados segundo o estilo da editora. Foram também corrigidos para obter maior coerência. Isso significa que, na maioria dos lugares em que na rubrica original de Williams faltam artigos ou sujeitos gramaticais, nós completamos. Ocasionalmente, retiramos, adicionamos ou alteramos verbos relacionados a ações particulares nas rubricas (por exemplo, trocar "atravessa" por "anda").

Fizemos silenciosamente as modificações incidentais e substanciais enumeradas nos dois parágrafos precedentes. De todo jeito, nossas versões das peças estão disponíveis para pesquisa de eventuais estudiosos e diretores, pois estão em arquivos de acesso público (exceto o rascunho que restou de O Matadouro Municipal).

ESTAS SÃO AS ESCADAS QUE VOCÊ TEM QUE VIGIAR

Nosso original foi um rascunho datilografado único arquivado no HRC (49.7). Já que Carl se refere a Joan Bennet como "vovó" (p. 5), a cópia deve ter sido rascunhada depois que o neto de Bennet nasceu em 1948 (segundo relato dela mesma). Uma nota em *Collected Stories*[4] indica que a história "Os Mistérios de Joy Rio" foi escrita em Nova Orleans em 1941, embora numa carta de 22 de novembro de 1946 ele tenha sugerido que teve a ideia da história naquela época: "Tive uma ideia para uma longa história maravilhosa sobre um mexicaninho triste que conserta relógios, chamado 'Joy Rio'" (*Selected Letters* II, p. 79).[5] Joy Rio reapareceu, então, numa história relacionada, mas diferente, que se chamou "Hard Candy".

---

[4] Tennessee Williams, *Collected Stories*. Nova York, New Directions, 1985.
[5] *The Selected Letters of Tennessee Williams*. Vol. II (1945-1957). Eds. Albert J. Devlin e Nancy M. Tischler. Nova York, New Directions, 2004.

MISTER PARADISE

Nosso original é um de dois rascunhos datilografados arquivados no HRC (24.12).

Já que a versão publicada é situada no French Quarter, é quase certo que Williams o tenha escrito durante ou depois de 1939, quando visitou Nova Orleans pela primeira vez. Uma versão alternativa, na mesma pasta do HRC, é ambientada no Greenwich Village e descreve a mesma ação, mas com um diálogo bastante diferente. No início de 1940, a peça de um ato de Williams *O Demorado Adeus* foi interpretada no Village, na New School; no início de 1942 trabalhou como garçom no mesmo bairro. A partir desta informação, entretanto, é difícil deduzir algo sobre a prioridade de qualquer um dos dois rascunhos; Williams poderia muito bem ter escolhido o Village como ambientação para o roteiro sobre um poeta empobrecido muito antes de conhecer esse bairro. Temos a impressão de que nossa versão é a mais recente dos dois roteiros arquivados com esse título. Preferimos a versão do French Quarter, de todo modo, por julgar que tem maior interesse e qualidade superior. A versão do Greenwich Village, apesar da vantagem de ter rubricas mais completas, não tem os longos discursos que permanecem em nossa versão, e que se aproximam do *status* das famosas "árias" dos trabalhos mais elaborados de Williams.

Duas versões dos rascunhos manuscritos das últimas falas da peça sobrevivem num programa para uma série de filmagens feitas pela Biblioteca de Cinema do Museu de Arte Moderna, em Manhattan, que aconteceu em outubro e novembro de 1935; o programa está agora arquivado no HRC (53.2). Esses fragmentos de diálogo são interessantes, mas como pistas para a data da peça parecem sem utilidade, já que se supõe que Williams não tenha posto os pés em Nova York entre 1929 e 1939. Presume-se que os fragmentos tenham sido rabiscados por Williams no programa, anos depois de ter sido impresso, sabe-se lá onde e quando.

Na versão de Nova York, Mr. Paradise é descrito como "um homenzinho de meia-idade" que abre a porta "de pijama roxo amassado" por baixo de "um robe marrom". Seu apartamento era "um quarto minúsculo ou um 'estúdio' no Greenwich Village", com "uma claraboia e paredes inclinadas" e móveis "totalmente indescritíveis" incluindo "uma cômoda com gavetas abertas, uma mesa com tampo de mármore, uma pequena cama de ferro na alcova".

Em nosso original não há rubricas na abertura da peça. Baseados nas rubricas de abertura de outra versão alternativa e numa evidência interna de nosso original, uma rubrica de abertura simples foi acrescentada.

O PALOOKA OU O PANACA

Nosso original é um rascunho manuscrito único arquivado no HRC (34.3).

Em nossa "Introdução" nesta coletânea, discutimos a gama de datas que poderiam ser atribuídas a *O Palooka* ou *O Panaca*. Não se pode datar a peça com qualquer grau de probabilidade, exceto com uma pressuposição plausível de que Williams a teria escrito entre 1930 e 1940.

FUGA

Nosso original é um dos dois rascunhos manuscritos existentes arquivados juntos no HRC (4.10).

Fuga parece ser produto do final dos anos 1930 ou do começo dos 1940, os anos de aprendizado de Williams. Seria pura especulação atribuir uma data mais específica baseada em acontecimentos históricos, já que as reverberações políticas de Scottsboro perduram desde os anos 1930, passando pelos anos 1960, chegando até o presente. Williams deve ter pensado no caso em outros escritos como a história de 1931-1932, "Negão, um Idílio no Mississipi" (com publicação póstuma em *Collected Stories*); uma versão não publicada e revisada da história "Bottle of Brass" (ver abaixo); e uma peça de um ato mais longa e não publicada (provavelmente do final de 1930 ou do começo de 1940) chamada *Jungle* no HRC (22.2). Teria aludido a linchamentos e assuntos correlatos de novo em sua peça de 1940, *Battle of Angels*, e outras que a sucederam mais tardiamente como *Descida de Orfeu* e o filme *Vidas em Fuga*. Um curto roteiro sem título arquivado no HRC (53.6) mostra dois homens na cadeia, Bum e Lem, que, mesmo sendo negros, discutem o destino de homens negros linchados.

Um dos dois rascunhos de *Fuga* no HRC tem um título alternativo, "Bottle of Brass" [Garrafa de Latão], que Williams cancelou, mas que aparece em outro lugar como o título de rascunhos para um conto não publicado arquivado no HRC (4.10) e entre os rascunhos não classificados da Caixa 53. A história, "Bottle of Brass", é uma versão revisada e expandida do trabalho do início publicado postumamente "Negão, um Idílio no Mississipi" (em *Collected Stories*). A expressão "garrafa de latão" refere-se ao espírito da garrafa de *As Mil e uma Noites*, segundo uma epígrafe da história não publicada de Williams. Tanto a versão publicada como a versão não publicada da história, de todo modo, está inteiramente diferente da peça de um ato atual – exceto na medida em que todas descrevem homens afro-americanos fugindo de brancos racistas.

POR QUE VOCÊ FUMA TANTO, LILY?

Nosso original é um manuscrito único arquivado no HRC (51.16) no final do qual Williams escreveu à mão "Feb. 1935". O roteiro foi arquivado com o conto, que leva o mesmo título e contém praticamente a mesma ação e os mesmos diálogos. Outra versão da tentativa de Lily de lidar com sua situação aparece nesta pequena peça não publicada e menos focada, *Lily and La Vie* ou *The Chain Cigarette*, arquivada no HRC (23.10), onde o problema de Lily é enfocado mais simplesmente na frustração sexual. Depois de discutir sua insatisfação com seu amigo literato afeminado, Lily termina a peça saindo porta afora atrás de um entregador viril chamado Butch. A conclusão sugere uma tênue afinidade entre Lily Yorker e Blanche Dubois, cuja libido é despertada por um jovem cobrador de assinantes em *A Streetcar Named Desire,* assim como a proximidade entre Lily e Alma Winemiller de *Summer and Smoke* e *The Eccentricities of a Nightingale.*

VERÃO NO LAGO

Nosso original é um dos três rascunhos manuscritos completos arquivados com fragmentos de outro rascunho mais tardio, porém incompleto no HRC (12.10 e 47.1). Alguns desses materiais foram arquivados com o nome de *Fuga*, mesmo sem nenhuma relação com a outra peça de um ato muito diferente que foi publicada nesta coletânea como *Fuga* (cf. nossa Nota sobre a peça). "Fuga" é também o título da montagem de *Verão no Lago* de 2004, como parte das *Five by Tenn*. Preferimos o título *Verão no Lago*, em parte porque foi o último título de Williams para um rascunho dessa peça e em parte para distingui-la da outra peça que aqui tem o título de *Fuga*.

Nosso original deve ter sido elaborado antes de 1939, pois leva o nome "Thomas Lanier Williams" no título da página; é evidentemente o segundo, mais do que o terceiro, dos três rascunhos completos na ordem de composição. Um rascunho aparentemente mais tardio, preservado no arquivo, também levando o nome "Thomas Lanier Williams" (portanto, escrito antes de 1939) incorpora alguns dos acréscimos escritos à mão por Williams em nosso original, e também introduz outras mudanças no diálogo, tanto datilografados como manuscritos. Entretanto, o arquivo no HRC contém outros fragmentos datilografados que devem ter sido escritos ainda mais tarde do que qualquer uma dessas versões. Evidentemente, durante o final dos anos 1930 e começo dos 1940, os escritos para *Verão no Lago* estavam em um contínuo processo de evolução e foram finalmente incorporados a um projeto inacabado extremamente divergente.

Preferimos nosso original porque tem uma aparência mais completa, incluindo uma detalhada rubrica de abertura (que o rascunho seguinte não tinha). Em segundo lugar, preferimos nosso original porque o consideramos, em muitos aspectos, drasticamente superior ao rascunho que o sucedeu, julgamento referendado por Michael Khan que o escolheu para a estreia de *Five by Tenn*.

O que parece ser o rascunho mais antigo e completo que perdura de *Verão no Lago* não traz a especificação das falas, tem poucas rubricas para a montagem e tem dois títulos alternativos com a letra de Williams ("O Lago" e "Mercúrio"). Nossa cópia, como já foi dito, era provavelmente a penúltima e não a última versão dos três rascunhos completos, tem o título de "Fuga", escrito à mão por cima dos outros dois títulos cancelados ("Mercúrio" e "O Lago", os dois datilografados). O terceiro e provavelmente o último e completo rascunho tem o título de "Verão no Lago", manuscrito sobre o título alternativo "Fuga" (que não foi eliminado). Na página de rosto desse terceiro rascunho completo, Williams escreveu a anotação "American Blues: III" e designou-o como "Primeiro rascunho".

O fato de Williams ter usado seu próprio nome no que parece ser o último rascunho completo de *Verão no Lago* mostra que todas as versões completas existentes foram feitas antes do começo de 1939. Entre os fragmentos relacionados nos arquivos da HRC, encontra-se, entretanto, outro título datilografado para *Verão no Lago* no qual Williams grafou o nome "Tennessee Williams". Isso mostra que ele finalmente se decidiu por *Verão no Lago* como título da peça e também que continuava a revisar ou pelo menos pretendia revisar, durante ou depois de 1939. Na verdade, um rascunho fragmentário de diálogos da peça existe no HRC (53.3), escrito em papel timbrado do YMCA de Nova York (356 West 34th St.), onde Williams se hospedara no primeiro semestre de 1940, no "final da primavera" de 1941 (*Selected Letters* I, p. 317) e em março de 1943. O título *Verão no Lago* também aparece numa lista de duas páginas datilografadas, evidentemente de 1943, na qual Williams identifica os nomes e locais de suas "propriedades" ou manuscritos que circulavam naquela altura; lista esta que se encontra arquivada no HRC (54.16) com duas cartas que Williams escreveu para Audrey Wood em maio de 1943.

Em algum momento entre o final de 1937 e meados de 1940 (mais provavelmente em 1939), Williams fez o rascunho de um cenário, hoje arquivado no HRC (47.1) para outra peça mais longa com o título de *Verão no Lago* ou *Palavras São uma Rede para Caçar Beleza*. A frase "redes para caçar beleza" aparece em fragmentos de um diálogo relacionado no HRC (53.6) no qual um jovem se afoga por se afastar demais da costa, mas – diferentemente de Donald Fenway – deixa para trás um caixa de manuscritos literários. Williams teria ficado obcecado com a imagem do jovem desaparecendo na água, tendo experimentado diversos contextos para esse evento e imaginado vários possíveis motivos para tal ação.

No fragmento manuscrito nos papéis timbrados da YMCA, depois da última linha do diálogo da peça ("Ele não voltou"), Williams escreveu uma rubrica final que não se acha em outros rascunhos: "As gaivotas gorjeiam lá fora rondando as janelas". Uma gaivota é mencionada, embora de maneira menos evidente, em nossa versão, entre vários ecos eventuais de Tchekhov, cuja obra foi descoberta por Williams nos anos de 1930 e se tornou sua maior influência. Nos anos de 1970 e 1980, Williams adaptou a peça de Tchekov, *A Gaivota*, com um título próprio, *The Notebook of Trigorin*.

O JOGÃO

Nosso original é um dos dois rascunhos manuscritos, arquivados no HRC (4.3), que Williams provavelmente preparou em 1937. No final de nosso original, Williams escreveu seu nome ("T. L. Williams") acima do endereço da rua, "6634 Pershing". Entre setembro de 1935 e julho de 1937, a família de Williams residia nesse local em Saint Louis. Também, num rascunho parcial de um diálogo entre dois personagens chamados "Pierrot" e "Pierrette" (HRC 53.3), uma página foi datilografada no verso da página de rosto para "O JOGÃO (uma peça de um ato)". Já que foi em 1937 que Williams participou de um concurso local (Leverich, p. 211) com uma peça cujo título era *The Death of Pierrot*, é provável que estivesse trabalhando em *O Jogão* durante esse ano. (Nesse título enganoso, o "Tempo" era especificado como "Outono do ano em curso, um sábado".)

No rascunho alternativo, que era evidentemente anterior, nas rubricas de abertura para a montagem, Williams sugere que Tony deveria ter uma aparência obviamente estereotipada. "Ele é evidentemente o alvo de todo tipo de atenção e ele é o tipo do garoto que merece isso, leve, puro, exuberante, magnificamente normal." O outro garoto, o "Dave" de nossa versão (no rascunho alternativo ele permanece sem nome), "é evidentemente menos feliz. Em sua mesa há um único vaso com flores baratas e murchas".

O QUARTO ROSA

Nosso original, um rascunho datilografado único, está arquivado em HRC (35.4).

Presume-se que essa peça curta tenha sido concluída em maio de 1943, já que o título aparece na lista de duas páginas das "propriedades" de Williams (descritas anteriormente, na nota sobre *Verão no Lago*). Na verdade, o título "O Quarto Rosa" aparece duas vezes na lista de 1943: uma vez como o título de uma peça curta e de novo como o título de um conto.

Em 1931, doze anos antes, Williams inscreveu o conto "O Quarto Rosa" num concurso de ficção estudantil da Universidade de Missouri, segundo uma pesquisa recentemente publicada (Philip C. Kolin, "'No Masterpiece Has Been Overlooked': The Early Reception and Significance of Tennessee Williams's 'Big Black: A Mississippi Idyll'" ['Nenhuma obra-prima foi esquecida': Primeiras reações e significado de 'Negão, um Idílio do Mississipi']. *ANQ*, vol. 8, n. 4, p. 27-34). Uma história de Williams com o título de "O Quarto Rosa" sobrevive no HRC, onde está arquivada com a peça. Seu enredo, entretanto, é extremamente diferente.

A imagem do quarto rosa e a estranha reação ao rosa como uma cor particularmente desconcertante aparece em outro lugar dos escritos de Williams. Em fragmentos datilografados arquivados entre os materiais não catalogados e sem título no HRC (Caixa 53), um diretor/escritor europeu que se tornou roteirista de Hollywood dá um quarto rosa à sua Galateia Moderna. E, numa peça bem anterior, *Stairs to the Roof*, uma personagem escuta de seu chefe: "Prefiro que você não use rosa – tenho alergia a essa cor" (*Stairs to the Roof*. Nova York, New Directions, 2000, p. 18).

A MULHER DO GORDO

Nosso original é um texto datilografado arquivado no HRC (13.1). Abaixo do título no texto, Williams escreve seu nome como "Thomas Lanier Williams", o que quer dizer que esse rascunho foi concluído até 1939. Nesse original, a peça é ambientada na manhã do *réveillon* de 1938. No entanto, outros rascunhos arquivados com esse no HRC colocam a ação na manhã do *réveillon* de 1937. É plausível supor que Williams tenha escrito algumas versões da peça em 1937, e tenha então concluído o texto aqui publicado em 1938 (ou, quem sabe, quando se aproximava o ano de 1938). Outro rascunho tem a anotação "Primeira Versão" com a letra de Williams. Outro título, "O Encontro Acidental", aparece entre os rascunhos do HRC.

A página sem data das reflexões de Williams no HRC (53.3) mostra que em algum momento – possivelmente para um curso formal de teatro – ele leu a peça de Bernard Shaw *Cândida*, cujo tema se assemelha ao de *A Mulher do Gordo* (ver "Introdução"). Nesse fragmento o autor expressa seu espanto em relação ao moralismo de Shaw, explicando em parte, quem sabe, a razão que possa ter levado Williams a essa tentativa de dramatizar um enredo semelhante.

OBRIGADA, BOM ESPÍRITO

Nosso original é um rascunho datilografado único arquivado no HRC (49.4). Numa carta a Audrey Wood datada de 21 de outubro de 1941, Williams indicou claramente que havia escrito essa peça logo antes de escrever a carta: "Em resposta ao pedido de outra peça de um ato, apressadamente anotei esse pequeno roteiro sobre uma reunião espiritualista de que participei aqui no quarteirão, algumas noites atrás. Não terminou tão dramaticamente como aqui representado, mas os personagens são reais" (*Selected Letters* I, p. 350). Numa página sem data de seu diário do mesmo período, Williams escreveu: "Visitei uma capela – espiritualista, no começo da noite. No A. M. escrevi uma nova cena da peça e um conto". E, num outro trecho simplesmente datado de "Terça-feira", Williams relatou com satisfação: "O bom humor voltou com a venda de um terno, boa comida, a escrita e o envio de uma peça de um ato sobre o espiritualista e uma simpática carta de Audrey". Os dois fragmentos do diário encontram-se no mesmo caderno arquivado no HRC (21.15).

No HRC (54.16) há outra carta não publicada de Williams para Wood, datada de 27 de outubro de 1941, que ilustra sua intenção para três peças a serem catalogadas com o título coletivo de *Vieux Carré*. A proximidade das datas nos dá a certeza de que esse "grupo de três" incluía *Obrigada, Bom Espírito* (ver discussão acima, no início das Notas).

O MATADOURO MUNICIPAL

Nosso original – o único texto dessa peça que acreditamos que exista – está no momento em mãos de Michael Khan, diretor artístico do Teatro de Shakespeare em Washington, D. C. Khan recebeu o roteiro de Lee Hoiby, para quem Williams havia dado a peça depois de Hoiby ter trabalhado na versão operística de *Summer and Smoke*.

Supõe-se que Williams estivesse revisando *O Matadouro Municipal* quando esse título foi incluído – com *The Two-Character Play* – numa lista de títulos para possível inclusão na coletânea *Dragon Country and Other Plays*. (Os dois títulos foram riscados com a anotação: "TW ainda está trabalhando".) A lista, escrita à mão por Williams e datada de 11 de março de 1966, permanece nos arquivos da New Directions.

O Matadouro Municipal tem algumas afinidades temáticas não só com o conto "The Treadmill", de 1937, que foi publicado postumamente numa edição de Allean Hale, mas também com o poema "The Death Embrace" e outros escritos sobre governos opressores e impessoais como *Camino Real*.

ADÃO E EVA EM UMA BALSA

Elaboramos o presente texto pela fusão de outros dois datilografados praticamente completos, mas com algumas incorreções, arquivados no HRC (1.4). Williams deve ter escrito essa peça depois de julho de 1939, já que cita a balsa entre Oakland e São Francisco em que ele viajou naquele mês, durante sua visita à região da baía.

Tomamos a decisão editorial de combinar partes dos dois rascunhos diferentes porque os dois roteiros existentes apresentam diversas lacunas. Enquanto em um rascunho (A) falta uma ou mais páginas no meio, o outro rascunho (B) tem um meio, mas falta uma ou mais páginas no começo e uma ou mais páginas no final. Além disso, uma página separada contém uma versão aparentemente revisada do final original de A; seguimos essa versão.

Entendemos que a semelhança essencial entre os dois roteiros justifica sua interpretação como variações de um mesmo trabalho. Embora seja difícil decidir com certeza qual rascunho é cronologicamente anterior, os dois parecem ter sido redigidos mais ou menos na mesma época.

Para que nosso procedimento seja o mais transparente possível para o leitor, apresentamos o seguinte guia para nosso texto integrado. A partir da rubrica inicial com a fala de Lawrence "Não traga isso para cá!", seguimos A.

A partir da resposta da Visitante ("Ah, como??!") até a fala de Lawrence "Sussurrou o quê?", seguimos B.

A partir da resposta da Visitante ("Sussurrou o nome dele (...)") até a fala da Visitante "Também mencionou o nome de um certo hotel", seguimos A.

Desde a resposta de Lawrence ("E você fez o quê?") até a fala de Lawrence "Por sorte te deixaram algum dinheiro que está sob custódia de uma tia?", seguimos B (mantendo a palavra "Tia", cortada no original).

Desde a resposta da Visitante ("Uma tia não, um tio.") até a fala da Visitante "O'Reilly, O'Reilly, Adam O'Reilly" e a rubrica subsequente, seguimos A (com "Adam", que aqui substitui "Clarence", que estava no original).

Finalmente, desde a fala da Visitante "Ah, Mr. Lawrence, agora, agora, agora eu me lembro!" até o final da atual edição, seguimos uma página datilografada que parece ser a última revisão de Williams da conclusão de A (contrariamente a B, ela exibe a mesma margem de máquina de escrever larga demais de A, e a mudança de nome de "Clarence" para "Adam" evidentemente representa uma decisão tardia pela qual Williams enfatiza o simbolismo da peça).

Isso conclui nosso relato da relação entre a atual edição de *Adão e Eva em uma Balsa* e os manuscritos do HRC. No entanto, podemos também notar a presença no arquivo HRC (1.4) de uma página única, talvez representando um estágio intermediário da peça (entre A e B) que apresenta um desenlace tão radicalmente diferente do encontro. Começa com Lawrence "VAI CHUTANDO AS PLANTAS DOS VASOS", aparentemente com muita raiva, de alguma maneira relacionada com a presença das provas enviadas por seus "amigos e admiradores". Lawrence então anuncia: "Isso termina a audiência, Miss Preston". A Visitante aperta suas mãos e responde: "Oh, mas Mr. Lawrence eu esperava... esperava... esperava!". Lawrence responde: "Sim, sim, sei muito bem o que você esperava (...) Você esperava que uma única palavra pudesse desfazer séculos de pensamentos distorcidos, todos os danos cometidos por um intelectualismo estéril, estúpido com o dedo em riste apontando para a vergonha da carne sensível. Infelizmente você não pode fazer isso Miss Preston. Novos ventos límpidos soprarão pelo mundo afora e levarão toda essa poeira velha e seca dos móveis do mundo. Mas isso leva tempo, querida dama. Eu só soprei uma brisa, uma leve brisa! O vasto, o grande vendaval que traz-a-morte e dá-a-vida virá depois do meu tempo". Finalmente ele alerta a Visitante: "É evidente que você só tem uma atitude a tomar. Você terá que voltar e refazer suas pegadas até Adão". Quando a Visitante (com espanto) responde, "Adão?", aí Lawrence continua. "Sim, Adão, Adão, o eterno Adão! Aquele que te abraçou – abertamente – numa balsa de São Francisco!". Ao que a Visitante reagindo "com súbita convicção, ao alvorecer de um novo mundo" responde: "Adão! – ADÃO! Aquele era seu nome, era Adam, Adam O'Reilly!" O resto desse outro rascunho ficou reduzido ao final da única página remanescente no arquivo.

Restam ainda algumas poucas notas sobre a discussão dessa peça na introdução. Primeiro, como nos lembrou Annette Saddik, a frase "Umas dessas raras faíscas elétricas entre pessoas" eclipsa uma frase falada por Blanche Dubois em *A Streetcar Named Desire* (com referência ao encontro de Stanley e Stella): "Agora, não me venha dizer que foi uma daquelas misteriosas faíscas elétricas entre pessoas! Porque eu vou rir na sua cara" (*Theatre* I, p. 320).[6] Se a imagem tivesse se originado no contexto de *Adão*

---

[6] *The Theatre of Tennessee Williams, Volumes I through VIII*. Nova York, New Directions, 1971-1992.

e Eva em uma Balsa, então sua associação original com os ensinamentos de Lawrence sobre sexualidade poderia lançar luz sobre os sentimentos complexos de Blanche. Em segundo lugar, as observações no prefácio do primeiro rascunho completo de *You Touched Me!*, que citamos na Introdução, permanece no HRC (53.1). Finalmente, a referência de Williams a Lawrence como "um homenzinho engraçado" é citada em uma correspondência publicada do final de 1940 (*Selected Letters* I, p. 346).

E CONTAR TRISTES HISTÓRIAS DAS MORTES
DAS BONECAS...

Nosso original é um rascunho da UCLA (Biblioteca de Pesquisa da Universidade, Coleção Especial, Tennessee Williams, caixa 1, pasta 2). Com os manuscritos de Williams na UCLA há uma carta datada de 9 de setembro de 1970 na qual Williams atesta a autoria dos textos lá arquivados, com anotações em cada um deles. A observação de Williams em *E Contar Tristes Histórias das Mortes das Bonecas...* diz o seguinte: "Uma peça em duas cenas. Completa, não produzida, não publicada. Uma tragicomédia sobre a adoração de um travesti por um rude marinheiro-mercante no *Vieux Carré* de Nova Orleans. Escrita em Havana, um pouco antes do regime de Castro: também perdida e reencontrada num depósito em Miami. Umas 31 páginas, um primeiro rascunho datilografado pelo autor com correções à mão, etc. Precisa de revisão: os direitos de produção reservados pelo autor". Não se deve supor que essa informação seja inteiramente precisa em todos os seus detalhes (por exemplo, o rascunho é, com efeito, "grosseiro", mas contém fragmentos do segundo e de rascunhos posteriores). Segundo a anotação, entretanto, a data provável do começo do trabalho de Williams nessa peça é 1957, um ano em que ele visitou Havana e ficou no Comodoro – o nome que aparece no papel timbrado do hotel, no qual foi datilografado o roteiro existente. (Para confirmar a prova de sua estadia no Comodoro ver *Tennessee Williams's Letters to Donald Windham*. Nova York, 1977, p. 293.) Outras páginas do rascunho existente são datilografadas no papel timbrado do "The Colony Hotel, Palm Beach, Florida" e "The Robert Clay, Miami". Quando Candy alude aos "anos da guerra" como se fossem agora, pelo menos dezessete anos atrás, podemos supor que Williams ainda estivesse trabalhando na peça em algum momento entre 1958 e 1962.

Para concluir nossa pesquisa sobre a data de *E Contar Tristes Histórias das Mortes das Bonecas*... é de supor que, embora o conceito inicial para a peça tenha ocorrido a Williams em 1957, ele deve ter voltado a ela nos cinco anos seguintes. Pode muito bem ter chegado até meados de 1970 a data em que ele finalmente montou o roteiro completo, incorporando todos os rascunhos.

Williams usou diferentes máquinas para diferentes trechos desse roteiro. Na verdade, há abundantes provas internas – incluindo inconsistências no nome dos personagens e redundâncias na ação dramática – mostrando que Williams incorporou trechos de pelo menos dois rascunhos substancialmente diferentes dessa peça, para produzir o texto que foi depositado no arquivo. (Por exemplo, no que parecem ser os fragmentos mais antigos do texto compósito, o personagem afinal chamado "Karl" ainda se chamava "Buck".) Com isso, a peça coloca um desafio editorial incomum. Para eliminar as redundâncias involuntárias de Williams e com o intuito de produzir um texto que possa ser lido e montado, fizemos mais mudanças profundas aqui do que em qualquer outro texto editado nesta coletânea.

Na página 267, a primeira sentença das rubricas iniciais para a montagem é não autoral e foi acrescentada.

Na página 272, acrescentamos uma rubrica não autoral, "*Volta novamente sua atenção para a foto*".

Na página 276, adaptamos a rubrica começando com "Enquanto isso, ou durante sua próxima longa fala..." de uma rubrica mais antiga, originalmente colocada por Williams depois do longo discurso de Candy na página 276-77.

Na página 286, uma rubrica não autoral foi adicionada, "*Ela serve o bourbon e vai para o jardim*" e foram inseridas as palavras não autorais "*Ouve-se o barulho de alguém caindo na água, seguido de*" e "*Enquanto a luz volta*" na próxima rubrica de Williams.

Nas páginas 288-89, cortamos muitas linhas que, no original, se relacionam com a versão alternativa, a segunda versão do telefonema prévio de Candy para a atriz do *strip-tease*. Evidentemente, Williams não percebeu a redundância dessa conversa aqui, e deixou por engano. No entanto mantivemos a pergunta de Karl, "Quando ela disse que vai chegar?" (que, no original, se refere ao telefonema redundante que se omite aqui). Finalmente, fizemos leves alterações no restante da cena para adaptá-la às informações anteriores (p. 284) – substituindo três breves linhas de Candy por apenas uma, "Nove e meia" (em vez de "nove", de Williams) e substituindo a fala de Karl "cinco de nove", do original, por "nove". A rubrica que encerra a *Cena Um* foi acrescentada por nós.

Na página 291, no começo da *Cena Dois*, elaboramos a rubrica que aparece em nossa edição juntando trechos de uma diretriz eliminada na revisão e uma rubrica que a substituiu – escrita à mão apressadamente por Williams "Uma semana depois: manhã chuvosa de domingo de inverno". Aparentemente Williams teria cortado a rubrica anterior que era mais longa porque não funcionava mais, como anteriormente, como rubrica de abertura para começar uma nova peça. (Na rubrica original que foi cortada lê-se: "Uma manhã de inverno chuvosa em Nova Orleans. Uma boneca no dia de seu aniversário de 35 anos está tomando café e gelatina

Knox no suco de frutas numa farta mesa de café da manhã enfeitada com um vaso azul japonês com amentilhos. A sala inteira é decorada à maneira japonesa. A boneca está triste nessa manhã de seu aniversário, sentindo que sua juventude se foi. Na sala ao lado de seu apartamento de dois cômodos, alguém dorme ruidosamente. Todos os seus movimentos e ações são silenciosos para não perturbar o dorminhoco barulhento. Acontece de uma boneca mais nova entrar sem bater. Ainda não tem trinta anos, é bonito, mas tem um olhar abatido e suas sibilantes excessivas são engraçadas".

Em dois momentos nas páginas 293-94, atendendo aos pedidos de Karl de "vodca" e "cubos de gelo", substituímos duas rubricas específicas onde Williams tinha escrito simplesmente "mesma coisa".

Nas páginas 296, 297 e 298 substituímos pelo nome "Alice Jackson" um nome diferente ("Clare Hackett") que aparece no original. Essa faz parte de nossa decisão de igualar o nome dos personagens da peça, embora aqui a mudança também tenha sido motivada por um evidente ganho em dramaticidade.

Presume-se que a canção "Poor Butterfly" (p. 267) seja a famosa melodia de Golden e Hubbell (1916). Já quanto ao poema recitado por Candy (p. 279), ver *The Collected Poems of Tennessee Williams* (ed. David Roessel e Nicholas Moschovakis. Nova York, New Directions, 2002, p. 150, 254).

Arquivado no HRC (24.12), entre os roteiros diversos na Caixa 53, estão os rascunhos de uma pequena peça relacionada, algumas vezes intitulada "O Encontro com Pessoas". Entre esses rascunhos estão páginas datilografadas com papel timbrado do Havana Hotel. Algumas passagens lembram muito trechos desse texto e a concepção dramática como um todo é bastante semelhante.

Na versão sem título da Caixa 53, lê-se "Um quarto num hotel de segunda classe em Nova Orleans", uma mulher chamada Mrs. Venable se confronta com um marinheiro mais jovem chamado "Jim Casky", que acordou na sua cama com uma forte ressaca e põe na cabeça que foi roubado; quase no fim desse rascunho Mrs. Venable diz a Casky, ironicamente: "Eu entrei com o dinheiro e você com o charme". Num momento do mesmo rascunho, quando chegam memorandos do hotel comunicando que o gerente está enfurecido por Mrs. Venable ter levado um convidado do sexo masculino que não está registrado com ela, ela se propõe a dizer-lhes que ela vai "tomar o avião para Havana amanhã".

"Venable", claro, é o nome que Williams usou para a personagem de outra peça, mais longa, *De Repente no Último Verão*. Curiosamente, o título *"E Contar Tristes Histórias das Mortes das Bonecas..."* também aparece entre os escritos para *De Repente no Último Verão*, no HRC (Caixas 14 e 15).

ΑΠΕΧΘ
Nota Biográfica sobre Tennessee Williams

Maria Sílvia Betti[1]

Tennessee Williams (Thomas Lanier Williams III), nascido em 26 de março de 1911 em Columbus, Mississippi, no sul dos Estados Unidos, foi um dos nomes centrais da moderna dramaturgia estadunidense no século XX. Suas peças registraram, de forma sensível e crítica, as ressonâncias psicossociais e afetivas de algumas das importantes transformações históricas e comportamentais em sua época, criando para isso soluções formais e estilísticas que marcaram decisivamente jovens dramaturgos em formação tanto nos Estados Unidos como em outros contextos.

Além de dramaturgia, Tennessee escreveu também contos, romances, poesia, ensaios, roteiros cinematográficos e um volume de memórias, mas foi seu trabalho dramatúrgico que fez dele não apenas um dos nomes centrais do teatro no século XX como

---

[1] Professora de Literatura Norte-americana da Faculdade de Filosofia, Letras e Ciências Humanas da Universidade de São Paulo.

também um dos autores com maior número de adaptações para o cinema em todo o mundo.

Ao longo de sua carreira profissional, que se estendeu do final dos anos 1930 até sua morte, em 1983, ele recebeu praticamente todos os principais prêmios destinados ao setor teatral nos Estados Unidos e internacionalmente, e sua obra, composta por aproximadamente 45 peças longas e cerca de sessenta peças em um ato, implantou parâmetros importantes de criação para a dramaturgia no século XX.

Suas peças, na grande maioria passadas no sul dos Estados Unidos, tratam de personagens vitimadas pela inadequação aos padrões impostos pela competitividade da sociedade capitalista, pelo preconceito social e pela repressão imposta às pulsões sexuais e à homossexualidade explícita ou latente.

A marca distintiva de seu trabalho é o lirismo associado à representação da solidão, da alienação social e da marginalidade. Os diálogos, quase sempre próximos à poesia, apresentam-se marcados por elipses e lacunas frequentemente ligadas à sugestão dos tabus sociais, ou seja, daquilo que não é ou não costuma ser socialmente consentido pelos padrões vigentes da sociedade de sua época.

O sul dos Estados Unidos é o contexto de um grande número de seus trabalhos, inclusive de algumas das peças mais amplamente conhecidas, como *O Zoológico de Vidro* (1943), *A Streetcar Named Desire* (1947), *Summer and Smoke* (1948), *Camino Real* (1953), *Gata em Telhado de Zinco Quente* (1955) e *De Repente no Último Verão* (1957), entre outras.

As circunstâncias familiares de sua infância e formação marcaram-no permanentemente, tanto pela dificuldade de relacionamento com a figura do pai, Cornelius, autoritário e repressivo, como pela natureza sonhadora e alienada da mãe, Edwina, e pelo trauma insuperável produzido pela internação e lobotomização de Rose, sua irmã, diagnosticada com esquizofrenia.

A leitura e a criação literária representaram sempre, para Tennessee, um refúgio e ao mesmo tempo um foco de interesse que o sensibilizaram decisivamente para a observação da sociedade e das transformações de valores, além de levá-lo a cultivar a admiração por autores tão diversificados como o romancista inglês D. H. Lawrence, o poeta norte-americano Hart Crane, o espanhol Federico García Lorca, o romancista francês Marcel Proust e o poeta romântico inglês Lord Byron.

Tennessee fez seus estudos universitários na Universidade de Iowa, graduando-se em 1938, e pleiteou, na mesma época, a oportunidade de participar do Works Progress Administration, programa de incentivo a jovens escritores do Federal Theatre Project, candidatando-se primeiramente, sem sucesso, a uma posição dentro desse projeto em Chicago, Illinois.

A tentativa de ser aceito pelo Writers Project em Nova Orleans levou Tennessee à cidade que viria a ser o cenário de algumas de suas mais características criações. A vida na decadente pensão localizada no número 722 da Rua Toulouse, onde se instalou, viria a inspirar a ele não apenas o ambiente social e humano de peças como *A Dama da Loção Antipiolho* (1941) e *Vieux Carré* (1977), mas toda uma galeria de personagens características: boêmios sonhadores e inadaptados, senhorias insensíveis a qualquer outra coisa que não o recebimento do que lhes é devido, mulheres que se prostituem para sobreviver – mas adornam fantasiosamente seu passado ou suas perspectivas incertas de futuro –, artistas idealizadores de um improvável sucesso artístico, homossexuais assumidos ou latentes.

Em Nova Orleans, Tennessee sentiu-se livre das pressões ligadas ao seu próprio contexto familiar e pôde absorver amplamente o clima cultural pulsante do French Quarter, do *blues* e do *jazz*, além de poder expressar e vivenciar a sua até então latente homossexualidade.

A carreira *profissional* de Tennessee Williams inicia-se precisamente nessa fase, quando ele resolve inscrever um conjunto de peças em um ato num concurso de dramaturgia promovido pelo Group Theater, em Nova York. O Group Theater era um dos mais representativos grupos ligados à modernização teatral nos Estados Unidos nesse período, e desejava fomentar uma dramaturgia que representasse as tensões sociais por que passava o país nessa fase, sob a depressão econômica. Tennessee ganhou, por sua participação, uma menção honrosa e um prêmio de cem dólares, e passou a ser profissionalmente agenciado por Audrey Wood, que o acompanharia como empresária até o início dos anos 1970.

Audrey fez as mediações necessárias para que um contrato fosse firmado entre o dramaturgo e a MGM (Metro Goldwyn-Meyer), mas Tennessee frustrou-se ao extremo com a política do estúdio e com as imposições que lhe foram feitas de desenvolvimento de roteiros que considerava pífios. Após um período intenso de criação, em que escreveu um grande número de peças em um ato, sobreveio o sucesso teatral de público e de crítica com *O Zoológico de Vidro*, em 1943, grande momento de virada de sua carreira de autor.

Entre esse ano e 1961, Tennessee escreveu as principais peças longas que viriam a celebrizá-lo internacionalmente e a tornar-se um clássico da moderna dramaturgia estadunidense e internacional. O país estava então sob um dos seus piores períodos de conservadorismo político e social e em plena era do macarthismo e da "caça às bruxas", e ele passou a ser alvo de críticas implacáveis não só por sua orientação sexual, sobre a qual nunca teve reservas, como por ser considerado, pelos setores de esquerda, um autor que não havia aberto mão do sucesso comercial e de uma vida social alienante.

Os anos 1960 foram amargos para Tennessee: além das crescentes pressões associadas a essa conjuntura, seguiram-se perdas afetivas importantes associadas à morte de seu amado avô materno Dakin (figura fundamental em sua formação e ambiente familiar) e de Frank Merlo, seu companheiro em uma relação estável que durara cerca de quinze anos. O dramaturgo tornou-se, então, dependente de ansiolíticos e de álcool, e o agravamento de seu quadro de instabilidade emocional e psíquica, ao longo dos anos, levou seu irmão, Dakin Williams, a interná-lo para tratamentos (agressivos e invasivos) à base de eletroconvulsoterapia, o que demandou internação na Divisão Psiquiátrica do Hospital Barnes, em Saint Louis.

Anos mais tarde, o próprio Tennessee referiu-se a essa complicada fase como sua *"stoned age"*, trocadilho intraduzível para designar seu próprio estado de entorpecimento em decorrência das drogas e da depressão.

O período que seguiu após a superação dessa dolorosa fase foi ao mesmo tempo de enorme criatividade e de altos e baixos perante a crítica e o público. As incursões feitas pelo dramaturgo nas searas da chamada *"black comedy"* e do chamado "teatro do absurdo" foram duramente atacadas pela crítica conservadora, que relutou sempre em aceitar que ele enveredasse por perspectivas de expressão diferentes das associadas à sua consagração pelo *establishment* teatral e midiático.

Ao contrário do que ocorria no início de sua carreira, Tennessee conseguiu adotar, a essa altura, uma saudável e necessária indiferença crítica a esse tipo de avaliação, o que lhe permitiu expandir seu repertório de criações não só na dramaturgia, mas também na prosa de ficção.

Sua morte, em 25 de fevereiro de 1985, aos 73 anos de idade, ocorreu acidentalmente em decorrência de asfixia pela ingestão acidental da pequena tampa plástica de um medicamento.

Sobre Tennessee Williams e o significado social de seu trabalho dentro do teatro do século XX, é oportuno lembrar, como síntese, as palavras de um de seus mais expressivos contemporâneos, o dramaturgo Arthur Miller:

> Eu não seria capaz de imaginar um teatro digno de meu próprio tempo se ele não se dispusesse a mudar o mundo, da mesma forma que não poderia conceber um cientista criativo que não quisesse testar a validade de tudo o que já é conhecido. Eu conheci apenas um outro escritor com esse mesmo enfoque, ainda que ele o tenha circundado de uma aura diferente. Esse autor foi Tennessee Williams.[2]

---

[2] Arthur Miller, *The Theater Essays of Arthur Miller*. Nova York, Da Capo Press, 1996, p. 439.

Dados Internacionais de Catalogação na Publicação (CIP)
(Câmara Brasileira do Livro, SP, Brasil)

Williams, Tennessee, 1911-1983.
  Mister Paradise e outras peças em um ato / Tennessee Williams ; [tradução Grupo Tapa e Luiza Jatobá]. -- São Paulo : É Realizações, 2011.

  Título original: Mister Paradise and other one-act plays
  ISBN 978-85-8033-065-6

  1. Teatro norte-americano I. Título.

11-11333   CDD-812

Índices para catálogo sistemático:
1. Teatro : Literatura norte-americana   812

Este livro foi impresso pela Prol Editora Gráfica para É Realizações, em outubro de 2011. Os tipos usados são da família Sabon Lt Std e Dark11. O papel do miolo é pólen bold 90g, e o da capa, cartão supremo 300g.